全彩图解版

新能源汽车

维护及故障诊断

宋丽敏
陈娜娜

主编

U0319460

化学工业出版社

·北京·

内容简介

　　本书以岗位技能需求为出发点，采用彩色图解的形式，直观、详细地讲解了新能源汽车的维护和故障诊断方法与要点。

　　主要内容包括：车辆预检、动力装置的检查与维护、汽车底盘的检查与维护、电气系统的检查与维护、动力电池检测诊断、充电系统检测诊断、高压配电系统检测诊断、电机控制系统检测诊断、冷却系统检测诊断、空调系统检测诊断、通信系统检测诊断、典型故障诊断及维修后质量检验。

　　本书可用于企业培训和职业技能鉴定培训，也可作为高级技校、技师学院、高职院校以及各种短训班的教学用书，还可供从事相关工作的技术人员自学参考。

图书在版编目（CIP）数据

新能源汽车维护及故障诊断：全彩图解版 / 宋丽敏，陈娜娜主编 . —北京：化学工业出版社，2023.8

ISBN 978-7-122-44111-9

Ⅰ . ①新… Ⅱ . ①宋… ②陈… Ⅲ . ①新能源－汽车－车辆修理－图解②新能源－汽车－故障诊断－图解 Ⅳ . ① U469.707-64

中国国家版本馆 CIP 数据核字（2023）第 160472 号

责任编辑：贾　娜　　　　　　　　　　　文字编辑：石玉豪　温潇潇
责任校对：宋　夏　　　　　　　　　　　装帧设计：史利平

出版发行：化学工业出版社（北京市东城区青年湖南街 13 号　邮政编码 100011）
印　　刷：北京云浩印刷有限责任公司
装　　订：三河市振勇印装有限公司
787mm×1092mm　1/16　印张 23¹/₂　字数 585 千字　　2024 年 1 月北京第 1 版第 1 次印刷

购书咨询：010-64518888　　　　　　　　　　　售后服务：010-64518899
网　　址：http://www.cip.com.cn
凡购买本书，如有缺损质量问题，本社销售中心负责调换。

定　　价：158.00 元　　　　　　　　　　　　　　　　　版权所有　违者必究

随着我国经济水平的提高，汽车已成为人们生活中主要的交通工具，我国已经连续多年成为世界汽车产销第一大国。汽车产业的快速发展，不仅提高了人们的生活质量，而且带来了石油的大量消耗和对石油的依赖，甚至出现能源危机。同时，汽车尾气也造成空气污染，已成为产生雾霾的主要因素之一。为此，全世界都在应对石油短缺、环境污染和气候变暖的共同挑战，纷纷出台了相关的节能减排措施。在汽车领域，各国提高汽车节能技术和汽车尾气排放标准，加快培育和发展新能源汽车，既是有效缓解能源和环境压力，推动汽车产业可持续发展的紧迫任务，也是加快汽车产业转型升级、培育新的经济增长点和国际竞争优势的战略举措。新能源汽车的出现和发展是能源绿色化的重要标志，汽车领域正在经历着自其诞生以来罕见的全局性变革。在这场变革中，欧洲、美国、日本、中国做出了比较突出的贡献。2021年，全球新能源汽车销量达到631.12万辆，同比增长119.01%，同年，我国新能源汽车销量超过350万辆，较2020年增长158%，我国新能源汽车销量占全球销量比重超过50%，增长率明显高于国际平均水平，表明我国新能源汽车发展态势迅猛，正处在繁荣发展时期。

我国新能源汽车实现了产业化和规模化的飞跃式发展，保有量持续增长。市场的快速增长，对汽车后市场服务水平提出了新的要求，汽车检测与维修、维护与保养从业人员必须尽快掌握新能源汽车的结构原理与维修、维护方法。基于此背景，我们组织编写了全彩图解版《新能源汽车维护及故障诊断》一书。

本书具有以下特点：

1. 引入"看图学修"的理念，以图解的形式直观形象地讲述新能源汽车检修过程中的结构与性能检查、性能测试、故障检修等内容，具有较强的现场感，同时配以简练的文字说明，便于理解和掌握。

2. 以岗位技能需求为出发点，系统而全面地讲解了新能源汽车的检查维护与故障检测诊断技能，以满足相关职业对从业人员的要求。

3. 叙述深入浅出、由易到难、通俗易懂，考虑了入门级读者的实际需求，同时兼顾有经验读者的技能提高需求，具有较强的指导性与实用性。

4. 适合不同层次读者阅读，本书可用于企业培训和职业技能鉴定培训，也可作为高级技校、技师学院、高职院校以及各种短训班的教学用书，还可供从事相关工作的技术人员自学参考。

本书分为上下两篇共十二章。主要内容包括：车辆预检、动力装置的检查与维护、汽车底盘的检查与维护、电气系统的检查与维护、动力电池检测诊断、充电系统检测诊断、高压配电系统检测诊断、电机控制系统检测诊断、冷却系统检测诊断、空调系统检测诊断、通信系统检测诊断、典型故障诊断及维修后质量检验。

　　本书由大连职业技术学院宋丽敏及天津机电职业技术学院陈娜娜主编并负责统稿，郑州市公共交通集团有限公司第二修理公司杨柳、胡佳杰、任松及郑州新能源商用车运营有限公司王宪贺共同担任副主编，参加本书编写的还有上海上德宝骏汽车销售服务有限公司潘明明、郑州市公共交通集团有限公司第二修理公司黄新、余珍国，苏州相城中等专科学校赵伟，合肥职业技术学院江滔等。本书在编写过程中得到了学校、公司领导及众多同行的大力支持和帮助，在此一并表示感谢。

　　由于笔者水平所限，书中不足之处在所难免，敬请广大读者批评指正。

编　者

目　录

上篇

新能源汽车
检查与维护

第一章 车辆预检

第一节 维护前的安全防护作业

安全防护指从业人员在车辆维护之前完成的一系列确保人身财产安全的举措，主要包括人员护具保护、选用工具安全、场地设施安全。

一、绝缘护具的工作原理

绝缘护具的工作原理是利用绝缘材料把带电体或者保护体封闭起来，借以隔离带电体或不同电位导体，使电流能按一定的通路流通。如图 1-1 所示为绝缘护具。

图 1-1　绝缘护具

二、绝缘工具的概念及分类

绝缘工具是采用绝缘材料进行加工并适用于电气管理使用的工具。绝缘工具分为基本安全绝缘工具和辅助安全绝缘工具。如图 1-2 所示为绝缘工具。

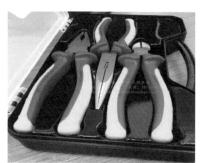

图 1-2　绝缘工具

三、安全防护作业

1. 操作条件

（1）设备：绝缘手套、绝缘鞋、保护面罩、维护工具车、专用安全存储盒等。

（2）工具：双色绝缘开口扳手、双色梅花绝缘扳手、3/8VDE 绝缘公制套筒、3/8 双色 VDE 绝缘棘轮扳手、1/2 双色 VED 绝缘公制套筒、双色绝缘一字旋具、双色绝缘十字旋具。如图 1-3 所示为新能源车辆维护工具车。

2. 安全及注意事项

（1）高压系统下电（断开直流母线后），需要等待 5min 以上，待电机控制器、充电机等内部有电容元件的部件充分放电。

（2）维修车辆时，必须设置专职监护人一名，监护人和维修人员必须具备国家认可的特种作业操作证（电工）与初级（含）以上电工证（职业资格证书），不符合资质的人员不能从事相关操作。

图 1-3 新能源车辆维护工具车

（3）监护人工作职责为监督维修的全过程，包括监督维修人员组成、工具使用、防护用品佩戴、备件安全保护、维修安全警示牌等是否符合要求。条件符合后监护人允许施工，负责对维修过程中的安全维修操作进行检查，监护人要按安全维修操作规程进行检查、指挥操作，维修人员在做完一个操作后要告知监护人，监护人要在作业流程单上做标记，每次操作完成后需要有完整的作业流程单并保存。

（4）禁止未经培训的人员进行高压部分的检修，禁止一切人员带有侥幸心理进行危险操作，避免发生安全事故。

3. 操作过程（表 1-1 所示）

表 1-1 安全防护作业操作过程

序号	操作步骤	操作方法及说明	操作标准
1	穿戴绝缘安全护具	（1）穿好绝缘防护服；	绝缘等级 0 级，绝缘鞋无开裂，护目镜无破损，绝缘手套无漏气现象

序号	操作步骤	操作方法及说明	操作标准
1	穿戴绝缘安全护具	(2) 检查绝缘鞋有无开裂老化现象，穿好绝缘鞋； (3) 检查护目镜有无破损，戴好护目镜； (4) 戴好绝缘手套 	绝缘等级 0 级，绝缘鞋无开裂，护目镜无破损，绝缘手套无漏气现象
2	选用绝缘工具	(1) 使用绝缘垫； (2) 选用绝缘工具，绝缘工具表面无破损； 	绝缘垫无损坏，绝缘阻值 ≥ 20MΩ。绝缘工具绝缘等级 0 级

续表

序号	操作步骤	操作方法及说明	操作标准
2	选用绝缘工具	（3）使用绝缘工作台。检修动力电池和电控元件时必须使用带绝缘垫的专业工作台 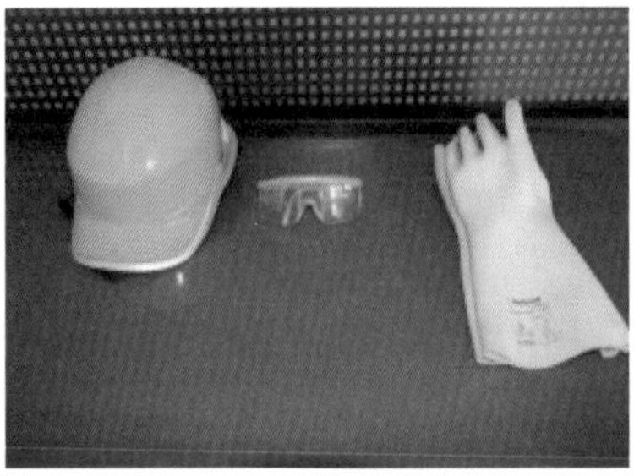	绝缘垫无损坏，绝缘阻值 ≥ 20MΩ。绝缘工具绝缘等级 0 级
3	维修场地安全设置	（1）使用警戒栏隔离，并摆放高压警示牌；  （2）配备灭火器； 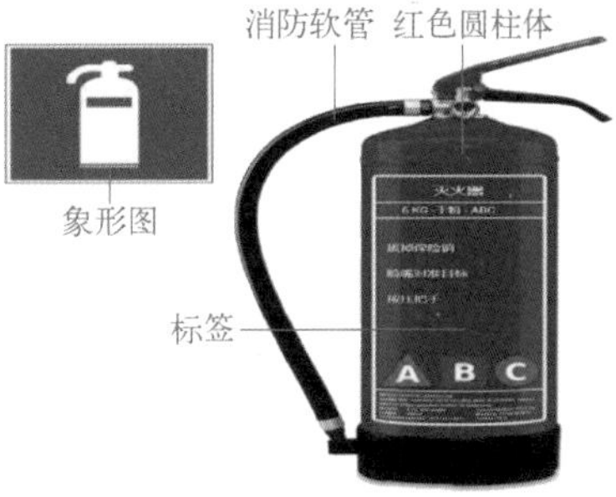 （3）专用维修工位接地线。在维修高压设备前，将车身用搭铁线连接到电动车专用维修工位的接地线上  	灭火器压力值应在正常范围内。接地线电阻值 ≤ 1Ω
4	整理工位	清洁使用的工具设备，恢复工位 	

第二节　车辆相关数据的记录

在进行车辆预检时，能够查找新能源车辆型号、车辆识别代号、电机型号、电池容量、工作电压、里程表读数，并能根据数据具体描述相关含义。

1. 车辆识别代号的识读

车辆识别代号（VIN），VIN 是英文 Vehicle Identification Number 的缩写。车辆识别代号相当于汽车的身份证，是由 17 位号码组成的。车辆识别代号的第 1 位表示地理区域；第 2 位表示国别；第 3 位表示汽车制造厂；第 4 ～ 8 八位表示车辆特征代码；第 9 位表示检验位；第 10 位表示年份；第 11 位表示装配厂；第 12 ～ 17 位表示生产顺序号。车辆识别代码等同于车辆的身份证，是唯一的，没有重复的。如图 1-4 所示为车辆识别代号，图 1-5 为车辆识别代号的识读。

图 1-4　车辆识别代号

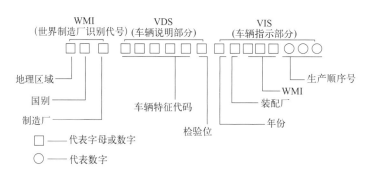

图 1-5　车辆识别代号的识读

2. 车辆型号的识别

车辆型号是为识别车辆而对一类车辆指定的由拼音字母和阿拉伯数字组成的编号。按照国家标准，国产汽车型号应能表明汽车的厂牌、类型和主要特征参数等。除三轮汽车及低速货车外，汽车型号应包括首部、中部、尾部。

首部是代表企业的特征符号，使用 2 ～ 3 位字母，由中国汽车技术研究中心标准化研究所按照企业的名称及产品情况分配，不同企业分配不同的代号，如 SGM 代表上海通用汽车公司，CA 代表一汽（中国第一汽车集团有限公司），EQ 代表二汽（东风汽车集团有限公司）。

中部由 4 位数字组成，分为首位、中间两位和末位数字三部分。

尾部为专用汽车分类或变型车与基本型的区别，如 X 表示厢式汽车、G 表示罐式汽车等。

3. 操作过程（表 1-2 所示）

表 1-2 查找车辆相关数据的操作过程

序号	操作步骤	操作方法及说明	操作标准
1	作业准备	（1）场地进行安全设置；  （2）个人进行安全防护 	符合安全规范要求
2	查找 VIN	（1）仪表板左上角查找车辆识别代号（VIN）标牌； ☆L6T78Y4W0HN070795☆ 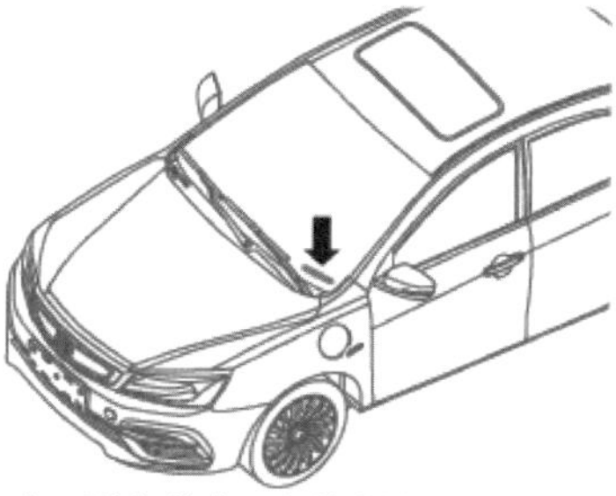 （2）打开前机舱盖，在舱内找到车辆识别代号（VIN） 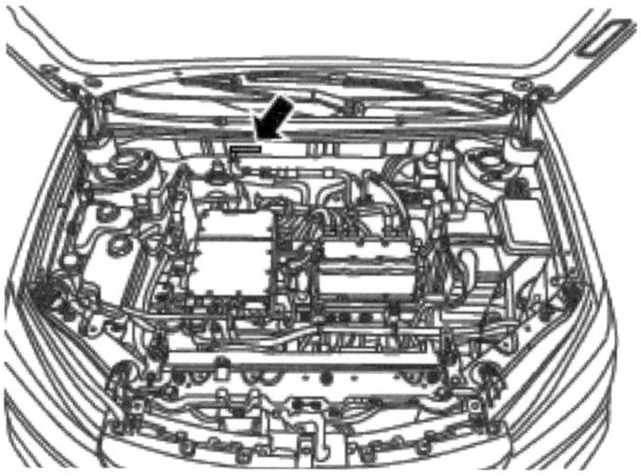	准确查找并记录 VIN

序号	操作步骤	操作方法及说明	操作标准
3	识读车辆识别代号	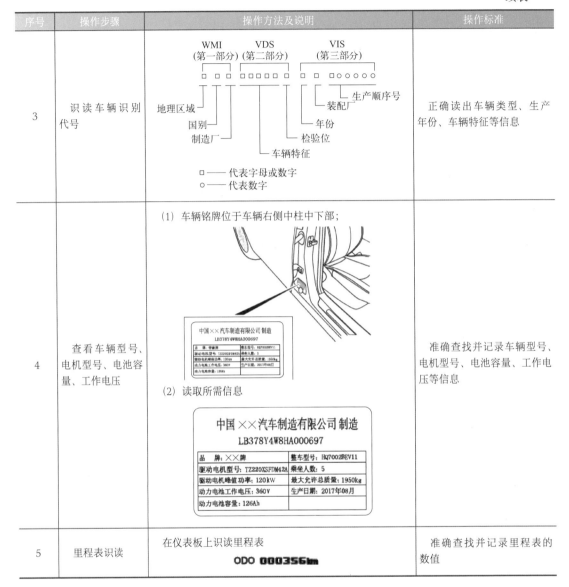	正确读出车辆类型、生产年份、车辆特征等信息
4	查看车辆型号、电机型号、电池容量、工作电压	(1) 车辆铭牌位于车辆右侧中柱中下部; (2) 读取所需信息	准确查找并记录车辆型号、电机型号、电池容量、工作电压等信息
5	里程表识读	在仪表板上识读里程表 ODO 000356km	准确查找并记录里程表的数值

第三节　车辆相关液位的检查

在进行车辆预检时,应进行电机冷却液液位、制动液液位、前窗玻璃清洗剂(玻璃水)液位、暖风水加热补偿水桶液位等测量。

液位测量分为连续测量和位式测量。连续测量即连续不断地测量液位的变化情况;位式测量即检测液位是否达到上限、下限等某个特定的位置。

补偿水桶:补偿水桶由塑料制造并用软管与散热器加冷却液口上的溢流管连接。当冷却液受热膨胀时,部分冷却液流入补偿水桶;当冷却液降温时,部分冷却液又被吸回散热器,保证冷却液不会溢失。

一、冷却液

冷却液是一种由防冻剂、功能添加剂、水组成的特种液。理论上，发动机冷却液的主要理化指标由防冻剂的含量决定。目前，冷却液使用的防冻剂主要由乙二醇浓度进行表征。冷却液冰点、密度均可与浓度进行关联，但目前通常使用的冰点与浓度之间不存在良好的线性关系。目前市场上所出售的冷却液几乎都是乙二醇型冷却液。

二、制动液

1. 制动液的类型

由于配制的原料不同，制动液的种类比较多，目前大致分为3种类型：醇型、矿物油型和合成型。

（1）醇型制动液。将45%～55%精制蓖麻油与55%～45%低碳醇（乙醇或丁醇）进行调配，经沉淀获得无色或浅黄色清澈透明的液体，即为醇型制动液。醇型制动液的优点是原料容易获得、合成工艺简单、产品润滑性好，缺点是沸点低，易产生气阻，低温流动性差，有溶解腐蚀橡胶现象。

（2）矿物油型制动液是以精制的轻柴油馏分，经深度脱蜡得到的 C_{12}～C_{19} 异构烷烃及烷烃组分，经添加稠化剂、抗氧剂和助剂调和而成。目前，矿物油型制动液无统一的操作标准，多采用企业标准，按企业标准生产的7号、9号矿物油型制动液为红色透明液体。矿物油型制动液的温度适应范围很宽，可从 -50℃至150℃，低温流动性和润滑性好，对金属无腐蚀作用。但它对制动系统的橡胶部件有溶解作用，使用这种类型的制动液时，必须换用耐矿物油溶解腐蚀的橡胶零部件。

（3）合成型制动液是以有机溶剂中的醇、醚和酯为基础，加入添加剂调制而成。基础溶剂有单元和多元组分，目前多采用乙二醇醚、二乙二醇醚、三乙二醇醚、水溶性聚醚等。合成型制动液的成分比较复杂，性质差异很大。合成型制动液通常的工作温度适应范围较宽，对橡胶零件的溶胀率小，当温度变化时，其黏度的变化比较平稳，对金属有微弱的腐蚀性。它适用于高速、大功率、重负荷和制动频繁的汽车，在我国各地一年四季均可使用。目前合成型制动液还在不断发展与完善，将逐渐成为通用型制动液。

2. 制动液常见的问题

（1）制动液液位下降：制动液液位会因制动衬片的正常磨损而下降，安装新的制动衬片后，液位可恢复正常。制动液压系统中的制动液泄漏也会导致制动液液位低。此时应对制动液压系统进行修理，因为制动液泄漏会导致制动器无法正常工作。

（2）添加制动液：如果是在制动衬片磨损的状况下添加制动液，那么在安装新的制动衬片后，储液罐存储的制动液就会过量，只有在制动液压系统的修理工作完毕后，才可根据需要添加或减少制动液。当制动液降到较低液位时，制动系统警告灯会点亮。

三、前窗玻璃清洗剂

前窗玻璃清洗剂也叫玻璃水，属于汽车使用品中的易耗品。优质的汽车玻璃水主要由水、酒精、乙二醇、缓蚀剂及多种表面活性剂组成。

当车前窗玻璃透明度下降的时候喷一喷玻璃水，就能够恢复明朗清晰的视野。特别是在夜间行车时，玻璃上的灰尘会散射光线，这时候就需要喷一喷玻璃水，让前挡风玻璃保持在最佳透明状态。

冬季玻璃水是以防冻性能作为选择的基准，应该选择冰点低于当地最低温度10℃以上的玻璃水，不然会造成玻璃水冻住、喷水壶水泵故障等问题。

玻璃水还应该具备对玻璃和刮水器的保护性能，在正常使用过程当中对车辆进行保护与护理。一些品牌的玻璃水通过调配多种表面活性剂及添加剂，具有修复挡风玻璃表面细微划痕的作用，通过形成独特的保护膜，实现对玻璃的全面呵护。特别添加的多种缓蚀剂，对各种金属都没有腐蚀作用，保护了汽车面漆、刮水器及橡胶的安全。

玻璃水液位偏少导致不能及时清洗玻璃上的灰尘脏污将影响驾驶员视线。

四、如何加注冷却液

当冷却液液位低于L刻度线（最低水位刻度线）位置，按照规定的程序给冷却液膨胀罐加注冷却液。冷却液膨胀罐压力盖必须在冷却系统，包括膨胀罐压力盖和散热器上部软管完全冷却之后再打开。

（1）慢慢按逆时针方向转动压力盖。如果听到"嘶嘶"声，等到声音消失后再打开。"嘶嘶"声意味着里面仍有压力存在。

（2）继续转动压力盖并将其取下。

（3）缓慢加注冷却液，直至膨胀罐内冷却液量约为80%，且液位不再下降。

（4）启动车辆，打开暖风系统，通过电动水泵运行排出系统剩余空气；挤压散热器出水软管可加速排空。

（5）观察膨胀罐内冷却液下降情况，及时补充冷却液，保持冷却液液位处于L刻度线和F刻度线（最高水位刻度线）之间。

（6）观察膨胀罐通气口，待膨胀罐通气口有持续冷却液流出且膨胀罐内冷却液液位不再下降，拧紧膨胀罐盖，至此，冷却液加注完成。

五、补偿水桶的工作过程

补偿水桶的外表面刻有"低"线和"高"线，液面应位于两条标记线之间。当散热器内的冷却液受热膨胀时，收集膨胀溢出的冷却液；当散热器内的冷却液温度降低时，向散热器补充冷却液，所以散热器内的冷却液不会溢失。补偿水桶还可消除冷却系统中的气泡。

六、安全及注意事项

（1）制动系统加注制动液的重要注意事项：向制动总泵储液罐中添加制动液时，只能使用清洁、密封的制动液容器中的制动液，型号符合DOT4或HZY4型，不使用推荐的制动液会导致系统污染，从而损坏液压制动系统部件内部的橡胶密封件和橡胶衬垫；不要让制动液溅到车辆上，制动液对汽车漆面有一定的腐蚀性，如果溅到了车上，要立即清洗掉。

（2）高温的冷却系统中，蒸气和沸腾的液体可能飞溅出来造成严重灼伤。它们处在高压之下，一旦拧开膨胀罐压力盖，即使只拧开一点，沸腾的液体也会飞溅出来。切勿在冷却系统，包括膨胀罐压力盖还热时拧开压力盖。若需要打开压力盖，必须等待冷却系统和膨胀罐压力盖冷却之后再打开。如果将冷却液溅到高温的零部件上，您可能会被烧伤。冷却液中含有乙二醇，如果部件温度足够高，乙二醇就会燃烧，因此，不要将冷却液溅到电机控制器、驱动电机等高温的零部件上。

七、操作过程

检查车辆相关液位的操作过程如表 1-3 所示。

表 1-3　检查车辆相关液位的操作过程

序号	操作步骤	操作方法及说明	操作标准
1	作业准备	（1）场地进行安全设置； （2）个人进行安全防护 	符合安全规范要求
2	拉动驾驶室前机舱盖释放把手	拉动车内带有此符号的前机舱盖释放把手（位于车内驾驶员侧仪表板下方） 	

序号	操作步骤	操作方法及说明	操作标准
3	打开前机舱盖	将位于散热器格栅中间位置的前机舱锁安全护钩手柄向上推动，使其分离。 注意：当车辆在雨中出现故障或事故时，不要自行打开前机舱盖	
4	支撑前机舱盖	取下前机舱盖支撑杆，支撑前机舱盖。 注意：当刮水器竖直放置时，禁止打开前机舱盖，否则会造成刮水器甚至玻璃的损坏	
5	检查高压电池冷却液液位	（1）查看膨胀罐液面，液面位置应该保持在 F 和 L 刻度线之间； （2）拧开压力盖，查看冷却液颜色是否浑浊。 注意： a. 缓慢旋开压力盖，散热时切勿打开，以免烫伤； b. 如果冷却液不在规定范围内，应该添加；如果冷却液颜色浑浊，则应更换； c. 检测冷却液液位时，车辆必须停在平坦的地面上； d. 如果冷却液膨胀罐中的冷却液正在沸腾，请勿进行任何操作，直到其冷却	高压电池冷却液液位在 F 与 L 刻度线之间；冷却液清澈、不浑浊

序号	操作步骤	操作方法及说明	操作标准
6	检查暖风冷却液液位	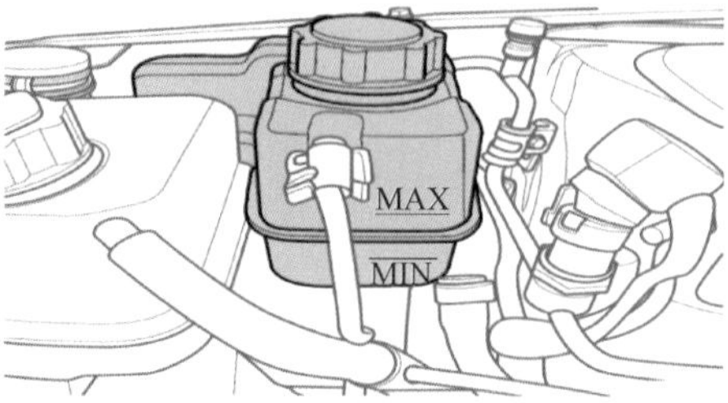 （1）查看膨胀罐液面，液面位置应该保持在 MAX 和 MIN 刻度线之间； （2）拧开压力盖，查看冷却液颜色是否浑浊。 注意： a. 缓慢旋开压力盖，散热时切勿打开，以免烫伤； b. 如果冷却液不在规定范围内，应该添加；如果冷却液颜色浑浊，则应更换	暖风冷却液液位在 MAX 与 MIN 刻度线之间；冷却液清澈、不浑浊
7	检查制动液液位	（1）查看储液罐液面，液面位置应该保持在 MAX 和 MIN 刻度线之间；  （2）拧开旋盖，查看制动液颜色是否浑浊。 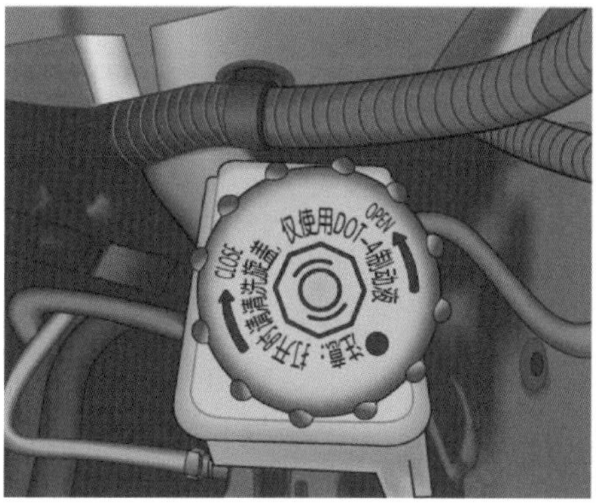 注意：如果制动液不在规定范围内，应该添加；如果制动液颜色浑浊，则应更换	制动液液位在 MAX 和 MIN 刻度线之间

序号	操作步骤	操作方法及说明	操作标准
8	检查玻璃水液位	（1）打开带有洗涤器符号的加注口盖； （2）检查玻璃水液位正常。 注意：加水可能造成玻璃水结冰而损坏储液罐和洗涤系统的其他部件	添加玻璃水，直至储液罐加满
9	关闭前机舱盖	（1）将前机舱盖支撑杆放入固定槽内； （2）放下前机舱盖，然后用双手的手掌均匀地按住散热器格栅处的前机舱盖，用力向下按； （3）关闭前机舱盖后，通过尝试提起前机舱盖前缘来验证其是否被完全锁止。 注意： a. 禁止在前机舱盖未正确关闭时驾车； b. 未正确关闭时，前机舱盖会突然开启而挡住驾驶员的视线，从而造成车辆或其他财产的损坏、人身伤害甚至死亡	听到一声"咔嗒"声，表示前机舱盖已关闭

第四节　低压蓄电池总成外观及连接状态的检查

在新能源汽车上，低压蓄电池作为电源系统的辅助动力源，一般为12V或24V的直流低压电源，它主要给动力转向、制动力调节控制、照明、空调、电动窗门等各种辅助用电装置提供电源。

一、蓄电池的结构及功用

1. 蓄电池的结构

图 1-6　低压蓄电池结构

在汽车的日常使用中，蓄电池是汽车电气设备中最重要的部件之一，其性能将直接影响车辆的正常运行。蓄电池由极板、隔板、电解液和外壳等组成。极板分为正极板和负极板两种。将涂上铅膏后的生极板先经热风干燥，再放入稀硫酸中进行充电，便得到正极板和负极板。正极板上的活性物质为二氧化铅（PbO_2），呈深棕色；负极板上的活性物质为海绵状纯铅（Pb），呈深灰色。如图1-6所示为低压蓄电池结构。

2. 蓄电池的功用

（1）由于各种原因（如停车熄火），造成 DC-DC 转换器停止工作或输出电压低于蓄电池电压时，为电气设备供电。

（2）吸收电路中产生的过电压，稳定电网电压，保护电子元器件。

3. 蓄电池信息（图 1-7 所示）

一般蓄电池的标签上会标注各种信息。例如：12V/60Ah/620ACCA。

12V：电压。表示蓄电池的电压为 12V。

60Ah：容量。表示蓄电池所能输出的最大电量。Ah 是指电池在 25℃ ±2℃ 时，以恒定电流连续放电 20h，直至终止电压为 10.5V 的能力。例如，60Ah 表示蓄电池 20h 持续放电所能输出的电流为 60Ah/20h=3A。

620ACCA：冷启动电流。根据美国汽车工程师协会标准，该蓄电池能在 -18℃（约为 0℉）的温度下，以 620A 的电流持续放电 30s，终止电压为 7.2V。

图 1-7　低压蓄电池信息

二、蓄电池的使用和维护

1. 蓄电池的使用注意事项

（1）保持蓄电池表面清洁，其上不得有油渍污垢，绝不允许在上面放置金属工具、金属物品，以防造成短路而损坏蓄电池。

（2）保持极柱、夹头和铁质提手等处的清洁，如出现电腐蚀或氧化物等应及时擦拭干净，以保证导电的可靠性。平时应将这些零件表面涂上凡士林，防止锈蚀。

（3）平时注意盖好注液孔的上盖，以防汽车行驶时电解液溢出；必须保持通气孔畅通。

（4）不要出现长时间充电或充电电流过大、过度放电、电解液液面过低或过高、电解液密度过高等情况。

2. 蓄电池的日常维护

（1）及时充电。蓄电池每隔两个月至少应充电一次。蓄电池出现以下情况时应进行充电：电解液密度下降至 $1.2g/cm^3$ 以下；冬季放电超过 25%，夏季放电超过 50%。虽然快速充电可以节省时间（一般为 3～5h），但是快速充电只能迅速把电池表面激活，实际上电池内部没有完全充满电，所以蓄电池最好采用慢充电的方法进行充电，充电时间为 10～15h，特别是对于亏电严重的蓄电池，必须进行慢充电，否则会直接影响蓄电池的性能。

（2）保持蓄电池表面清洁、干燥。

三、安全及注意事项

检查蓄电池的时候要防止电解液溅入眼睛，如不慎入眼，应用大量清水冲洗，必要时应及时送医院就诊。同时还要防止电解液沾到皮肤上，如不慎沾到皮肤上，应用大量清水冲洗。

四、操作过程

检查车辆蓄电池的操作过程如表 1-4 所示。

表 1-4　检查车辆蓄电池的操作过程

序号	操作步骤	操作方法及说明	操作标准
1	作业准备	（1）场地进行安全设置； （2）个人进行安全防护 	符合安全规范要求
2	检查低压蓄电池外观	目视检查低压蓄电池壳体（可用手电筒辅助） 	壳体无裂纹，无变形
3	检查低压蓄电池极柱	（1）目视检查低压蓄电池极柱情况； （2）检查低压蓄电池端子导线安装状况	极柱没有氧化物； 端子导线无松动

序号	操作步骤	操作方法及说明	操作标准
4	检查静态蓄电池电压	（1）万用表校零； 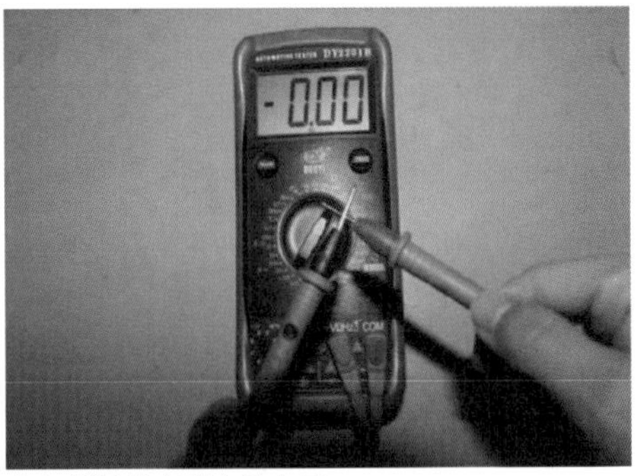 （2）测量静态蓄电池电压 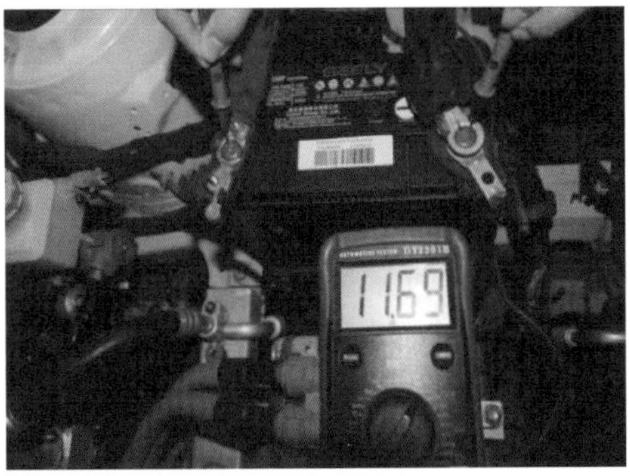 	静态电压不低于 10.5V
5	检查蓄电池充电电压	（1）打开电源，车辆处于 READY 状态；  （2）测量动态蓄电池充电电压 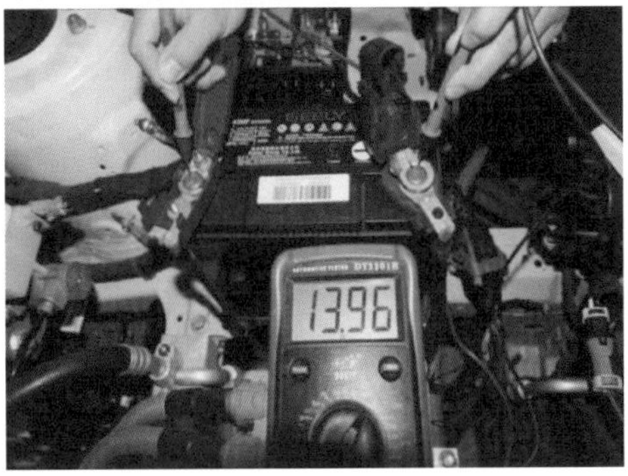 	动态电压不低于 13.9V

第五节　车辆举升作业

车辆举升是将车辆抬高至合适的高度，便于维修技术人员有足够的空间作业。汽车举升支撑点是汽车举升时举升机托臂托举的位置。

1.举升机的功用及类型

举升机是一种能把整车举升到一定高度，便于汽车维修和安全检查作业的保修设备，广泛用于轿车等小型车的维修保养。在使用时应注意举升机操作和安全注意事项。如图1-8所示为举升机的操作和举升点。

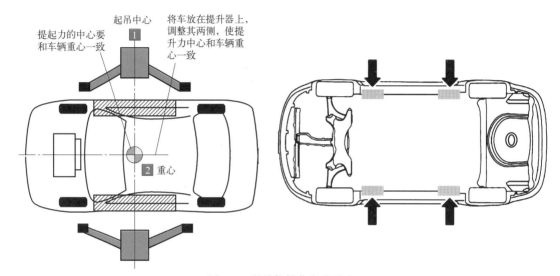

图1-8　举升机操作和举升点

汽车用举升机常见的类型有立柱式举升机、剪式举升机，如图1-9所示。

图1-9　立柱式、剪式举升机

2.举升机的工作原理

举升时，电机驱动齿轮泵经液压站内控制阀，将液压油由高压软管输入到立柱内的油腔，在油压作用下，油缸活塞杆被顶出，通过链条或活塞杆带动滑架上升，并由滑架上的托臂支撑汽车，从而使汽车随着滑架上升完成举升工作。

下降时，解锁安全保险并打开回油管路，在滑架自重和负载作用下，通过链条或活塞杆将活塞压回油缸，工作滑架下降，液压油排回油箱，完成下降工作。

3.举升机使用前检查

（1）电机电源线是否安装正常，检查连接螺栓是否紧固。

（2）使用前检查操作手柄是否正常，操作结构应灵敏有效，液压系统不允许有爬行现象。

（3）由于新安装液压系统中可能有空气，需进行一次排气处理，上升和下降重复几次即可。

（4）举升车辆前4个垫块应在同一平面上，4个托架要锁紧。举升车辆驶入后，应将举升机垫块移动调整，使其对正该车型规定的举升点。

4.举升机操作注意事项

（1）使用前应清除举升机附近妨碍作业的器具及杂物；

（2）举升时人员应离开车辆，举升到需要高度时，必须插入保险锁销，确保安全可靠才可开始车底作业；

（3）除低保及小修项目外，其他烦琐笨重作业，不得在举升器上操作修理；

（4）举升机不得频繁起落；

（5）举升车辆时，举升要稳，降落要慢；

（6）有人作业时严禁升降举升机；

（7）发现操作机构不灵、电机不同步、托架不平或液压部分漏油时，应及时报修，不得"带病"操作；

（8）作业完毕应清除杂物，打扫举升机周围以保持场地整洁。

5.操作过程（表1-5所示）

表1-5　使用举升机的操作过程

序号	操作步骤	操作方法及说明	操作标准
1	作业准备	（1）设备准备：整车、立柱式举升机； （2）场地进行安全设置； 	符合安全规范要求

序号	操作步骤	操作方法及说明	操作标准
1	作业准备	（3）个人进行安全防护 	符合安全规范要求
2	车辆停放	检查车辆停放位置是否合适，必要时进行调整 	托臂支撑点对准车辆举升位置
3	预置举升机托臂	（1）将四个垫块高度调整一致； （2）预置举升机托臂 	垫块高度在同一水平面上
4	检查托臂位置	（1）稍微举升车辆，使托臂接近车辆底部； （2）检查托臂位置 注意：举升时不要触碰动力电池包、制动管路、高压线路	托臂中心点与车辆举升中心点重合

序号	操作步骤	操作方法及说明	操作标准
5	举升车辆	（1）举升车辆至车轮刚离地面； （2）检查车辆的稳定性（在车前后轻轻晃动车辆）； （3）举升至操作位置停止，进行保险操作 注意：举升时一定要把车辆放好	保证车辆无倾斜、无晃动； 停止时保险钩必须锁止
6	下降车辆	（1）稍微举升车辆； （2）解除保险； （3）将举升机下降至最低点； （4）收复举升机托臂 注意：车辆下降时托臂下、车辆下严禁站人	先举升再解除保险，工具设备复位

第六节　高压系统断电作业

　　新能源电动汽车动力系统是高压系统，对其进行检修操作时，必须切断高压系统，以保证人身安全。

一、高压作业人员规范

高压电气部件的维护和检修作业，需设立专职安全员。安全员负责检查量具、设备、安全防护用品是否符合要求，作业过程也需要安全员监督并确认作业结果，保证作业安全性。安全员和操作人要持证上岗。一般要持有特种作业操作证——低压电工作业证，如图1-10所示。操作人员不得佩戴金属饰物，衣袋内不得有金属物件。

 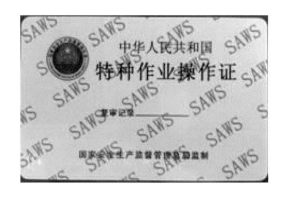

图 1-10 低压电工作业证

二、安全防护及检查

1.检查现场环境，设置隔离，设立警示标识

检查操作环境，不得有易燃物品及无关的金属物品，维修车辆周围设置隔离，无关人员不得进入现场。无关的工具不得带入工作场地，必须使用的金属工具，手持部分要做绝缘处理。在地面或车辆附近明显位置放置"高压危险"警示牌，如图1-11所示。

图 1-11 场地环境安全

2.检查辅助绝缘用具

（1）绝缘手套。选择正确绝缘等级的绝缘手套（绝缘等级为1000V/300A以上）。观察绝缘手套的表面是否平滑，应无针孔、裂纹、砂眼、杂质等各种明显的缺陷和明显的波纹。观察绝缘手套是否出现粘连现象。检查绝缘手套有无漏气现象。

（2）绝缘帽。选择正确绝缘等级的安全绝缘帽，观察绝缘帽表面有无破损。监督人员和操作人员戴好绝缘帽。

（3）绝缘鞋。选择正确绝缘等级的绝缘鞋。检查绝缘鞋的表面及鞋底有无破损。监督人员和操作人员穿好绝缘鞋。

（4）护目镜。选择正确绝缘等级的护目镜。观察护目镜面有无破损、刮花。护目镜的宽窄和大小要适合使用者的脸型。监督人员和操作人员戴好护目镜。

（5）绝缘垫。要检查绝缘垫表面有无裂痕、砂眼、老化等现象，放置绝缘垫并用兆欧表检测绝缘性能，绝缘阻值大于 $500M\Omega$。

三、高压断电方法

（1）关闭电源开关，钥匙放在安全处，断开低压蓄电池负极电缆，负极电缆接头用绝缘胶布包好。蓄电池负极柱头用盖子盖好或用绝缘胶布包好。

（2）断开维修开关（或母线）并妥善保管。放置车辆 5 ～ 10min，对新能源汽车的高压电容器进行放电。

一般新能源汽车设置有维修开关，断开维修开关（或母线）才可对新能源汽车进行维修。断开维修开关时需要穿戴好绝缘防护用品，并用盖子将接口封好或用绝缘胶布将维修开关接口封好。放置车辆 5 ～ 10min（不同厂家有不同要求），对新能源汽车的高压电容器进行放电。

（3）断开动力蓄电池。穿戴好绝缘防护用品，先断开动力蓄电池低压线束，再断开高压线束（母线）。例如，对于北汽新能源汽车 EV200 来说，断开低压线束后，可以分 3 步将高压线束断开。第一步，将蓝色的卡子向车辆前方扳动；第二步，将棕色套子向前方扳动；第三步，将棕色卡子向内用力按住，然后将线束向车辆前方拔出。

（4）验电、放电。断开动力蓄电池母线后，需要对动力蓄电池的母线进行验电，如果母线有残余电荷，需用放电设备进行放电，确保动力蓄电池母线无电。

四、操作过程

高压断电操作过程如表 1-6 所示。

表 1-6　高压断电操作过程

序号	操作步骤	操作方法及说明	操作标准
1	作业准备	（1）场地进行安全设置； （2）个人进行安全防护 	符合安全规范要求

序号	操作步骤	操作方法及说明	操作标准
2	高压断电前准备	（1）查阅维修手册； （2）检测蓄电池电压，确定万用表工作正常 	要求低压蓄电池电压不低于 12V
3	高压断电实施	（1）关闭点火开关（启动开关），收好启动钥匙； （2）断开蓄电池负极电缆； （3）寻找并断开母线（或检修断路器）； （4）断开动力电池高压线线束连接器 BV16 	

序号	操作步骤	操作方法及说明	操作标准
4	高压断电完成	(1) 等待系统释放掉残余电压，用秒表计时； (2) 佩戴个人防护用品； (3) 用万用表检测 BV16 端子之间的电压； (4) 确认没有危险电压存在 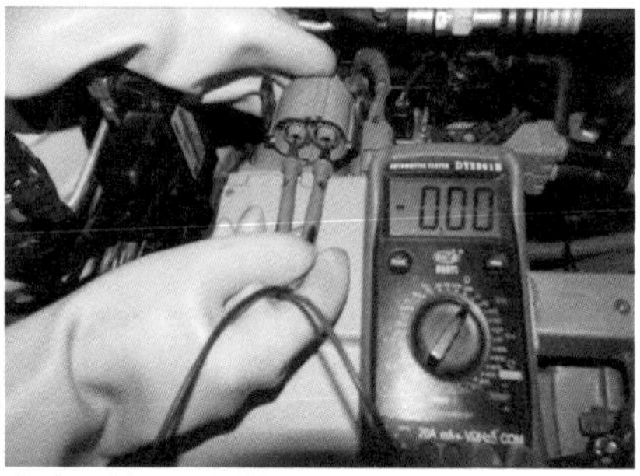 注意：端子 1 和端子 2 距离较近，严禁万用表指针头短接和触碰任何目标测量金属部件，应佩戴绝缘手套	查阅维修手册确认放电时间。放电 5min，测量残余电压接近 0V。 标准电压：≤ 5V

第二章 动力装置的检查与维护

第一节 动力电池托盘、高低压连接器及高压线束的检查

1. 动力电池

动力电池即为工具提供动力来源的电源，本书指为电动汽车提供动力的高压电池，如图 2-1 所示。

图 2-1　动力电池

2. 动力电池托盘

主要起盛放、固定和保护动力电池的作用。大部分动力电池托盘采用铝合金材料。

3. 线束连接器

线束连接器分为高压连接器和低压连接器。线束与线束、线束与电器部件之间的连接一般采用连接器。汽车线束连接器是连接汽车各个电器与电子设备的重要部件。为了防止连接器在使用中脱开，连接器均采用了闭锁装置。拆开时，首先要解除闭锁，然后把插接器拉开，不允许在未解除闭锁的情况下用力拉线束，这样会损坏闭锁装置或连接线束。

4. 高压线束

汽车电线都是铜质多芯软线，有些软线细如毛发，几条乃至几十条软铜线包裹在塑料绝缘管（聚氯乙烯）内，柔软而不容易折断。

高压线缆表皮为黄色或橙黄色。高压电气连接系统设计时，要求连接器具备 360°屏蔽层，并有效地和电缆屏蔽层连接。屏蔽层覆盖整个连接器长度，以保证足够的屏蔽功能，并尽量减少屏蔽界面之间的电阻。

5. 操作过程（表2-1所示）

表2-1　检查动力电池的操作过程

序号	操作步骤	操作方法及说明	操作标准
1	作业准备	（1）场地进行安全设置；  （2）个人进行安全防护 	符合安全规范要求
2	高压断电	（1）断开蓄电池负极电缆，并裹好绝缘胶布；  （2）断开动力电池高压线束连接器 BV16，并验电 	操作符合规范要求

序号	操作步骤	操作方法及说明	操作标准
3	检查动力电池托盘及防撞梁	(1) 检查动力电池托盘有无划痕、腐蚀、变形、破损； 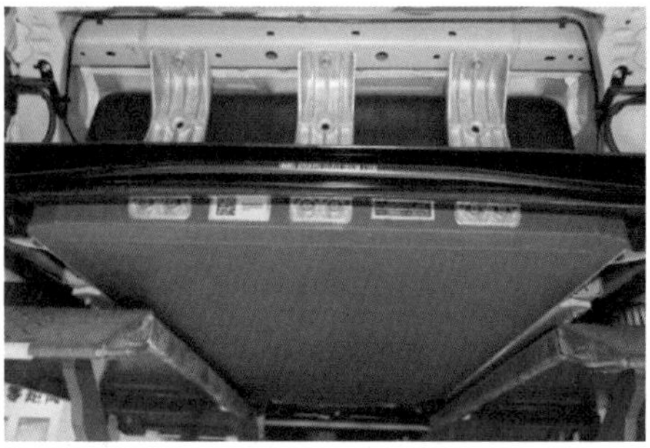 (2) 检查防撞梁有无划痕、腐蚀、变形、破损； (3) 检查动力电池托盘底部防石击胶有无划痕、腐蚀、破损	
4	检查高低压连接器	(1) 检查高压连接器公插与母插清洁度、腐蚀、破损情况； 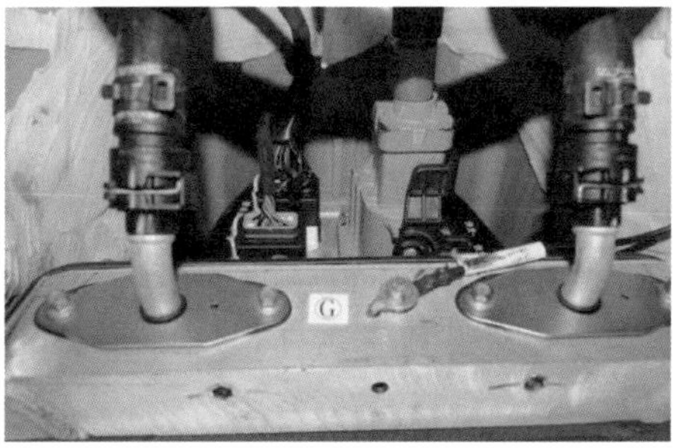 (2) 检查低压连接器公插与母插连接可靠性； (3) 检查低压连接器公插与母插清洁、腐蚀、破损情况 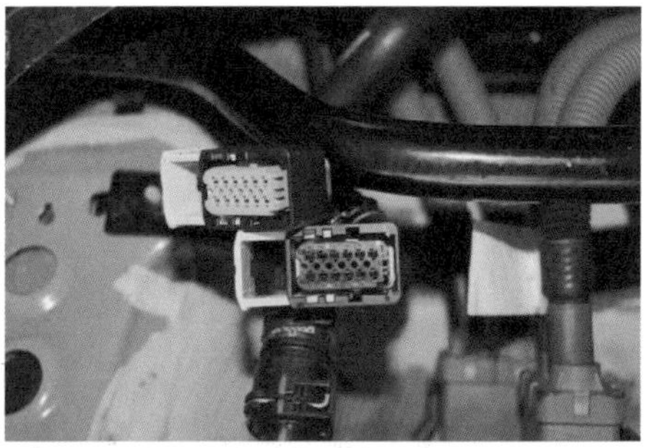 	
5	检查高压线束	检查线束有无老化、断裂、腐蚀、破损 	线束无老化、断裂、腐蚀、破损

序号	操作步骤	操作方法及说明	操作标准
6	车辆、工具复位	(1) 取下车内、外防护用品； (2) 车辆复位，清洁车身； (3) 清洁并整理工具； (4) 安全防护复位	在操作过程中，要体现整理、整顿、清洁、清扫和素养的5S理念

第二节　检测动力电池系统绝缘阻值

1. 绝缘失效的危害

电气系统如果出现绝缘失效，视程度不同，会造成不同的后果。系统中只有一个点绝缘出现故障，暂时对系统不会产生明显影响；出现多点绝缘失效，则漏电流会在两点之间流转，在附近材料上积累热量，甚至可能引发火灾，同时，影响电器的正常工作，最严重的情形，可能发生人员触电。电气系统绝缘失效的常见原因除了设计和制造问题以外，一般还有热老化、光老化、低温环境下的材料脆裂、固定不当引起的摩擦损伤等。图 2-2 所示为漏电导致人员触电。

图 2-2　漏电导致人员触电

2. 动力电池的绝缘检测方法

动力电池系统的绝缘电阻测量，主要有两类方法，一类是交流信号注入法，另一类是外接电阻法。交流信号注入法指给动力电池正负极之间注入一定频率的低压交流信号，通过测量系统反馈，获得系统的绝缘电阻。其缺点是测试信号在系统中会形成波纹干扰，影响系统正常工作。外接电阻法指在正负极之间接入一系列电阻，利用电路中设置的开关的通断，可以获得两个状态下电阻上的电压值。通过列出电路状态方程，两个方程联立解出动力电池正极对地和负极对地的电阻值，判断电池正负极对地绝缘情况。

3. 操作过程（表 2-2 所示）

表 2-2　动力电池绝缘检测的操作过程

序号	操作步骤	操作方法及说明	操作标准
1	作业准备	(1) 场地进行安全设置； 	符合安全规范要求

序号	操作步骤	操作方法及说明	操作标准
1	作业准备	（2）个人进行安全防护 	符合安全规范要求
2	高压断电	（1）断开蓄电池负极电缆，并裹好绝缘胶布； （2）断开动力电池高压母线连接器，并验电 	操作符合规范要求
3	绝缘电阻表校表	（1）数字绝缘电阻表开路检测并确认电阻无穷大； 	能正确判定绝缘电阻表的好坏

序号	操作步骤	操作方法及说明	操作标准
3	绝缘电阻表校表	（2）数字绝缘电阻表短路检测并确认电阻小于 1Ω；  （3）数字绝缘电阻表上"TEST"功能正常（绝缘电压调整为 1000V） 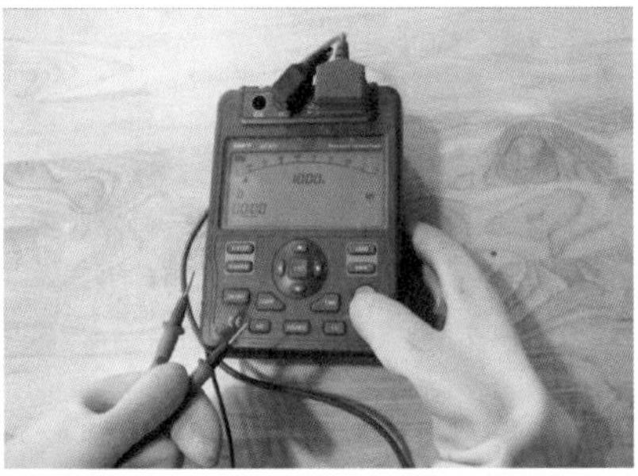 	能正确判定绝缘电阻表的好坏
4	检测动力电池供电线路绝缘阻值	（1）用高压绝缘测试仪测量动力电池高压线束连接器 BV16 的 1 号端子与车身接地之间的电阻。标准电阻 ≥ 20MΩ；  （2）用高压绝缘测试仪测量动力电池高压线束连接器 BV16 的 2 号端子与车身接地之间的电阻，标准电阻：≥ 20MΩ； （3）确认测量值是否符合标准 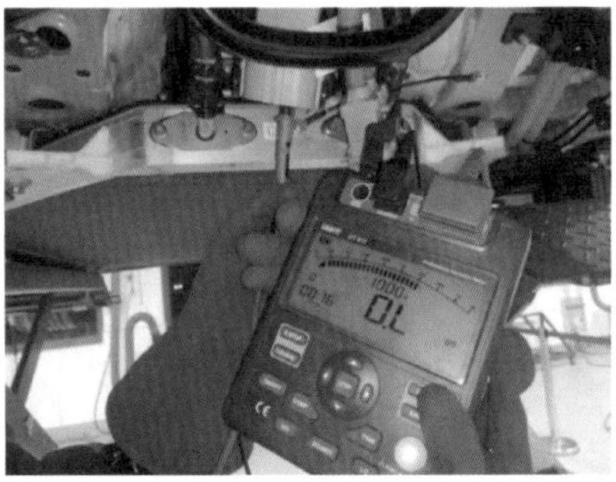 	

序号	操作步骤	操作方法及说明	操作标准
5	检测动力电池充电线路绝缘阻值	（1）用高压绝缘测试仪测量动力电池高压线束连接器 BV23 的 1 号端子与车身接地之间的电阻，标准电阻：≥ 20MΩ； **BV23 BMS模块** （2）用高压绝缘测试仪测量动力电池高压线束连接器 BV23 的 2 号端子与车身接地之间的电阻，标准电阻：≥ 20MΩ； （3）确认测量值是否符合标准 	
6	车辆、工具复位	（1）取下车内、外防护用品； （2）车辆复位，清洁车身； （3）清洁并整理工具； （4）安全防护复位	在操作过程中要体现整理、整顿、清洁、清扫和素养的 5S 理念

第三节 驱动电机检查与维护

一、驱动电机外观、高低压连接器、高压线束的检查

驱动电机的功用是在驾驶员的控制（加速和制动踏板）下，高效率地将蓄电池（燃料电池或发电机）的能量转化为车轮的动能，或者将车轮上的动能反馈到蓄电池中。

电机控制器是一个既能将动力电池中的直流电转换为交流电以驱动电机，同时还能将车轮旋转的动能转换为电能（交流电转换为直流电）给动力电池充电的设备。如图 2-3 所示。

驱动电机和电机控制器之间由线束相连，线束与部件之间依靠高低压连接器连接。其中，橙色线束为高压线束。

1. 驱动电机、电机控制器位置

驱动电机、电机控制器位置如图 2-4 所示。

图 2-3　电机控制器和驱动电机原理图

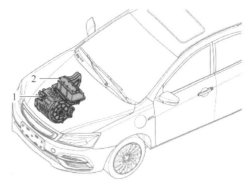

图 2-4　驱动电机、电机控制器位置
1—驱动电机；2—电机控制器

2. 驱动电机、高低压连接器、高压线束维修保养要求

（1）作业时必须断开整车低压电源、电机控制器高压电源，做好安全防护、知晓安全注意事项、熟悉作业设备及工具、熟悉操作要求。

（2）维护保养作业时，应避免沙尘、雨雪气象情况下露天操作，避免沙尘、水分及其他杂质进入电机内部。

（3）维护保养作业时，需使用专业检测检修设备和绝缘工具，操作人员佩戴绝缘手套，穿绝缘鞋。所有操作均应进行断电、放电、高压 DC+/DC− 对地电压检测，确保不带电操作。

（4）驱动电机为高压电器件，维修时，需由专业人员配备专业绝缘工具进行操作，严禁没有资质的人员进行非法拆解，驱动电机从整车上拆下后，严禁进行单体拆解。

（5）具体的作业内容及要求依据主机厂的维保手册执行。

3. 操作过程（表 2-3 所示）

表 2-3　检查驱动电机的操作过程

序号	操作步骤	操作方法及说明	操作标准
1	作业准备	（1）场地进行安全设置； （2）个人进行安全防护	符合安全规范要求

序号	操作步骤	操作方法及说明	操作标准
2	高压断电	（1）断开蓄电池负极电缆，并裹好绝缘胶布；  （2）断开动力电池高压母线连接器，并验电 	操作符合规范要求
3	举升车辆	把车辆举升到合适的高度 	操作符合规范要求
4	驱动电机检查	（1）检查电机冷却系统有无泄漏冷却液现象，系统管路有无老化、渗漏；  （2）检查电机壳体有无破损，若有破损，更换驱动电机； 	

序号	操作步骤	操作方法及说明	操作标准
4	驱动电机检查	（3）检查驱动电机检测螺栓上的漆标，若漆标位置有移动，则对螺栓进行紧固；若无，则不做要求； （4）检查驱动电机接地线部位的接地电阻不大于 0.1Ω 	
5	高低压连接器检查	（1）高低压连接器不应有损伤、变形等缺陷，插接处不应有锈蚀引起的拆卸困难，高低压连接器安装牢靠，无松脱现象，密封圈不应从护套中脱出； （2）测量连接器绝缘电阻，即高压连接器端子与屏蔽层之间绝缘电阻值； （3）高低压连接器外壳无腐蚀、破损，连接器内部清洁，无异物和水，高低压连接器导电部位无氧化、异常发热、烧蚀现象；高低压连接器经维修插拔后，保证插接到位，锁止结构安装到位，无虚接； （4）维修保养完成后，整车上电，通过车载绝缘检测设备实施绝缘检测，如有绝缘故障，应及时处理 	连接器绝缘电阻要求：高压连接器端子与屏蔽层之间绝缘电阻值≥20MΩ

序号	操作步骤	操作方法及说明	操作标准
6	高压线束检查	（1）检查高压线束，高压线束无断裂、老化龟裂、变色、烧蚀、外皮破损、导体外露现象，绝缘性能良好，线束故障需直接更换线束总成； （2）高压线束固定牢靠，固定点无松动、脱落，驱动电机、转向电机、电动空压机的高压线束预留出 30～50mm 的振动余量，与棱边有防护，与周边无磨损 	
7	上电	（1）交流母线连接充电机端插件，直流母线插头垂直对准插座轻按，然后将把手卡口卡到位或听到轻微"咔嚓"声； （2）连接蓄电池负极电缆 	
8	车辆、工具复位	（1）取下车内、外防护用品； （2）车辆复位，清洁车身； （3）清洁并整理工具； （4）安全防护复位	在操作过程中，要体现整理、整顿、清洁、清扫和素养的5S理念

二、驱动电机系统绝缘阻值的检测

电动汽车在运行期间，始终处于各种外界因素作用的影响下，其性能也会不断地发生变化，电动汽车上高压部件在这些外界因素的影响下，较容易出现不可预知的故障。故高压部件使用前应当进行绝缘试验，以保障高压系统的安全稳定运行。

兆欧表大多采用手摇发电机供电，故又称摇表。它的刻度是以兆欧（MΩ）为单位的。兆欧表是一种常用的测量仪表，主要用来检查电气设备或电气线路对地及相间的绝缘电阻，以保证这些设备和线路工作在正常状态，避免发生触电伤亡及设备损坏等事故。兆欧表的分类如图2-5所示。

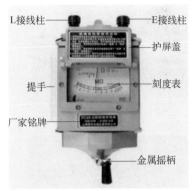

(a) 手摇兆欧表　　　　　　　(b) 数字兆欧表

图 2-5　兆欧表的分类

1. 兆欧表的使用方法

（1）测量前必须将被测设备电源切断，并对地短路放电。绝不能让设备带电进行测量，以保证人身和设备的安全。对可能感应出高压电的设备，必须消除这种可能性后，才能进行测量。

（2）被测物表面要清洁，减少接触电阻，确保测量结果的正确性。

（3）测量前应将兆欧表进行一次开路和短路试验，检查兆欧表是否良好。即在兆欧表未接上被测物之前，摇动摇柄使发电机达到额定转速（120r/min），观察指针是否指在刻度表的"∞"位置。将接线柱L和E短接，缓慢摇动摇柄，观察指针是否指在刻度表的"0"位。如指针不能指到该指的位置，表明兆欧表有故障，应检修后再用。

（4）兆欧表使用时应放在平稳、牢固的地方，且远离大的外电流导体和外磁场。

（5）必须正确接线。兆欧表上一般有三个接线柱，其中，L接线柱接在被测物和大地绝缘的导体部分，E接线柱接被测物的外壳或大地，G接线柱接在被测物的屏蔽层或不需要测量的部分。测量绝缘电阻时，一般只用L和E接线柱。但在测量电缆对地的绝缘电阻或被测设备的漏电流较严重时，就要使用G接线柱，并将G接线柱接屏蔽层或不需要测量的部分。线路接好后，可按顺时针方向转动摇柄，摇动的速度应由慢而快，当转速约120r/min时（ZC-25型），保持匀速转动，1min后读数，并且要边摇边读数，不能停下来读数。

（6）摇测时将兆欧表置于水平位置，摇柄转动时，其端钮间不许短路。摇动摇柄应由慢渐快，若发现指针指零，说明被测绝缘物可能发生了短路，这时就不能继续摇动摇柄了，以防表内线圈发热损坏。

（7）读数完毕，将被测设备放电。放电方法：将测量时使用的地线从兆欧表上取下来与被测设备短接一下即可（不是兆欧表放电）。

2. 操作过程（表2-4所示）

表 2-4　使用兆欧表的操作过程

序号	操作步骤	操作方法及说明	操作标准
1	作业准备	（1）场地进行安全设置； （2）个人进行安全防护 	符合安全规范要求
2	高压断电	（1）断开蓄电池负极电缆，并裹好绝缘胶布； （2）断开动力电池高压线束连接器 BV16，并验电 	操作符合规范要求

序号	操作步骤	操作方法及说明	操作标准
3	断开电机控制器	（1）断开电机控制器高压线束 BV18；  （2）用万用表检测电机控制器正负极电压 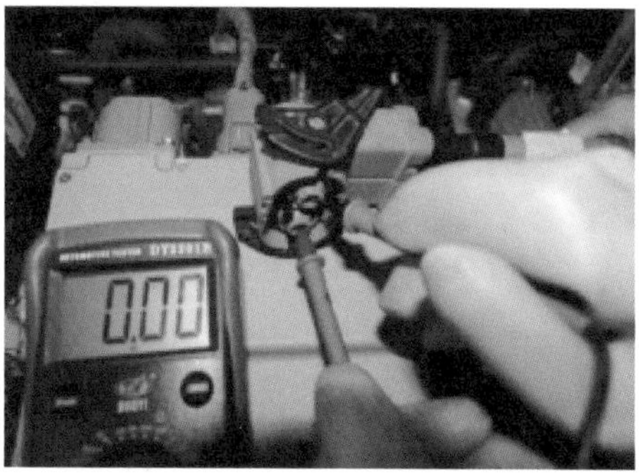 	标准电压：≤5V
4	检测电机绝缘阻值	（1）用兆欧表测量三相线束连接器 BV18 的 1 号端子与电机壳体之间的电阻；  （2）用兆欧表测量三相线束连接器 BV18 的 2 号端子与电机壳体之间的电阻； 	标准电阻：≥20MΩ

序号	操作步骤	操作方法及说明	操作标准
4	检测电机绝缘阻值	（3）用兆欧表测量三相线束连接器 BV18 的 3 号端子与电机壳体之间的电阻；  （4）确认测量值是否符合标准	标准电阻：$\geqslant 20\text{M}\Omega$
5	上电	（1）交流母线连接充电机端插件，直流母线插头垂直对准插座轻按，然后将把手卡口卡到位或听到轻微"咔嚓"声；  （2）连接蓄电池负极电缆  	
6	车辆、工具复位	（1）取下车内、外防护用品； （2）车辆复位，清洁车身； （3）清洁并整理工具； （4）安全防护复位	在操作过程中，要体现整理、整顿、清洁、清扫和素养的5S理念

第四节　高压系统检查与维护

一、车辆充电状态识别

1. 基本知识

充电状态主要包括充电加热、充电过程、预约充电、充电完成、充电故障等。

（1）充电口的类型

交流充电口如图 2-6 所示，直流充电口如图 2-7 所示。

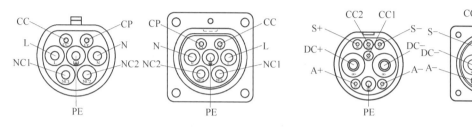

图 2-6　交流充电口　　　　　　　　　　　图 2-7　直流充电口

（2）充电桩的作用

充电桩的作用类似于汽车的加油机，可以根据不同的充电速度为各种型号的电动汽车充电。充电桩的输入端与交流电网直接连接，输出端都装有充电插头，用于为电动汽车充电。充电桩一般提供常规充电和快速充电两种充电方式，人们可以扫码使用，选择相应的充电方式、充电时间、费用数据打印等操作。充电桩显示屏能显示充电量、费用、充电时间等数据。如图 2-8 所示为充电桩。

图 2-8　充电桩

（3）直流充电和交流充电的区别

直流充电和交流充电最本质的区别就是从充电枪输出的电流是直流还是交流，如果是直流，则是直流充电；如果是交流，则是交流充电。但动力电池本身只能接受直流充电，如果外部接入电动汽车的是交流，则需要先通过车载充电机也就是 OBC，进行 AC-DC 即交流转直流，再给动力电池进行充电。如果外部接入电动汽车的是直流，则电能直接输入动力电池，无须转化。交流充电一般都是慢充，直流充电一般都是快充。

2. 操作过程（表2-5所示）

表2-5　汽车充电操作过程

序号	操作步骤	操作方法及说明	操作标准
1	作业准备	（1）车辆处于静止状态；  （2）车辆处于下电状态 	能正确操作车辆，使车辆处于安全状态
2	检查充电桩	（1）确认充电枪类型；  （2）识别充电桩电源指示灯、故障指示灯 	能正确确认充电枪的类型和识别充电桩的状态

序号	操作步骤	操作方法及说明	操作标准
3	连接充电枪准备充电	（1）确认车辆处于防盗解除状态；  （2）打开充电口盖； 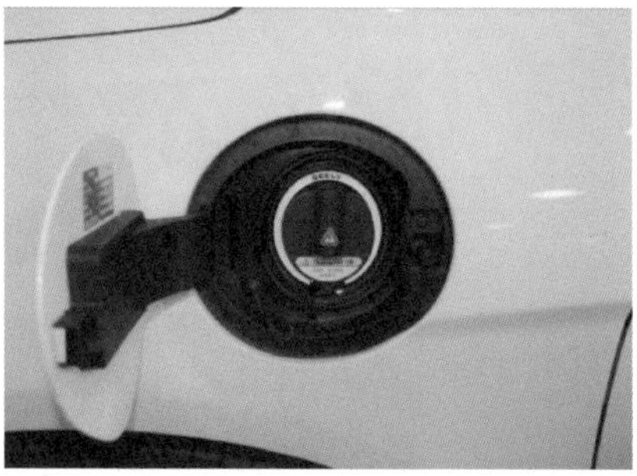 （3）设定充电时间、充电电流；  （4）设定充电电量  	能正确打开充电口盖和设定充电时间、电流

序号	操作步骤	操作方法及说明	操作标准
4	确认充电枪锁止情况	试着拔下充电枪，确认无法拔下 	
5	确认充电状态	(1) 观察充电指示灯的颜色； 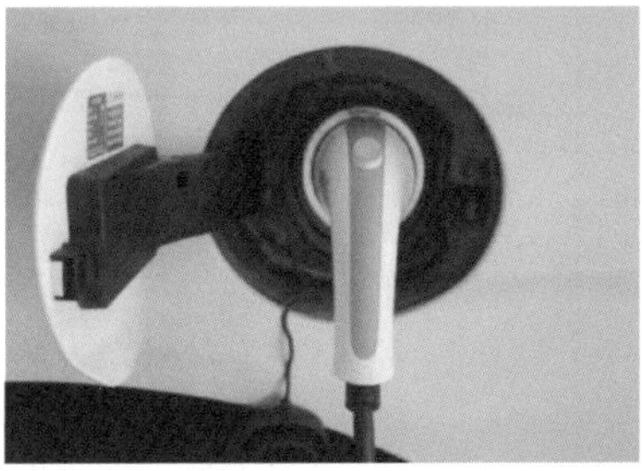 (2) 充电指示灯正常 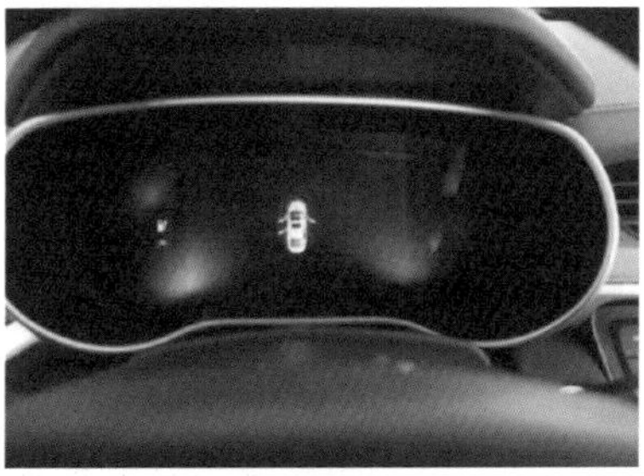 	根据指示灯的颜色，能够正确判定充电枪的状态
6	确认充电完成	观察充电指示灯的颜色，绿色不闪烁表示充满 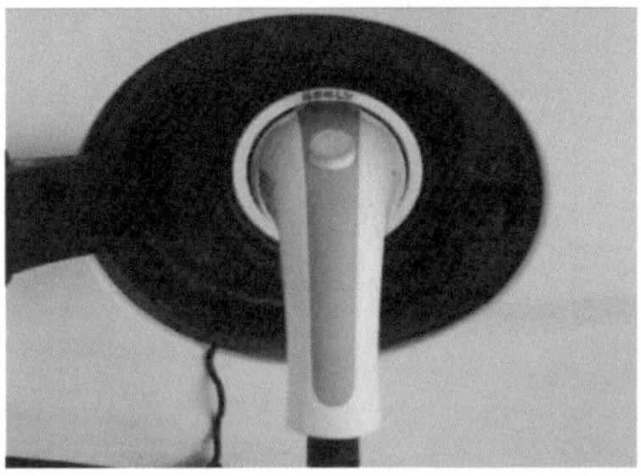	根据指示灯的颜色，能够正确判定车辆充电是否充满
7	关闭充电口盖	(1) 插入充电口护盖； 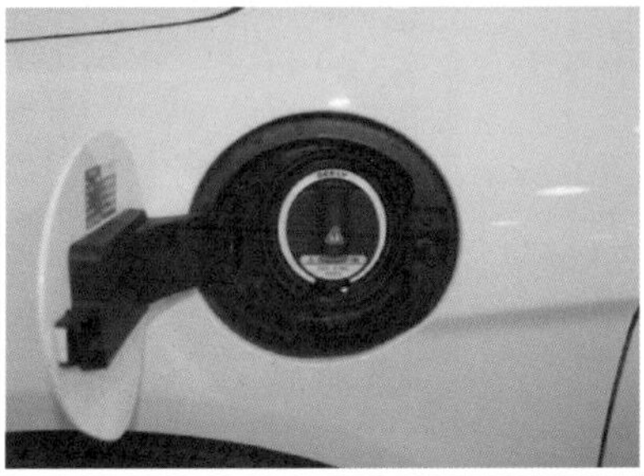 	确认充电口盖关闭

序号	操作步骤	操作方法及说明	操作标准
7	关闭充电口盖	（2）盖上充电口盖 	确认充电口盖关闭

二、车载充电机外观、高低压连接器、高压线束及充电口的检测

1. 基本知识

车载充电机是固定安装在电动汽车上的充电机，具有为电动汽车动力电池安全、自动充电的能力，充电机依据电池管理系统（BMS）提供的数据，能动态调节充电电流或电压参数，执行相应的动作，完成充电过程。

车载充电机（图 2-9）作为电力电子系统，主要由功率电路和控制电路组成。对于功率电路，由变压器和功率管组成的 DC-DC 转换器是其重要组成部分。对于控制电路，它的核心是控制器，用来实现与 BMS 的 CAN 通信，并控制功率电路按照三段式充电曲线给锂电池组充电。当车载充电机接上交流电后，并不是立刻将电能输出给电池，而是通过电池管理系统，首先对电池的状态进行采集分析和判断，进而调整充电机的充电参数。

图 2-9　车载充电机

车载充电机有两大部分：电源部分（主回路）和充电机控制主板。

连接器指在电路内被阻断处或孤立不通的电路之间，架起连通的桥梁，从而使电流流通，使电路实现预定的功能。如图 2-10 所示为高压连接器。

高压线束如图 2-11 所示，由铜芯、线芯绝缘、编织护套、外护套组成。

图 2-10　高压连接器

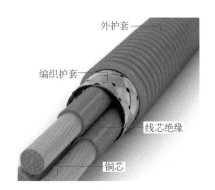

图 2-11　高压线束

2. 操作过程（表2-6 所示）

表 2-6　检查车载充电机的操作过程

序号	操作步骤	操作方法及说明	操作标准
1	作业准备	（1）场地进行安全设置；  （2）个人进行安全防护 	符合安全规范要求
2	高压断电	（1）断开蓄电池负极电缆，并裹好绝缘胶布；  （2）断开动力电池高压线束连接器 BV16，并验电 	操作符合规范要求

序号	操作步骤	操作方法及说明	操作标准
3	检查车载充电机外观	（1）检查车载充电机的外壳；  （2）检查车载充电机的水管  	车载充电机外壳无变形损坏。 车载充电机水管无破损、无漏液
4	检查高压线束连接器	（1）高压线束连接器能够正常连接、断开；  （2）高压线束连接器能够正常锁止  	高压线束连接器能正常导通。 高压线束连接器上锁后无法断开

序号	操作步骤	操作方法及说明	操作标准
5	检查低压线束连接器	（1）低压线束连接器能够正常连接、断开；  （2）低压线束连接器能够正常锁止 	低压线束连接器能正常导通。 低压线束连接器上锁后无法断开
6	检查交流充电口	交流充电口无异物、烧蚀、损坏 	交流充电口导体颜色未发黑。 交流充电口无变形、缺损
7	检查高压线束	（1）高压线束表面绝缘层无损坏； 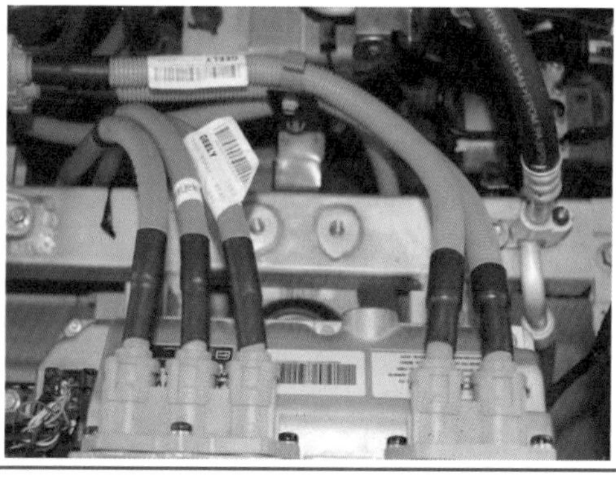	高压线束表面完整。 高压线束电阻大于 1Ω

序号	操作步骤	操作方法及说明	操作标准
7	检查高压线束	（2）高压线束无断裂  	高压线束表面完整。高压线束电阻大于 1Ω
8	连接车辆的连接器和负极	（1）连接高压接插件；  （2）连接低压接插件；  （3）紧固蓄电池负极 	高、低压线束连接能正常导通。用 9N·m 转矩紧固蓄电池负极

序号	操作步骤	操作方法及说明	操作标准
9	车辆、工具复位	(1) 取下车内、外防护用品； (2) 车辆复位，清洁车身； (3) 清洁并整理工具； (4) 安全防护复位	在操作过程中，要体现整理、整顿、清洁、清扫和素养的5S理念

三、车载充电机安装支架固定螺栓锈蚀及紧固情况、接地情况的检查

1. 基本知识

锈蚀是指通过外物作用，物质产生了物理体积与化学性质的缺失与变化。

接地是指电力系统和电气装置的中性点、电气设备的外露导电部分和装置外导电部分经由导体与大地相连。可以分为工作接地、防雷接地和保护接地。

2. 螺栓（图2-12）

图2-12　各种类型的螺栓

螺栓是由头部和螺杆（带有外螺纹的圆柱体）两部分组成的一类紧固件，需与螺母配合，用于紧固连接两个带有通孔的零件。

3. 螺栓的分类

按连接的受力方式分普通的和有铰制孔用的螺栓。

按头部形状分六角头、圆头、方形头、沉头等。

按螺纹的牙型分为粗牙和细牙两类，粗牙型在螺栓的标志中不显示。

螺栓按照性能等级分为3.6、4.6、4.8、5.6、5.8、6.8、8.8、9.8、10.9、12.9数个等级，其中8.8级以上（含8.8级）螺栓材质为低碳合金钢或中碳钢并经热处理（淬火＋回火），通称高强度螺栓，8.8级以下（不含8.8级）通称普通螺栓。

4. 螺栓锈蚀的原因

（1）电镀厂在电镀五金螺栓时，没有烘干，导致水蒸气残存，或者烘干后在包装时有冷凝水形成，导致化学反应，产生不良的影响，导致五金螺栓生锈。

（2）长期在潮湿的地方存放，时间久了，五金螺栓慢慢地就被腐蚀和氧化了，导致严重的生锈。

（3）电镀五金螺栓时，电镀不良，把电镀层镀得太薄了，导致生锈。

如图2-13为锈蚀的螺栓螺母。

5. 螺栓拧紧转矩对设备的影响

图2-13　锈蚀的螺栓螺母

如果拧紧转矩不够，会导致设备松动，使设备不能工作或者噪声增大，缩短使用寿命；如果拧紧转矩过大，会使螺栓屈服变形，导致松动或断裂而发生故障。

6. 接地线接触不良的原因及影响

接地线路的连接处因为灰尘等异物或金属产生氧化物而导致线路连接处断开，或电阻异常增大，从而使电器或电路不能正常工作。

7. 操作过程（表 2-7 所示）

表 2-7　检查车载充电机螺栓及接地情况的操作过程

序号	操作步骤	操作方法及说明	操作标准
1	作业准备	（1）场地进行安全设置；  （2）个人进行安全防护 	符合安全规范要求
2	高压断电	（1）断开蓄电池负极电缆，并裹好绝缘胶布； 	操作符合规范要求

序号	操作步骤	操作方法及说明	操作标准
2	高压断电	（2）断开动力电池高压线束连接器 BV16，并验电  	操作符合规范要求
3	检查车载充电机安装支架固定螺栓	检查车载充电机安装支架固定螺栓的外观 	能正确判定车载充电机安装支架固定螺栓锈蚀情况
4	检查车载充电机安装支架固定螺栓紧固情况	（1）调整扭力扳手至规定扭力；  （2）有漆标的先检查漆标是否对齐；  	能确认车载充电机安装支架固定螺栓紧固情况符合要求

序号	操作步骤	操作方法及说明	操作标准
4	检查车载充电机安装支架固定螺栓紧固情况	（3）用对角紧固的方式紧固螺栓 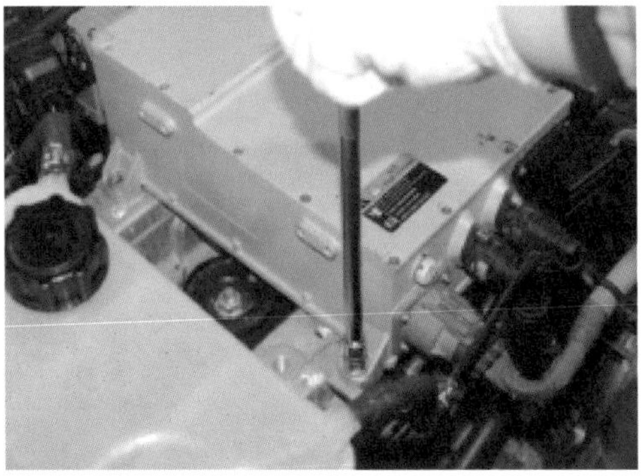 	能确认车载充电机安装支架固定螺栓紧固情况符合要求
5	检查车载充电机接地情况	（1）检查低阻表自身电阻是否正常； 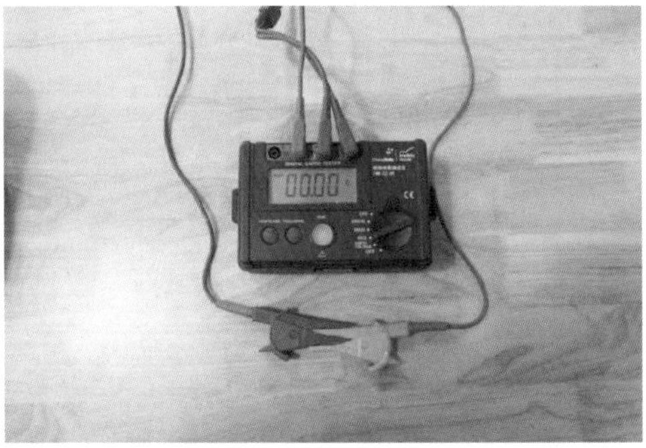 （2）使用低阻表检查车载充电机接地电阻是否小于0.1Ω  	能正确使用低阻表确定车载充电机接地电阻
6	连接车辆的连接器和负极	（1）连接高压接插件；  	高、低压线束连接器能正常导通。用 9N·m 转矩紧固蓄电池负极

序号	操作步骤	操作方法及说明	操作标准
6	连接车辆的连接器和负极	（2）连接低压接插件； （3）紧固蓄电池负极	高、低压线束连接器能正常导通。用 9N·m 转矩紧固蓄电池负极
7	车辆、工具复位	（1）取下车内、外防护用品； （2）车辆复位，清洁车身； （3）清洁并整理工具； （4）安全防护复位	在操作过程中，要体现整理、整顿、清洁、清扫和素养的 5S 理念

四、车载充电机系统绝缘阻值的检测

图 2-14　绝缘测试仪

1. 基本知识

绝缘电阻测试采用高压绝缘电阻测试仪，其工作原理为由机内电池作为电源，经 DC-DC 转换产生的直流高压由 E 极出，经被测试品到达 L 极，从而产生一个从 E 极到 L 极的电流，经过 I/V 变换和除法器完成运算直接将被测的绝缘电阻值由 LCD（液晶显示屏）显示出来。如图 2-14 所示为绝缘测试仪。

在充电机未工作的情况下，在环境温度 23℃和相对湿度 80% ~ 90% 时，用绝缘电阻表 1000V 挡测量车载充电机中带电电路与地（壳体）之间的绝缘阻值大于 500Ω/V。

2. 操作过程（表 2-8 所示）

表 2-8 测试绝缘电阻的操作过程

序号	操作步骤	操作方法及说明	操作标准
1	作业准备	（1）场地进行安全设置；  （2）个人进行安全防护 	符合安全规范要求
2	高压断电	（1）断开蓄电池负极电缆，并裹好绝缘胶布；  （2）断开动力电池高压线束连接器 BV16，并验电 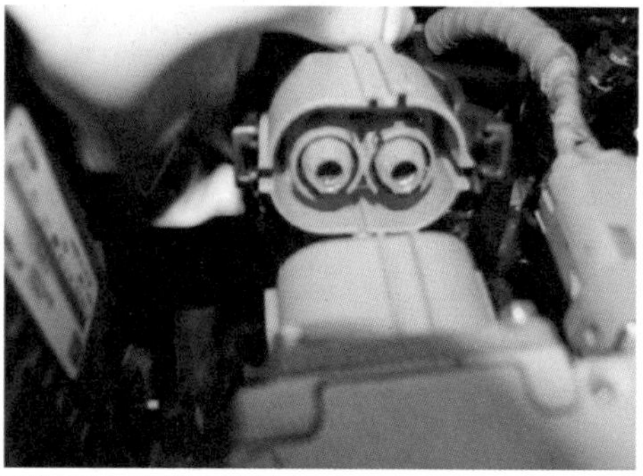 	操作符合规范要求

序号	操作步骤	操作方法及说明	操作标准
3	绝缘电阻表校表	（1）数字绝缘电阻表开路检测并确认电阻无穷大；  （2）数字绝缘电阻表短路检测并确认电阻小于 1Ω；  （3）确认数字绝缘电阻表上 "TEST" 功能正常 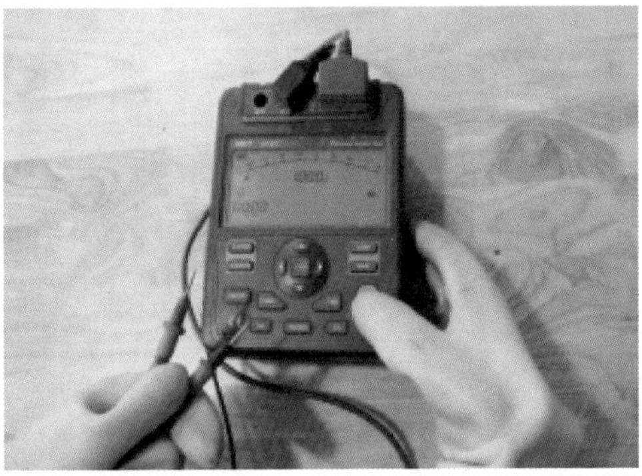 	能正确判定绝缘电阻表的好坏
4	测量车载充电机的绝缘阻值	（1）断开车载充电机所有高压线束插座；  	能正确判定车载充电机高压插头的绝缘性

序号	操作步骤	操作方法及说明	操作标准
4	测量车载充电机的绝缘阻值	（2）使用绝缘测试仪检测车载充电机外壳与车载充电机高压插头之间的阻值。 a. 车载充电机输入端； 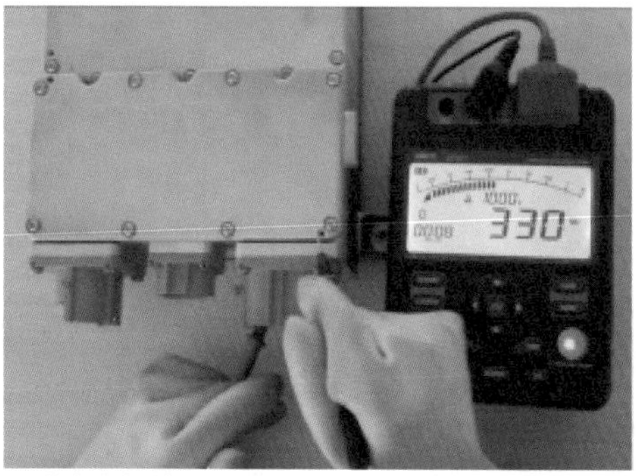 b. 车载充电机输出端； 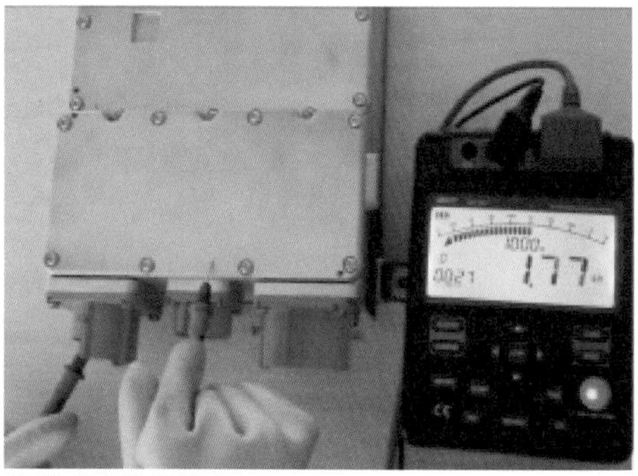 c. 车载充电机分线盒； 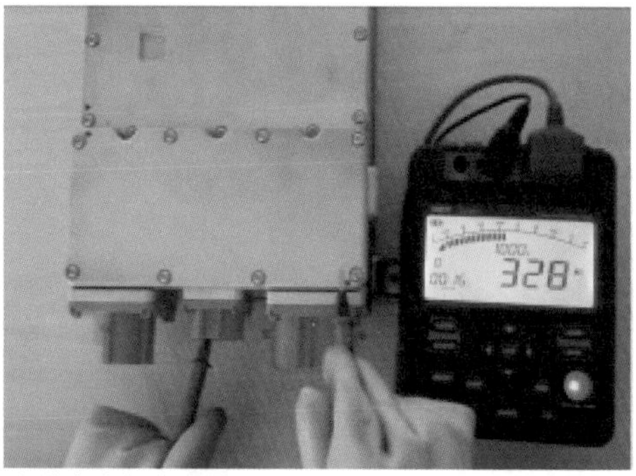 d. 车载充电机充电端 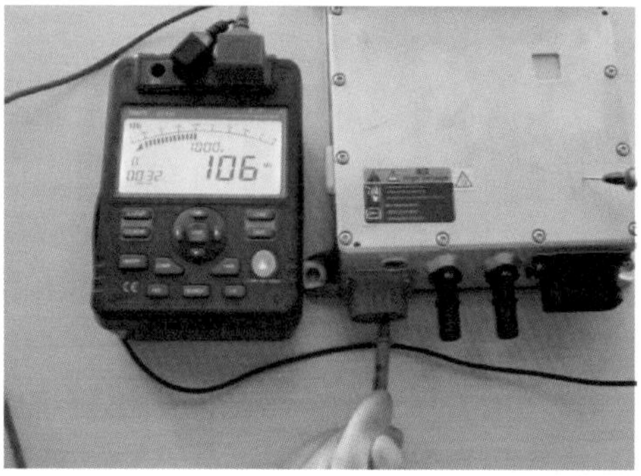 	能正确判定车载充电机高压插头的绝缘性

序号	操作步骤	操作方法及说明	操作标准
5	车辆恢复	（1）连接车载充电机所有高压线束；  （2）连接蓄电池 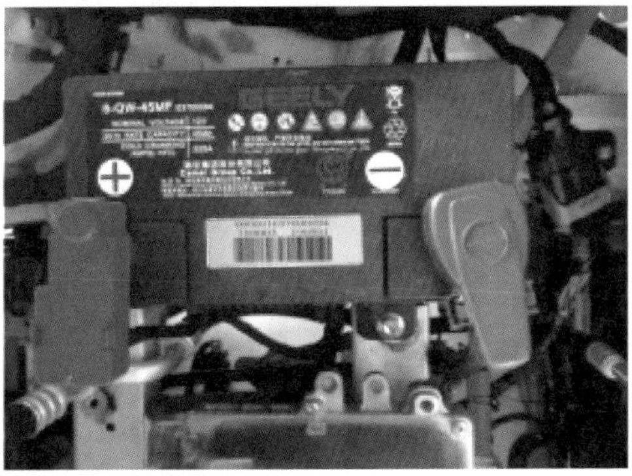	车辆能够正常上高压电，正常行驶
6	车辆、工具复位	（1）取下车内、外防护用品； （2）车辆复位，清洁车身； （3）清洁并整理工具； （4）安全防护复位	在操作过程中，要体现整理、整顿、清洁、清扫和素养的 5S 理念

第五节　冷却系统检查与维护

一、电机（电池）冷却液的更换

1. 系统工作原理

冷却系统（电机／电池）有两个电动水泵，电动水泵由低压电路驱动，为冷却液的循环提供压力。在电动水泵的驱动下冷却液在管路中的流向如图 2-15 所示。

2. 膨胀罐

膨胀罐（图 2-16）是一个透明塑料罐，类似于前窗玻璃清洗剂储液罐。膨胀罐通过水管与散热器连接。

随着冷却液的温度逐渐升高并膨胀，部分冷却液因膨胀而从散热器中流入膨胀罐。散热器和水管中滞留的空气也被排入膨胀罐。

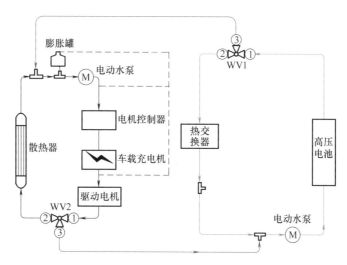

图 2-15　冷却液在管路中的流向

车辆停止后，冷却液自动冷却并收缩，先前排出的冷却液则被吸回散热器，从而使散热器中的冷却液一直保持在合适的液面，并提高冷却效率。

当冷却系统处于冷态时，冷却液面应保持在膨胀罐上的 L 和 F 刻度线标记之间。

3. 冷却风扇

冷却风扇如图 2-17 所示，总成安装在机舱内散热器的后部，它可增加散热器和空调冷凝器的通风量，从而有助于加快车辆低速行驶时的冷却速度。风扇采用双风扇、高低速的控制模式，通过两个不同的电机驱动扇叶。冷却风扇由整车控制模块（VCU）利用冷却风扇低速继电器和冷却风扇高速继电器直接控制，在低速电路中，采用串联调速电阻的方式来改变风扇的转速。

图 2-16　膨胀罐

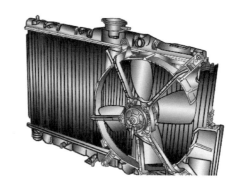

图 2-17　冷却风扇

4. 安全及注意事项

（1）放冷却液前要断开蓄电池负极，防止在放的过程中风扇突然旋转，造成危害；

（2）动力电池的冷却液需选用冰点≤ -40℃的冷却液；

（3）冷却液温度高时，请勿放冷却液，以免烫伤；

（4）集中回收处理高压电池冷却液，等待报废或再生利用，不要将旧高压电池冷却液排入下水管道，以保护环境。

5. 操作过程（表2-9所示）

表2-9　更换冷却液的操作过程

序号	操作步骤	操作方法及说明	操作标准
1	作业准备	（1）场地进行安全设置； （2）个人进行安全防护 	符合安全规范要求
2	检查高压电池冷却液液位	（1）查看膨胀罐液面，液面位置应该保持在 F 和 L 刻度线之间； （2）拧开压力盖，查看冷却液颜色是否浑浊	如果不在规定范围内，应该添加冷却液，如果冷却液颜色浑浊，则应更换
3	更换冷却液	（1）打开冷却液膨胀罐压力盖； 	集中回收处理高压电池冷却液，等待报废或再生利用，不要将旧高压电池冷却液排入下水管道，以保护环境

序号	操作步骤	操作方法及说明	操作标准
3	更换冷却液	（2）断开散热器出水管，用回收容器接收放出的冷却液； （3）加注冷却液。 a. 连接散热器出水管； b. 管路检查，确保冷却管路连接完整； c. 静态加注，将车辆启动至 ON 挡且非充电状态，连接诊断仪，选择 FE-3ZA 车型—手工选择系统—空调控制器（AC）—特殊功能，选择加注初始化，车辆处于加注初始化状态； d. 拧开膨胀罐压力盖，缓慢加注冷却液，直至膨胀罐内冷却液量约 80%，且液位不再下降； e. 系统排气，控制诊断仪，使车辆处于排气状态，如果液位下降，及时补充冷却液，排气过程时长不小于 10min； f. 观察膨胀罐内冷却液是否下降，若下降，及时补充冷却液，保持冷却液位处于 L 和 F 刻度线之间； g. 加注完成，拧紧膨胀罐压力盖，控制诊断仪，使车辆恢复默认模式	集中回收处理高压电池冷却液，等待报废或再生利用，不要将旧高压电池冷却液排入下水管道，以保护环境
4	车辆、工具复位	（1）取下车内、外防护用品； （2）车辆复位，清洁车身； （3）清洁并整理工具； （4）安全防护复位	在操作过程中，要体现整理、整顿、清洁、清扫和素养的 5S 理念

二、冷却系统管路外观、接头连接及密封性检查

冷却系统是指以冷却液作为热量传递介质，冷却液换热并经降温，再循环使用的系统。

冷却液在散热器芯内流动，空气在散热器芯外通过，热的冷却液由于向空气散热而变冷，冷空气则因为吸收冷却液散出的热量而升温，所以散热器是一个热交换器。

1. 冷却系统的组成和位置（图 2-18）

2. 冷却系统分解图（图 2-19）

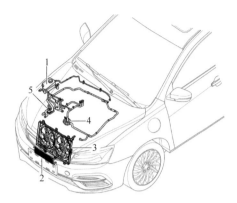

图 2-18　冷却系统

1—膨胀罐；2—散热器；3—散热器风扇；
4—冷却水泵；5—三通阀

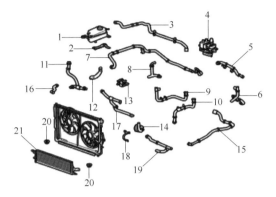

图 2-19　冷却系统分解图

1—膨胀罐；2—膨胀罐安装支架；3—通气软管；4—热交
换器；5—电池进水管；6—电池出水管；7—热交换器
出水管；8—车载电机进水管；9—驱动电机进水管；
10—驱动电机出水管；11—膨胀罐加水软管；12—三通
阀支架；13—三通阀；14—水泵；15—热交换器进水管；
16—散热器进水管；17—水泵出水管；18—水泵支架；
19—散热器出水管；20—风扇总成垫块；21—散热器

3. 安全及注意事项

（1）在检查冷却系统时，需要断开蓄电池负极，防止冷却风扇突然转动而伤人。

（2）如果风扇叶片有任何程度的弯曲或损坏，不要修理或重复使用损坏的部件，必须更换弯曲或损坏的风扇叶片。损坏的风扇叶片不能保证正常的平衡并在连续使用过程中可能出现故障和飞脱，这种情况非常危险。

（3）冷却液高温时，不要执行操作，以免造成烫伤。

4. 操作过程（表 2-10 所示）

表 2-10　检查冷却系统的操作过程

序号	操作步骤	操作方法及说明	操作标准
1	检查电动水泵相关管路	（1）检查散热器出水管及环箍（电动水泵侧）； （2）检查电机控制器总成进水管及环箍（电动水泵侧）	环箍无松动无脱落；水管连接处无泄漏痕迹

序号	操作步骤	操作方法及说明	操作标准
2	检查散热器出水管相关管路	（1）检查散热器出水管环箍； 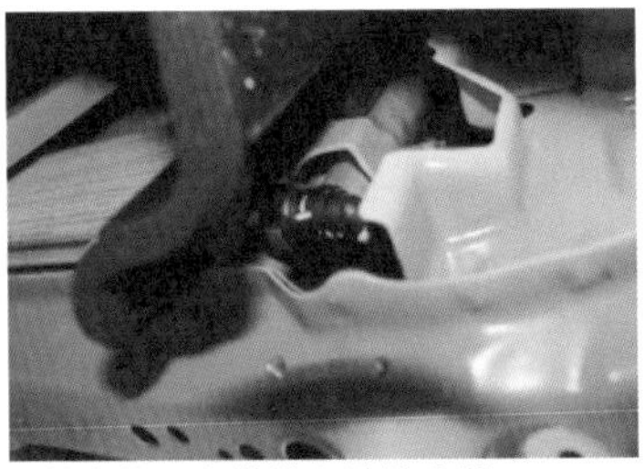 （2）检查热交换器与散热器连接水管；  （3）检查水泵与散热器水管	
3	检查散热器进水管相关管路	检查散热器进水管及环箍  	水管连接应无松动，水管连接处无泄漏
4	检查膨胀罐相关软管	（1）检查膨胀罐通气软管及环箍；  （2）检查加水软管及环箍（膨胀罐侧）； （3）检查暖风出水管及环箍（膨胀罐侧）	环箍装配位置应该与管路标示线对齐
5	检查电机控制器总成进出水管	（1）检查电机控制器总成进出水管； （2）检查电机控制器总成进水管环箍； （3）检查电机控制器总成出水管环箍 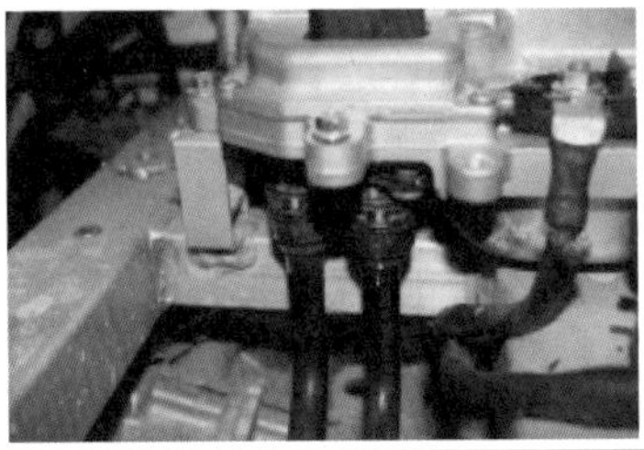 	

三、冷却液浓度的检查

冰点测试仪是测量冷却液冰点的精密光学仪器。其基本原理是用全反射临界角法测量溶液的折射率，进而标定出所测液体的浓度及其性能。

冷却液浓度主要由乙二醇浓度进行表征。由于乙二醇浓度变化将会引起冷却液的冰点变化，因此冷却液的浓度通常以冰点进行估算。

1. 基本知识

冷却液是一种由防冻剂、功能添加剂、水组成的特种液。理论上，发动机冷却液的主要理化指标由防冻剂的含量决定。冷却液冰点、密度均可与浓度进行关联，但目前通常使用的冷却液的冰点与浓度之间不存在良好的线性关系。

随着汽车使用时间的延长，冷却液中的乙二醇会逐渐被氧化衰变，防腐剂不断被消耗掉。当冷却液质量下降到一定程度后，冷却系统就会出现腐蚀或达不到防冻要求。因此，为了保证冷却液质量，应对冷却液进行定期定项的检测，其检测时间可结合每年换季维护进行。检测方法如下：

（1）冷却液的外观检查。观察冷却液的外观，辨别其气味，进行直观判别。冷却液应透明、无异味、无沉淀。如发现外观浑浊、气味异常、有悬浮物，说明冷却液已经变质，应立即停止使用并更换。

（2）冰点测试。冰点测试是对冷却液能否在寒冷天气里使用的一种防冻性能测试。冷却液的冰点越低，沸点越高，温差越大，则说明品质越好。反之，温差越小，冷却液的品质就越差一些。采用冰点测试仪（图2-20），能快速检测出冷却液的冰点。

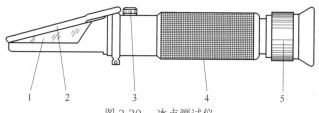

图 2-20　冰点测试仪
1—棱镜；2—盖板；3—校正钉；4—把套；5—目镜

2. 安全及注意事项

（1）冷却液高温时，不要执行操作以免造成烫伤；

（2）测量过程中需要先对冰点测试仪进行校零；

（3）不要在上电状态下检测冷却液的冰点。

3. 操作过程（表2-11所示）

表 2-11　检测冷却液冰点的操作过程

序号	操作步骤	操作方法及说明	操作标准
1	调节目镜视度环	将棱镜对准光亮方向，调节目镜视度环，直到标线清晰为止	

序号	操作步骤	操作方法及说明	操作标准
2	调整基准	（1）测量前首先将标准液（纯净水）、仪器及待测液体基于同一温度。掀开盖板，然后取 2～3 滴标准液滴于棱镜上，并用手轻轻压平盖板，通过目镜看到一条蓝白分界线。旋转校正钉使目镜视场中的蓝白分界线与基准线重合； （2）校准后用柔软绒布擦净棱镜表面及盖板 校准后	
3	测量	（1）取 2～3 滴被测溶液滴于棱镜上； 	

序号	操作步骤	操作方法及说明	操作标准
3	测量	（2）盖上盖板轻轻压平，里面不要有气泡，然后通过目镜读取蓝白分界线内的相对刻度，即为被测液体的测量值 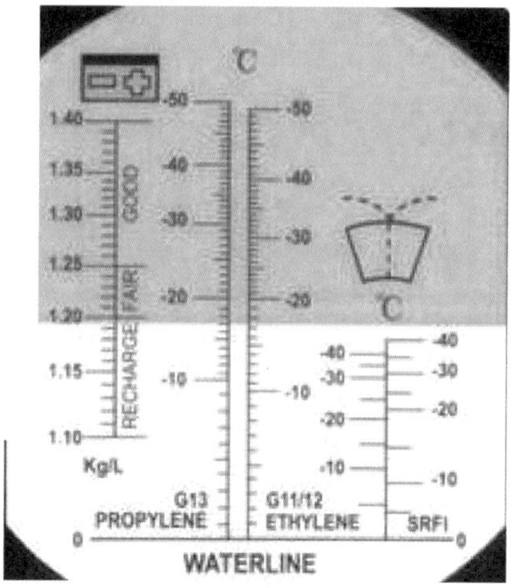	
4	清洁	测量完毕后，直接用潮湿绒布擦干净棱镜表面及盖板上的附着物，待干燥后，妥善保存起来 	

第三章

汽车底盘的检查与维护

第一节　传动系统检查与维护

一、减速器润滑油的更换

1.减速器

电动机的速度-转矩特性非常适合汽车驱动的需求，纯电动汽车驱动系统不需要多挡位的变速器，驱动系统结构大幅简化。

减速器介于驱动电机和驱动半轴之间，驱动电机的动力输出轴通过花键直接与减速器输入齿轮连接。一方面减速器将驱动电机的动力传给驱动半轴，起到降低转速、增大转矩的作用，另一方面满足汽车转弯及在不平路面上行驶时，左右驱动轮以不同的转速旋转，保证车辆平稳运行的需要。动力传递路线如图3-1所示。

减速器组成如图3-2所示。

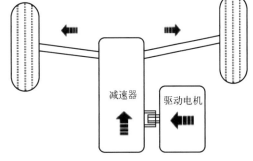

图3-1　动力传递路线

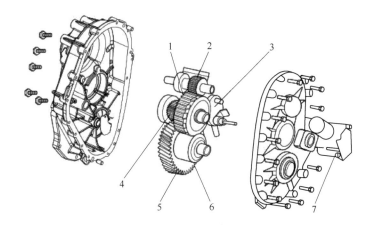

图3-2　减速器组成

1—中间轴输入齿轮；2—输入轴齿轮；3—驻车棘爪；4—中间轴输出齿轮；

5—输出轴齿轮；6—差速器；7—驻车电机

减速器的结构类型按减速齿轮副级数可以分为单级和双级，按减速器速比挡数分为单速和双速，按减速器布置位置分为中央主减速器和轮边减速器等。目前，电动汽车大多使用单速比减速器。

2. 减速器齿轮油

现在大约80%的零件损坏是由摩擦、磨损导致的。可以通过合理地选择摩擦副配对材料等材料学方法减小磨损，并通过合理的结构设计达到目的。然而，采用合理润滑是减小摩擦最直接有效的方法。

润滑是利用一种材料膜将彼此做相对运动的表面分隔开，这种材料剪切阻力低，引起的磨损小。而润滑油在齿轮传动中所起的主要作用是降低摩擦阻力、减小磨损，以尽可能地延长机械零件的使用寿命。润滑油还具有冷却、冲洗、保护、密封、防锈、卸荷、减振、对添加剂起载体及结构材料等作用。

齿轮油是一种黏度比较高的润滑油，它是专门保护传输动力零件的，具有一种非常强烈的硫黄刺激性气味。齿轮油是根据性能和黏度两种因素进行分类的。目前世界上广泛使用的是美国石油学会API性能分类以及美国军用齿轮油规格标准。齿轮油分为汽车齿轮油和工业齿轮油两类，其中工业齿轮油型号分类分级为L-CKB抗氧化防锈型、L-CKC极压型、L-CKD极压型、L-CKE蜗轮蜗杆，等等。车用齿轮油则分为GL-1普通用、GL-2涡轮用、GL-3中等极压用，等等。

黏度是齿轮油的一个较为重要的理化指标，齿轮的啮合速度是选择黏度的主要指标。适宜的减速器齿轮油黏度应使齿轮油内摩擦小，可使齿轮表面磨损及传动噪声、振动等大为减小。

3. 安全及注意事项

（1）在观察车辆减速器润滑油液位时，需按规范操作举升机，并做必要的安全防护，不能盲目举车或进入车底；

（2）如果减速器润滑油温度过高时执行液位检查，有可能造成烫伤；

（3）如果检查发现液位过低，应添加汽车专用减速器润滑油；

（4）对所使用的纸质维修手册、车辆及举升机要及时规整复位，并对场地进行5S管理工作。

4. 操作过程（表3-1所示）

表3-1　更换减速器润滑油的操作过程

序号	操作步骤	操作方法及说明	操作标准
1	选取维修手册	（1）查阅车辆信息，本次操作选取吉利帝豪EV450纯电动汽车； （2）根据车辆信息选取维修手册，根据维修内容查询手册找到减速器润滑油容量和规格 | 应用	油液容量	油液规格
减速器润滑油	1.7L	Dexron VI		油液容量1.7L。 规格：Dexron VI

序号	操作步骤	操作方法及说明	操作标准
2	举升车辆	检查车辆停放位置是否合适，必要时进行调整 注意：举升时一定要把车辆重心放好	符合举升机操作规范
3	拆卸机舱底部护板总成	（1）拆卸机舱底部左、右护板两侧固定螺钉及塑料卡扣； （2）拆卸机舱底部左、右护板下固定螺钉及塑料卡扣，留下一个固定卡扣可以稳住机舱底部左、右护板； （3）用手支撑住机舱底部左、右护板，拆除最后一个固定卡扣 	

序号	操作步骤	操作方法及说明	操作标准
4	检查减速器润滑油液位	(1) 将车辆水平放置，并让减速器内润滑油冷却，拆卸加注孔塞并检查液位； (2) 减速器润滑油面应该与加注孔下缘齐平 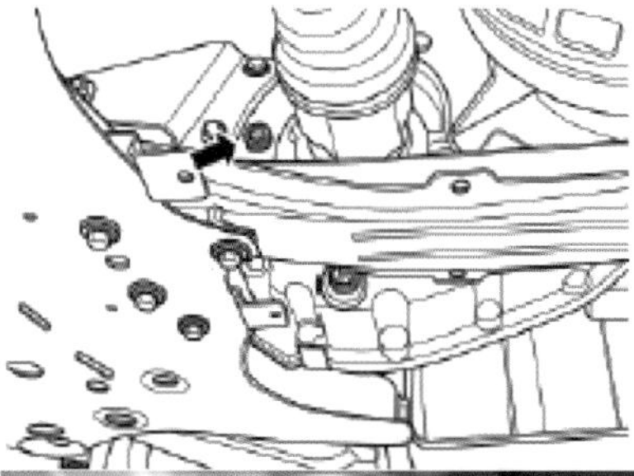  	减速器内润滑油必须冷却至室温
5	减速器润滑油加注和更换	(1) 拆卸减速器加油螺栓1； (2) 拆卸减速器放油螺栓2，用回收容器接收放出的减速器润滑油；  (3) 安装减速器放油螺栓2； 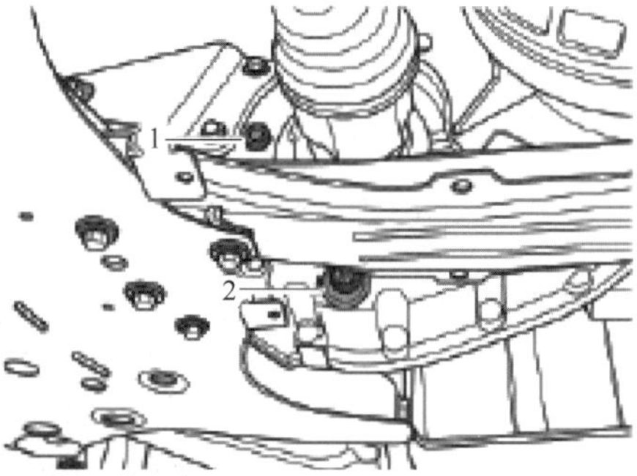 (4) 通过加注机加注润滑油； (5) 紧固放油螺栓	参考量：1.7L±0.1L。 重新安装并紧固加油螺栓1，转矩19～30N·m

序号	操作步骤	操作方法及说明	操作标准
6	安装机舱底部护板总成	(1) 安装机舱底部右护板，并卡入塑料卡扣； (2) 安装机舱底部左护板，并卡入塑料卡扣； (3) 安装机舱底部右护板固定螺钉； (4) 安装机舱底部左护板固定螺钉； (5) 放下车辆，做好 5S 管理工作	左、右护板固定螺钉标准转矩是：4N·m

二、减速器外观、密封性及驻车功能的检查

1. 减速器外观检查

减速器齿轮封闭在一个刚性箱体内，刚性箱体一般是铸造而成的。检查减速器外观时，要检查其箱体是否有裂纹、变形，接合面处有无油污和泄漏情况。防止灰尘、切削微粒及其他杂物和水分侵入。

一般容易出现密封问题的部位有轴伸出处、轴承室内侧、箱体接合面和轴承盖、检查孔和排油孔接合面等处。图 3-3 为减速器接合面。

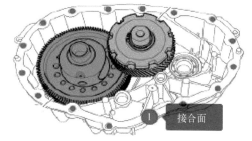

图 3-3　减速器接合面

2. 减速器润滑及密封性

减速器润滑主要分齿轮润滑和轴承润滑两部分。齿轮润滑介质分稀油润滑和半流体润滑等。齿轮润滑一般靠油池面的齿轮溅油润滑，箱面开有油槽形成回路将溅出的油回流到油池。轴承润滑主要是脂润滑（黄油润滑），采用油杯或黄油枪定期加油润滑。减速器密封主要为了防止减速器内的润滑剂泄漏，灰尘、微粒及其他杂物和水分的侵入影响减速器的使用寿命。所以对减速器轴承、箱体、轴承靠近箱体内侧必须进行密封处理，保证良好的润滑条件和工作环境。

轴伸出端密封，一般是非接触式和接触式两种密封装置，粗毛毡圈适用圆周速率 ≤ 3m/s，所以适用于轴承伸出端密封。

箱体接合面密封，箱盖和箱座接合面适用密封胶和水玻璃两种方法实现密封。为了提高密封性，在接合面开槽让渗入接合面的润滑油流回箱体内。

轴承靠近箱体内侧的密封可以用挡油环和封油环来完成。挡油环用于脂润滑轴承的密封。封油环可防止过多的油杂质冲刷轴承，同时又能保证有一定油量进入轴承腔内进行润滑。

3. 驻车功能

（1）静态驻车。车辆在静止时，拉起驻车制动，锁止车辆，减速器会通过一套锁止装置

锁止减速器，防止车辆溜车。

（2）动态应急驻车。车辆行驶过程中，如果出现紧急情况，如行车制动出现故障，只能通过拉动驻车制动让控制单元直接控制驻车制动系统工作，仅制动后轮。

（3）坡道驻车。坡道驻车时，通过液压电子控制模块纵向加速度传感器检测坡度，计算车辆在斜坡上的重力和下滑力，对后轮施加相对应的制动力，实现坡道驻车。

4. 安全及注意事项

（1）车辆举升到操作位置停止，并进行保险；

（2）进入车底检查时注意头部安全；

（3）检查时注意手触摸的位置，尤其注意旋转零件；

（4）检查完成后及时做好工具及场地 5S 管理工作。

5. 操作过程（表 3-2 所示）

表 3-2　检查汽车减速器的操作过程

序号	操作步骤	操作方法及说明	操作标准
1	作业准备	（1）场地进行安全设置； （2）个人进行安全防护 	符合安全规范要求
2	举升车辆到作业位置	举升车辆到适当高度停止，锁止安全钩 	符合举升机操作规范

序号	操作步骤	操作方法及说明	操作标准
3	拆卸机舱底部护板总成	（1）拆卸机舱底部左、右护板两侧固定螺钉及塑料卡扣； （2）拆卸机舱底部左、右护板下固定螺钉及塑料卡扣，留下一个固定卡扣稳住机舱底部左、右护板； （3）用手支撑住机舱底部左、右护板，拆除最后一个固定卡扣 	左、右护板固定螺钉标准转矩为4N·m
4	检查减速器外观、密封性	（1）操作人员进入底盘下，一手拿手电筒照亮检查位置，一手检查相关零部件； （2）先检查减速器外壳有无裂纹、变形； （3）检查减速器轴伸出端、箱体接合面、轴承靠近箱体内侧密封性 	目测密封胶无缺失，密封垫无裂纹、损坏，无泄漏情况
5	安装机舱底部护板总成	（1）安装机舱底部右护板，并卡入塑料卡扣； （2）安装机舱底部左护板，并卡入塑料卡扣； （3）安装机舱底部右护板固定螺钉； （4）安装机舱底部左护板固定螺钉 	左、右护板固定螺钉标准转矩为4N·m

序号	操作步骤	操作方法及说明	操作标准
6	下降车辆、整理复位	(1) 完成检查记录； (2) 恢复车辆原始状态、安全下降车辆； (3) 做好 5S 管理工作。 注意：车辆下降时，托臂下、车辆下严禁站人	在操作过程中，要体现整理、整顿、清洁、清扫和素养的 5S 理念

三、驱动轴及护套外观、密封性的检查

1. 驱动轴的结构及功用

汽车驱动轴是汽车传动系统的重要组成部分，位于车辆左、右驱动轮之间。主要安装在减速器总成两侧，由左等速驱动轴总成、右等速驱动轴总成组成，并为左、右驱动轮提供动力。如图 3-4 所示为驱动轴组成。

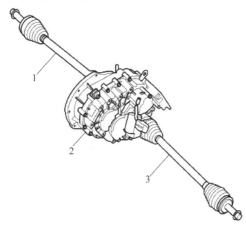

图 3-4　驱动轴组成
1—右等速驱动轴总成；2—减速器总成；
3—左等速驱动轴总成

2. 驱动轴保护套结构及功用

汽车左右驱动轴护套，就是等速球笼防尘套，主要由橡胶制造而成，能够严防灰尘、切屑、硬沙粒等进入轨道，减少硬质颗粒状的异物对滑动轨面的损伤，同时提供润滑油的储存空间。由于驱动轴伸缩对驱动轴保护套疲劳强度有一定影响，加上长期使用造成的橡胶老化，需要及时检查和更换驱动轴保护套，如图 3-5 所示。

3. 驱动轴保护套密封性

汽车驱动轴两端是等速万向节，该万向节是通过专用的润滑脂进行润滑的，驱动轴保护套可防止灰尘和水分等杂质进入万向节。如果驱动轴保护套的密封性不好，会导致润滑性不好，同时导致驱动轴异常磨损，从而影响汽车传动系统的性能。

4. 安全及注意事项

（1）检查前及时放置好车轮挡块，如图 3-6 为安装车轮挡块，防止检查过程中车辆发生移位。

（2）正确操作举升机，举升车辆应保证车辆稳定性，锁止举升机。

（3）进入检查工位时，注意头部不要碰到车辆底盘。

图 3-5　驱动轴保护套

图 3-6　安装车轮挡块

5. 操作过程（表 3-3 所示）

表 3-3 检查汽车驱动轴的操作过程

序号	操作步骤	操作方法及说明	操作标准
1	作业准备	（1）场地进行安全设置； （2）个人进行安全防护 	符合安全规范要求
2	检查右侧驱动轴保护套外观及密封性	（1）举升车辆至合适高度； （2）偏转车轮至极限位置，转动车轮； （3）检查外侧保护套有无开裂、渗漏； （4）检查内侧保护套有无开裂、渗漏	

序号	操作步骤	操作方法及说明	操作标准
2	检查右侧驱动轴保护套外观及密封性		
3	检查左侧驱动轴保护套外观及密封性	(1) 举升车辆至合适高度； (2) 偏转车轮至极限位置，转动车轮； (3) 检查外侧保护套有无开裂、渗漏； (4) 检查内侧保护套有无开裂、渗漏  	
4	检查卡箍安装情况	(1) 检查保护套卡箍是否安装在正确的位置； (2) 检查保护套卡箍是否有损伤、变形  	
5	车辆、工具复位	(1) 取下车内、外防护用品； (2) 车辆复位，清洁车身； (3) 清洁并整理工具； (4) 安全防护复位	在操作过程中，要体现整理、整顿、清洁、清扫和素养的5S理念

第二节　行驶系统检查与维护

一、悬架组成部件外观及固定情况的检查

汽车悬架系统的作用是最大限度地增加轮胎与路面之间的摩擦力，能够提供良好的转向操纵性和稳定性，以及确保乘客的舒适度。它能够吸收垂直加速车轮的能量，使车轮顺着路面上下颠簸的同时车架和车身不受干扰。一般采用的前悬架为麦弗逊式独立悬架，包括弹簧、减振器和稳定杆等。如图 3-7 所示为汽车悬架系统。

1.悬架系统部件工作原理

悬架主要通过弹簧、减振器相配合进行载重与支承。

（1）弹簧。弹簧的刚度会影响汽车行

图 3-7　汽车悬架系统

驶时簧载质量的响应情况，弹簧刚度过小的汽车可以消除颠簸并提供极平稳的行驶感觉，但同时，在制动和加速过程中易产生俯冲和蹲伏现象，在转弯时易产生侧倾和翻滚趋势。弹簧刚度过大的汽车在颠簸路面上的平稳性稍差，但车身移动非常小，这意味着即使是在转弯时，也可以用较快的速度来驾驶车辆。因此，弹簧虽然看似简单，但可以在汽车上设计和实现一些装置的功能，并在乘客的舒适度与汽车的操纵性能之间取得平衡。弹簧无法独自提供极其平稳的行驶感觉，因为弹簧在吸收能量方面的性能极佳，但在耗散能力方面要稍差一些，因此，悬架系统需要使用一种名为减振器的部件。如果不使用阻尼结构，弹簧将以不可控制的速率弹开并释放它所吸收的颠簸能量，并继续按其自身频率弹起，直到耗尽最初施加在它上面的所有能量。构建在弹簧上的悬架会使汽车根据地形以弹跳方式行驶且不受控制。如图 3-8 所示为弹簧与减振器组成部件。

（2）减振器。减振器通过阻尼过程来控制不希望发生的弹簧运动。减振器通过将悬架运动的动能转换为可通过液压油耗散的热能，来放缓和减弱振动性运动的强度。减振器的上支座连接到车架（即簧载质量），下支

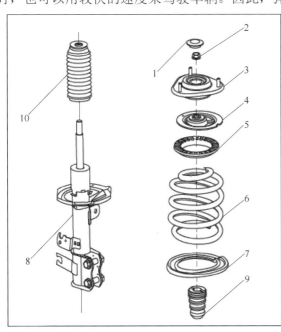

图 3-8　弹簧与减振器组成部件

1—前减振器上支座防尘盖；2—锁止螺母；3—前减振器上支座；
4—前螺旋弹簧上支座；5—前螺旋弹簧上隔振垫；6—前悬架螺旋
弹簧；7—前螺旋弹簧下隔振垫；8—左前减振器总成；
9—前减振器缓冲块；10—前减振器防尘罩

座靠近车轮连接到轴（即非簧载质量）。在双筒设计中，减振器最常见的类型之一是上支座连接到活塞杆，活塞杆连接到活塞，而活塞位于充满液压油的筒中。内筒称为压力筒，外筒称为储油筒，储油筒存储多出的液压油。当车轮遇到颠簸路面并导致弹簧压缩和拉伸时，弹簧的能量通过上支座传递到减振器，并经由活塞杆向下传递到活塞。活塞上打有孔，当活塞在压力筒内上下运动时，液压油可通过这些小孔渗漏出来。因为这些孔非常微小，所以在很大的压力下也只能有很少的液压油通过。这样就减缓了活塞的运动速度，从而使弹簧的运动缓慢下来。减振器的工作包括两个循环——压缩循环和拉伸循环。压缩循环是指活塞向下运动时压缩其下面的液压油；拉伸循环是指活塞向上运动到压力筒顶部时压缩其上方的液压油。如图 3-9 所示为减振器。

图 3-9　减振器

对于典型的汽车，其拉伸循环的阻力要比其压缩循环的阻力大。此外还要注意，压缩循环控制的是车辆非簧载质量的运动，而拉伸循环控制的是相对更重的簧载质量的运动。所有现代的减振器都带有速度传感功能，悬架的运动速度越快，减振器提供的阻力就越大。这使得减振器能够根据路况进行调整，并控制行驶的车辆中可能出现的所有不希望发生的运动，包括弹跳、侧倾、制动俯冲和加速蹲伏等。

2. 悬架系统部件的组成

前悬架系统各部件组成如图 3-10 所示。

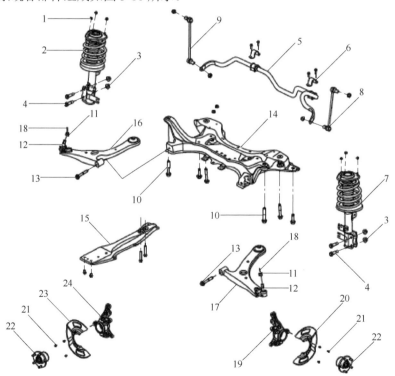

图 3-10　前悬架系统各部件组成

1—前减振器上螺母；2—右前支柱总成；3—前减振器与转向节连接螺母；4—前减振器与转向节连接螺栓；5—前稳定杆；6—前稳定杆固定夹、衬套及螺栓；7—左前支柱总成；8—左前稳定杆连接杆总成；9—右前稳定杆连接杆总成；10—前下摆臂后连接螺栓；11—球头槽形螺母；12—前下摆臂球头；13—前下摆臂前连接螺栓；14—前副车架；15—纵梁；16—右前下摆臂总成；17—左前下摆臂总成；18—开口销；19—左转向节；20—左前防尘罩；21—防尘罩安装螺栓；22—前轮毂总成；23—右前防尘罩；24—右转向节

3. 安全及注意事项

（1）维修车辆时，必须设置专职监护人一名，监护人和维修人员必须具备国家认可的特种作业操作证（电工）与初级（含）以上电工证（职业资格证书），不符合资质的人员不能从事相关操作。

（2）监护人工作职责为监督维修的全过程：监督维修人员组成、工具使用、防护用品佩戴、备件安全保护、维修安全警示牌等是否符合要求。条件符合后监护人允许施工。

（3）举升车辆必须确认举升位置、车辆平稳、举升到位后，确认锁止再进行车下作业。

（4）禁止未经培训的人员进行高压部分的检修，禁止一切人员带有侥幸心理进行危险操作，避免发生安全事故。

4. 操作过程（表3-4所示）

表3-4　检查汽车悬架系统的操作过程

序号	操作步骤	操作方法及说明	操作标准
1	作业准备	（1）场地进行安全设置； （2）个人进行安全防护 	符合安全规范要求
2	前悬架部件外观及固定情况检查	按照由前及后、由左到右的顺序检查各部件是否有磨损、松动、变形情况，并检查各紧固件的紧固情况 	紧固件符合标准转矩要求

序号	操作步骤	操作方法及说明	操作标准
3	后悬架部件外观及固定情况检查	按照由前及后、由左到右的顺序检查各部件是否有磨损、松动、变形情况，并检查各紧固件的紧固情况 	紧固件符合标准转矩要求
4	检查减振器是否有漏油情况	用抹布进行清洁并检查液压油是否泄漏 	清楚说明减振器各组成部件及位置关系；光源照射有反光即需要检查泄漏点；抹布有油污即说明减振器有泄漏，需进一步检查与判断
5	横拉杆长度及锁止螺母松紧度检查	用扭力扳手调至规定转矩加固横拉杆锁止螺母。使用过程中遵循"只拉不推"的原则 	转矩为 60N·m
6	车辆、工具复位	（1）取下车内、外防护用品； （2）车辆复位，清洁车身； （3）清洁并整理工具； （4）安全防护复位	在操作过程中，要体现整理、整顿、清洁、清扫和素养的5S理念

二、车轮、轮胎的检查与维护

1. 轮胎尺寸和标记的识读

例如：185/80R1495S。

185 代表轮胎宽度（单位为 mm）。

80 代表轮胎高度与宽度的百分比。

R 代表此轮胎为子午线轮胎。

14 代表轮辋直径（单位为 in❶）。

95 为负荷指数。

---

❶ 1in=2.54cm。

S 为速度等级。

轮胎还标注其生产日期，例如 1204，前两个数字（12）代表轮胎生产的星期，后两位数字（04）代表轮胎生产的年份。如图 3-11 所示为轮胎尺寸标记。

2. 轮胎跳动的检查

用百分表测量车轮跳动量如图 3-12 所示，可以在车上和车下测量，但要确保安装表面正确，测量时既可以装轮胎测量，也可不装轮胎测量，在轮辋法兰内侧和外侧测量径向和端面跳动，将百分表固定在车轮和轮胎总成旁边，缓慢转动车轮一圈并记录百分表读数，如果测量值超过规格，且车轮平衡也不能消除振动，则更换车轮。如图 3-13 所示为轮胎跳动的识别。

图 3-11　轮胎尺寸标记

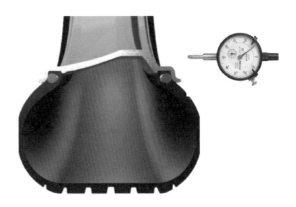
图 3-12　轮胎跳动的检查

3. 轮胎平衡机的使用

轮胎动平衡是影响车轮振动的主要因素，如果车辆在高速下发生振动，应首先进行动平衡检测。

轮胎动平衡机用于检测并消除车轮的不平衡问题。如图 3-14 所示为轮胎动平衡机。

图 3-13　轮胎跳动的识别

图 3-14　轮胎动平衡机

使用时应确保车轮的中心与轮胎动平衡机的转轴轴心重合（对中），否则平衡过程中车轮会出现摇晃、振动。对中的方法有三种：车轮螺栓孔对中；车轮中孔对中；车轮螺栓孔和中孔对中。轮胎动平衡机带有一个或多个测量臂，用于测量轮辋直径、轮辋宽度、轮辋到轮胎动平衡机上参考点的距离。

4. 安全及注意事项

（1）在轮胎动平衡检查时注意锁紧轮胎，防止飞出伤人；

（2）拆卸轮胎时需进行有效托举，防止压伤脚面；

（3）所使用的纸质维修手册、电脑、车辆及举升机要及时规整复位，并对场地进行 5S 管理工作。

5. 操作过程（表 3-5 所示）

表 3-5　检查轮胎的操作过程

序号	操作步骤	操作方法及说明	操作标准
1	预检轮胎	检查轮胎是否有偏磨、鼓包、破裂等情况，如有需要，进行更换 	
2	准备工作	（1）将测量臂置于轮辋边缘内侧顶部，轮胎动平衡机会记录各项所需信息； （2）平衡开始前将保护罩盖上 	用风炮 1 挡松开整车车轮并安装到轮胎动平衡机上
3	输入各项数据	（1）拖动测量臂，将其置于轮辋边缘内侧顶部； 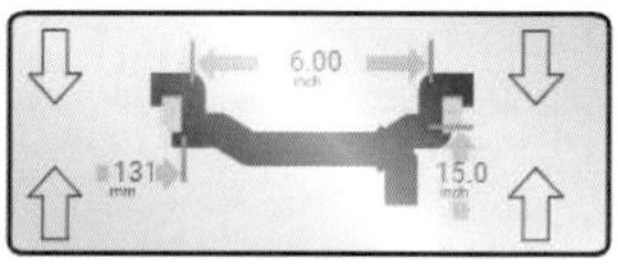 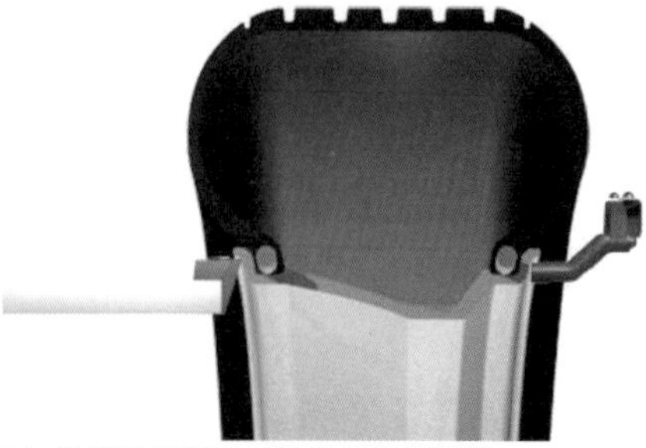 （2）按照机器所示图标位置进行测量	

序号	操作步骤	操作方法及说明	操作标准
4	盖上保护罩开始测试		
5	调整平衡块	（1）平衡测试完成后，轮胎动平衡机会知道轮辋的什么位置需要放置平衡块； （2）缓慢转动车轮，当动平衡机上的两个箭头同时变为灰色时，就说明此时需要在轮辋的顶部放置平衡块	对于钢制轮辋，应使用卡钩式平衡块； 对于轻金属轮辋，应使用粘贴式平衡块。卡钩式平衡块会对轻金属轮辋造成损伤
6	再次测试平衡值	重复步骤4，直到符合平衡数值为止	
7	车辆、工具复位	（1）取下车内、外防护用品； （2）车辆复位，清洁车身； （3）清洁并整理工具； （4）安全防护复位	在操作过程中，要体现整理、整顿、清洁、清扫和素养的5S理念

三、车轮的正确换位

车辆前后轮由于运转时所承受的负荷各不相同，磨损的情况也会大不相同，所以为避免轮胎受单一方向的磨损，适时地换位能使轮胎磨损均匀，进而延长轮胎的寿命。

轮胎换位的主要目的是保证轮胎磨损的均匀及疲劳度平均化，确保稳定性与经济性。换位时要检查轮胎的状况，及时发现损伤，预防事故发生。

四轮定位是前后桥、车轮、转向部件和悬架部件之间角度关系的综合性名词。

1.不启用备用轮胎换位的方法（换位顺序见图 3-15）
2.启用备用轮胎换位的方法（换位顺序见图 3-16）

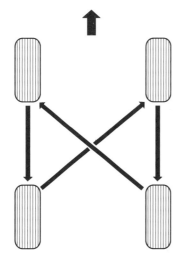

图 3-15　不启用备用轮胎换位顺序

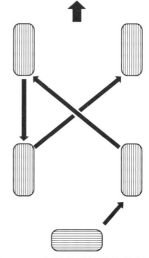

图 3-16　启用备用轮胎换位顺序

3.车辆的四轮定位

车辆必须具有良好的稳定行驶的直行性能、围绕弯路行驶的拐弯性能、回到直行状态的恢复力、轮胎碰击时减缓传递给悬架振动的能力。因此，对于不同用途的各种悬架来说，车轮应与地面成特定角度来安装，这就是四轮定位操作。

四轮定位有五个因素：车轮外倾、主销后倾、转向轴线倾斜角（主销内倾）、前束角、转向半径。这五个因素中，如有不符合设计要求的则会出现不同的故障现象，主要有：转向困难、直线行驶稳定性不良、弯路行驶后恢复性不够、轮胎使用寿命缩短。如图 3-17 所示为车辆的四轮定位。

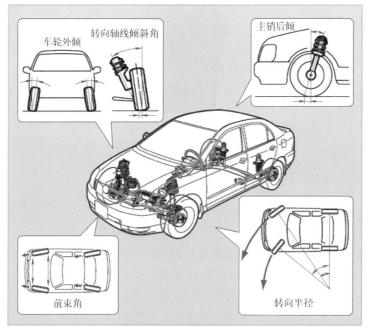

图 3-17　车辆的四轮定位

4. 安全及注意事项

（1）举升车辆时要注意观察是否平稳，举升后需确认锁止再进行作业；

（2）拆卸轮胎需有托举，防止砸伤脚面；

（3）所使用的纸质维修手册、电脑、车辆及举升机要及时规整复位，并对场地进行 5S 管理工作。

5. 操作过程（表3-6所示）

表3-6　轮胎换位及检测的操作过程

序号	操作步骤	操作方法及说明	操作标准
1	准备工作	（1）取出后备厢备胎并检测胎压，如不符合，则加压至达到要求为止；  （2）将整车举升至合适的高度位置	查看用户手册，找到备胎压力并进行对照与必要的调整
2	拆卸车辆各个轮胎	用风炮1挡松开各个车轮的固定螺栓，取下车轮 	对角松开固定螺栓，第一次预松，第二次全部旋下
3	按照不启用备胎的换位方式进行换位	换好车轮位置后查找维修手册，按照手册要求上紧轮胎 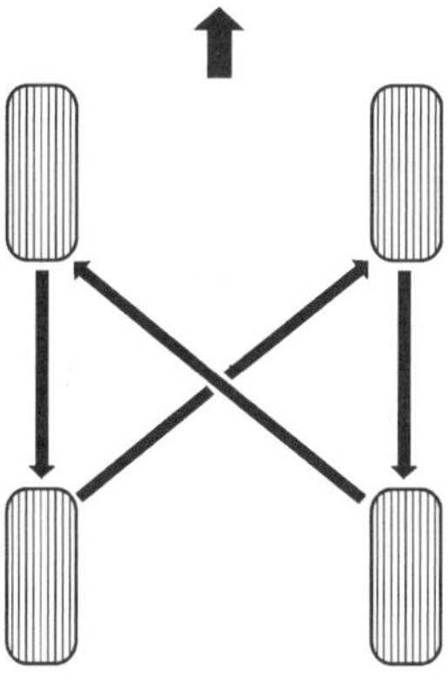	固定螺栓转矩为 120N·m，按照对角顺序两次紧固到位

序号	操作步骤	操作方法及说明	操作标准
4	按照启用备胎的换位方式进行换位	换好车轮位置后查找维修手册，按照手册要求上紧轮胎，并将多余轮胎放回后备厢 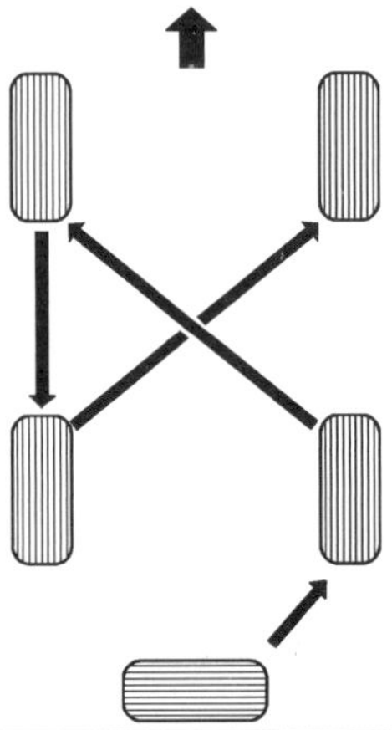	固定螺栓转矩为 120N·m，按照对角顺序两次紧固到位。如备胎是非全尺寸备胎，则只能按照不启用备胎的换位方式进行换位
5	四轮定位的准备工作	查阅四轮定位仪的校准要求进行定位仪校准 	按照说明书对举升平台和机器进行校准
6	检查胎压与悬架	（1）按照用户手册要求对四个车轮胎压进行校准； 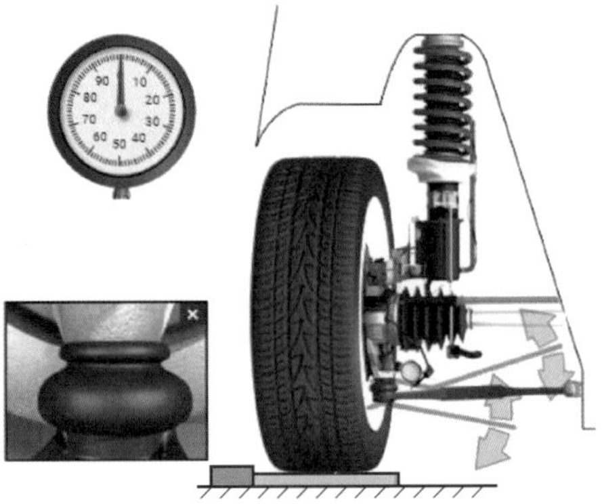 （2）检查悬架间隙及松动情况，必要时调整至符合用户手册要求	胎压要求为 240kPa，悬架间隙感觉松动即需要调整至紧固

序号	操作步骤	操作方法及说明	操作标准
7	检查副车架	检查副车架 8 个位置的松动情况，必要时调整至符合用户手册要求 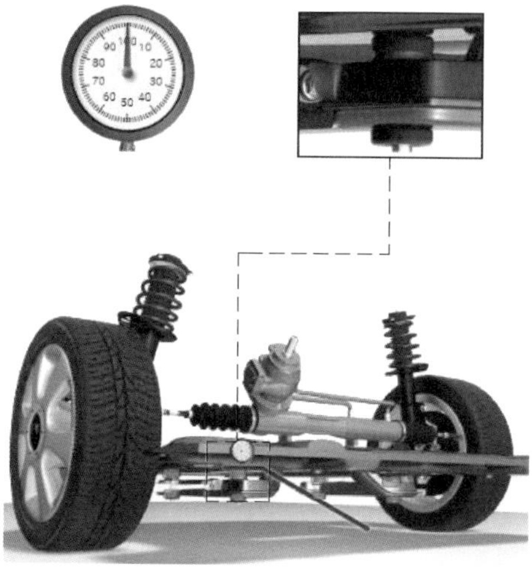 	感觉松动即需要调整至紧固
8	检测	（1）安装四个传感器并连接数据线； 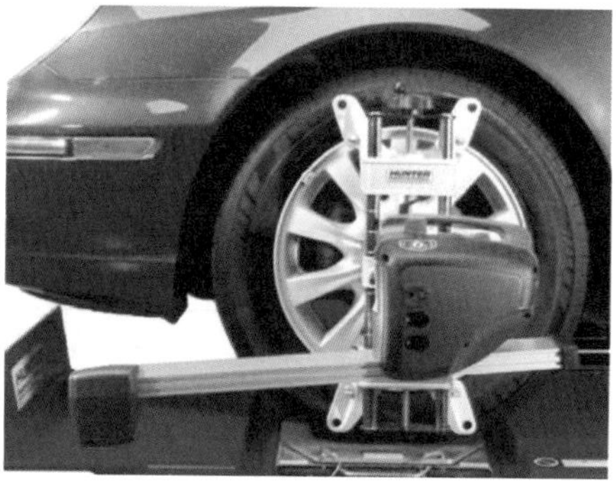 （2）按照电脑引导进行数据读取	传感器对应水平气泡进行水平调整
9	打印检测报告		

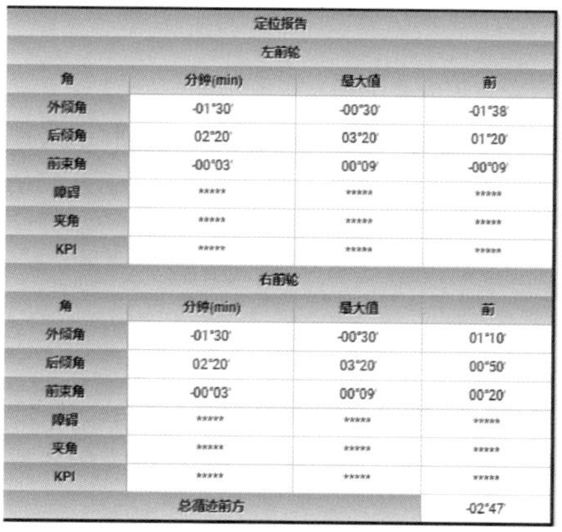

四、车桥、车架的检查与维护

1. 车桥

汽车车桥（图3-18）通过悬架与车架（或承载式车身）相连接，其两端安装车轮。车桥的作用是承受汽车的载荷，维持汽车在道路上的正常行驶。

车桥可以是整体式的，如一个巨大的杠铃，两端通过悬架系统支承着车身，因此整体式车桥通常与非独立悬架配合；车桥也可以是断开式的，像两把雨伞插在车身两侧，再各自通过悬架系统支承车身，所以断开式车桥与独立悬架配用。

图 3-18　车桥

2. 车架

车架（图3-19）是跨接在汽车前后车桥上的框架式结构，俗称大梁，是汽车的基体。一般由两根纵梁和几根横梁组成，经由悬架、前桥、后桥支承在车轮上。车架必须具有足够的强度和刚度以承受汽车的载荷和从车轮传来的冲击。车架的功用是支承、连接汽车的各总成，使各总成保持相对正确的位置，并承受汽车内外的各种载荷。

车架的结构形式首先应满足汽车总布置的要求。汽车在复杂的行驶过程中，固定在车架上的各总成和部件之间不应该发生干涉。汽车在崎岖道路上行驶时，车架在载荷作用下可能产生扭转变形以及在纵向平面内的弯曲变形，当一边车轮遇到障碍时，还可能使整个车架扭曲成菱形。这些变形将会改变安装在车架上的各部件之间的相对位置，从而影响其正常工作。因此，车架还应具有足够的强度和适当的刚度。为了提高汽车整车的轻量化水平，要求车架质量尽可能小。此外，车架应布置得离地面近一些，以使汽车重心降低，有利于提高汽车的行驶稳定性。这一点对于客车和轿车来说尤为重要。

图 3-19　车架

3. 车轮参数

（1）前束角。从上方观察时，车辆中心线与车轮中心线之间的夹角为前束角，如图 3-20 所示。

（2）外倾角与主销内倾角。从前方观察车辆，车轮中心线与路面铅垂线之间的角称为外倾角。从前方观察车辆，转向轴轴线与路面铅垂线之间的夹角为主销内倾角。外倾角对车辆的影响主要体现在转弯时车身的稳定性和轮胎的磨损，外倾角对车辆保持直行而不跑偏的性能也有影响，但影响相对较小。如图 3-21 所示为外倾角与主销内倾角。

（3）主销后倾角。从侧面观察时，转向轴轴线与路面铅垂线之间所形成的夹角称为主销后倾角（图 3-22）。

主销后倾角会影响车辆的转向性能。主销后倾角有正负，多数汽车的主销后倾角为正。当主销后倾角为正值时，从侧面观察车辆，转向轴轴线是向后倾斜的。其

图 3-20　前束角

优点是增加车辆前行的稳定性，转向后，车轮更易回正。当主销后倾角为负值时，从侧面观察车辆，转向轴轴线是向前倾斜的，其优点是使车辆转向变轻。

图 3-21　外倾角与主销内倾角

图 3-22　主销后倾角

4. 安全及注意事项

（1）车下作业前需确认举升机锁止；

（2）当打开车辆前机舱盖或进入车辆底部时，不要盲目碰触高压导线及设备，避免触电危险；

（3）所使用的纸质维修手册、电脑、车辆及举升机要及时规整复位，并对场地进行 5S 管理工作。

5. 操作过程（表3-7所示）

表 3-7　检查汽车车桥的操作过程

序号	操作步骤	操作方法及说明	操作标准
1	作业准备	（1）场地进行安全设置；  （2）个人进行安全防护  	符合安全规范要求
2	查看前桥部件	查看下控制臂，用扭力扳手拧紧下控制臂固定螺栓至规定转矩 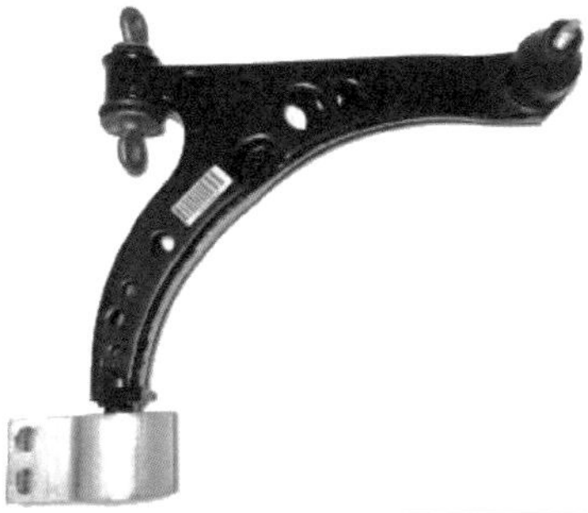 	转矩 140N·m
		查看横拉杆球头，用扭力扳手拧紧球头螺母至规定转矩 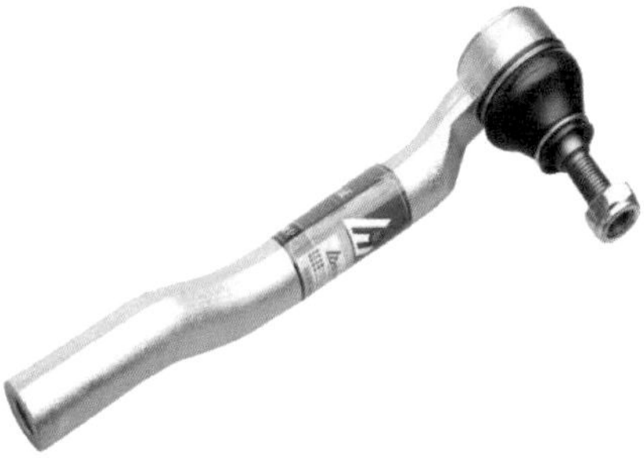 	转矩 60N·m

序号	操作步骤	操作方法及说明	操作标准
2	查看前桥部件	目视检查转向节，看是否有裂纹、变形  	
		查看横拉杆，用扭力扳手拧紧螺母至规定转矩 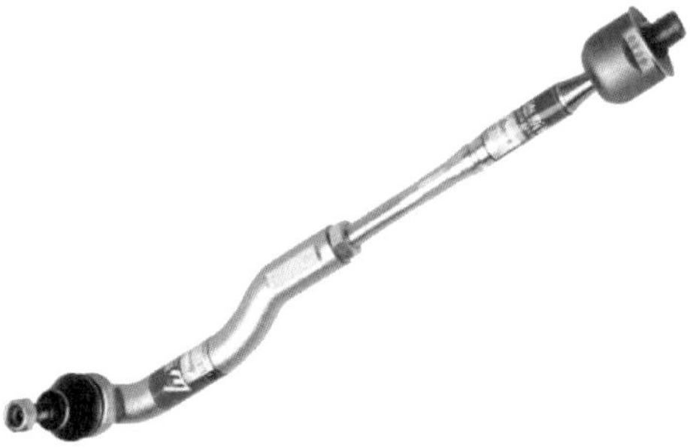 	转矩为 60N·m
3	查看后桥部件	目视检查后桥螺旋弹簧并尝试拽动，检查是否有晃动等需要修理的情况；  目视检查后桥托臂及后梁，尝试拽动部件，检查是否有晃动等需要修理的情况  	

序号	操作步骤	操作方法及说明	操作标准
4	对应四轮定位参数表格查找相关配件		按照表格参数数据找到对应配件，并叙述其定义内容中组成部件位置及作用

第三节　制动系统检查与维护

一、行车制动操纵机构的检查与维护

1. 行车制动操纵机构

行车制动操纵机构接受外力（驾驶员踩踏）驱动，由真空助力器辅助外力施加，由制动总泵将行车制动操纵机构的力转变为制动液压力，再通过制动管路传递到行车制动各个分泵，最终实现车轮制动。如图 3-23 所示为制动系统，其主要构成包括以下部件：

- 制动踏板：从驾驶员处接收、放大和传输制动系统输入力。
- 制动踏板推杆：将经过放大的制动系统输入力传递到真空助力器。
- 真空助力器：制动系统输入力通过制动踏板而放大，并由制动踏板推杆传递到真空助力器，经过真空助力器助力后施加到液压制动总泵。真空助力器利用真空源进行助力，减少驾驶员施加在制动踏板上的操纵力。
- 电动真空泵：使用车载电源驱动泵体，用于形成制动助力器真空源。
- 真空软管：用于输送真空助力器所需的真空源。
- 制动总泵储液罐：内部装有供液压制动系统使用的制动液。
- 制动总泵：将机械输入力转换为液压输出压力，液压输出压力从总泵分配到两个液压油路，为对角式车轮制动油路供油。
- 制动硬管和制动软管：传递制动液流经液压制动系统各部件。
- 制动分泵：将液压输入压力转换为机械输出力。
- 制动系统故障指示灯：组合仪表检测到制动液液面过低的情况，组合仪表将点亮制动系统故障指示灯。

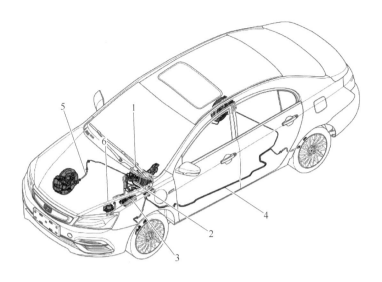

图 3-23　制动系统
1—真空助力器；2—制动主缸；3—液压电子控制单元（ESC 系统）；
4—制动硬管；5—制动软管；6—电动真空泵

2. 真空助力器

真空助力器（如图 3-24 所示）在制动时提供助力，以减少制动时所需要的输入力。

（1）未制动时。在不制动时，真空室通过真空管与工作室相连，薄膜两边的压力相等，真空室内的大型弹簧将薄膜和工作活塞推向右侧。

（2）开始制动。开始制动时需操作制动踏板，踩下制动踏板以使压力顶杆向左移动，工作室与真空室之间的气门关闭，外部空气与工作室之间的气门打开，压力为 100kPa 的外部空气流进工作室。此时真空室内的压力小于工作室内的压力，压力差和制动踏板上的作用力会使带薄膜的工作活塞向左移动。

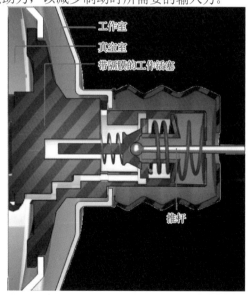

图 3-24　真空助力器

（3）保持制动。一旦达到所需的制动力，驾驶员就会将制动踏板保持在踩下的状态。外部空气与工作室之间的气门被小型弹簧压到右侧，外部空气无法流入工作室，内外达到平衡。

（4）停止制动。松开制动踏板时的情况就和未制动时的一样，工作室与真空室之间的气门打开，薄膜两边的压力相等，真空室内的大型弹簧将带薄膜的工作活塞推到右侧。

3. 安全及注意事项

打开点火开关前应该将挡位置于 P 挡，同时拉起驻车制动器，防止系统上电时车辆行驶。

4. 操作过程（表3-8所示）

表 3-8 检查制动操纵机构的操作过程

序号	操作步骤	操作方法及说明	操作标准
1	检查制动踏板工作状况	（1）检查制动踏板工作时有无松旷和异响； （2）点火开关处于 OFF 状态，踩踏制动踏板数次	制动踏板应无异常噪声和松旷
2	检查真空助力器工作状况	（1）踩住制动踏板，打开点火开关； （2）感受制动踏板情况； （3）检查真空助力器的助力能力	真空泵工作，制动踏板自然下沉，无僵硬感，响应性良好，形成助力效果
3	检查制动踏板行程余量	（1）检查制动踏板余量； （2）用 294N 的力踩下制动踏板 注意：实际值 = 测量值 + 地胶和地板垫的厚度	制动踏板行程余量应大于 60mm

序号	操作步骤	操作方法及说明	操作标准
4	检查真空助力器真空功能	(1) 踩下制动踏板保持30s； 启动发动机　制动踏板踩下并保持30s后停止发动机　检查：要求踏板高度没有变化 (2) 关闭点火开关，松开制动踏板； (3) 检查真空助力器真空功能	制动踏板高度应无明显变化
5	检查真空助力器气密性	(1) 踩踏制动踏板数次，检查真空助力器气密性； (2) 感受制动踏板情况	制动踏板高度越踩越高，确认气密性良好

二、盘式制动器的检查与维护

盘式制动器摩擦副中的旋转元件是以端面工作的金属圆盘，称为制动盘，摩擦元件从两侧夹紧制动盘而产生制动。

圆跳动是指被测要素绕基准轴线回转一周时，由位置固定的指示器在给定方向上测得的最大与最小读数之差。圆跳动公差是被测要素在某一固定参考点绕基准轴线旋转一周（零件和测量仪器件无轴向位移）时，所允许的最大变动量。

1. 盘式制动器

（1）盘式制动器的结构。盘式制动器是当前小型乘用车的主流制动形式，主要部件有制动盘、摩擦片、制动分泵和制动钳等，如图3-25所示。

• 制动衬块：将来自液压制动钳的机械输出力作用在制动盘的摩擦面上。

• 制动衬块导向片：位于盘式制动衬块和制动衬块安装支架之间，保持制动衬块移动顺畅，消除噪声。

• 制动盘：利用盘式制动衬块作用在制动盘摩擦面上的机械输出力来减慢轮胎和车轮总成的转速，进行车辆的制动。

• 制动钳：接受来自制动总泵的液体压力，把液体压力转换成机械输出力作用在内制动衬块上，当总泵回位时，制动钳活塞自动回位。

• 制动钳和制动衬块支架：用于将盘式制动衬块和制动钳固定到位，且和液压制动钳保持正确的配合位置，当机械输出力作用在内制动衬块上时，使制动衬块滑动。

• 制动钳浮动销：用于安装液压制动钳，并将制动钳固定到位，且和制动钳支架保持正确的配合位置，当有机械输出力作用时，使制动钳相对于制动衬块滑动。

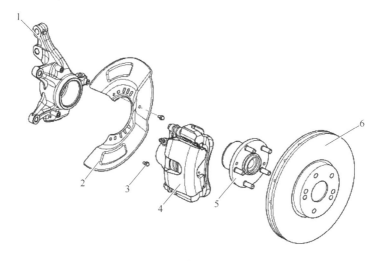

图 3-25　盘式制动器

1—前转向节；2—前防尘罩；3—前防尘罩安装螺栓；4—前制动钳总成；5—前轮毂总成；6—前制动盘

（2）盘式制动器的功用。来自液压制动钳活塞的机械输出力作用在内制动衬块上，当活塞向外推压内制动衬块时，制动钳壳体同时向内拉动外制动衬块，从而使输出力均匀分配。制动衬块将输出力作用到制动盘两面的摩擦面上，从而减慢轮胎和车轮总成的转速。制动衬块导向片和制动钳浮动销的功能是否正常对均匀分配制动力非常重要。

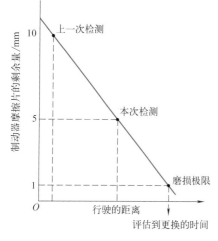

图 3-26　磨损量的预估

盘式制动器的好坏将直接影响行车是否安全，盘式制动器在使用一段时间后，可能出现制动分泵渗漏、摩擦片异常磨损、制动盘损坏等现象，这将导致制动性能下降等严重后果。

2.推测摩擦片更换时间

摩擦片的磨损极限厚度是 1mm，根据行驶距离估计下次保养时摩擦片的剩余厚度，如图 3-26 所示，当厚度不足时，建议进行更换。

3.安全及注意事项

（1）制动钳的重要注意事项：拆卸制动钳时，应使用一根钢丝或专用工具固定制动钳，防止制动钳下落砸到手和损坏制动管路。

（2）制动液对油漆和电气部件影响的注意事项：避免制动液接触到漆面、电气连接器、导线或电缆。制动液会损坏漆面并导致电气部件腐蚀，如果制动液接触到漆面，应立即用水冲洗接触部位，如果制动液接触到电气连接器、导线或电缆，用干净的抹布将制动液擦去。

（3）维修车轮制动部件时，不得修磨制动摩擦片，不得用砂纸打磨制动摩擦片，不得用干刷或压缩空气清理车轮制动部件。有些车型或售后加装制动部件可能含有纤维，这种纤维会混在粉尘中，吸入含有纤维的粉尘会严重损害身体。请用湿布清理制动部件上的粉尘。

4. 操作过程（表3-9所示）

表3-9　检查盘式制动器的操作过程

序号	操作步骤	操作方法及说明	操作标准
1	作业准备	（1）场地进行安全设置； （2）个人进行安全防护 	符合安全规范要求
2	拆卸车轮	（1）用拆卸工具取出车轮螺母罩； （2）拧松车轮螺母	
3	举升车辆	把车辆举升到合适的高度 	操作符合规范要求

序号	操作步骤	操作方法及说明	操作标准
4	准备工具	（1）脱去手套； （2）连接气源并确认安装可靠； （3）调整气动扳手挡位； （4）调整气动扳手旋向； （5）连接套筒并确认安装可靠。 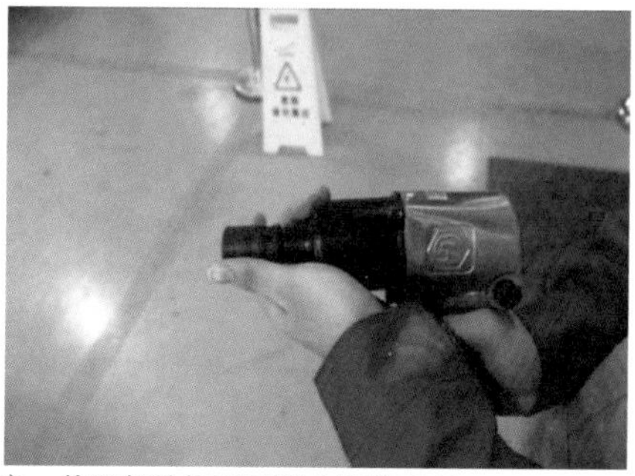 注意：使用气动扳手时禁止佩戴手套	使用气动扳手应确认管路连接可靠，旋向为逆时针，挡位在3挡或4挡，套筒安装可靠
5	拆卸车轮	（1）使用气动扳手拆卸车轮螺母；  （2）取下车轮，置于轮胎架上。 注意：车轮螺母拆卸时应按照对角交叉顺序	对角交叉顺序拆装车轮螺母
6	拆卸制动钳	（1）旋下制动钳下固定螺栓； 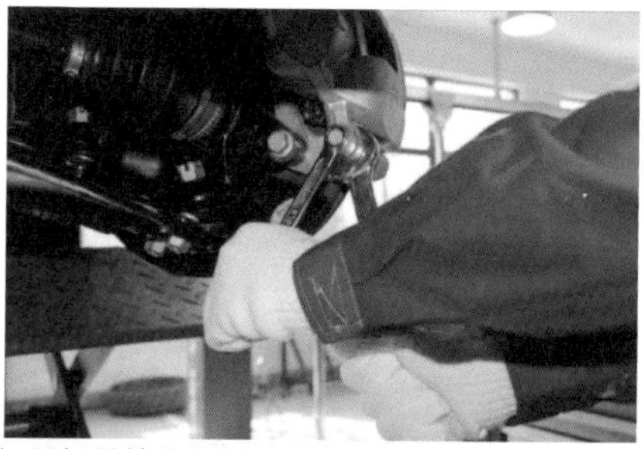 （2）用钢丝挂钩吊起制动钳；  	

序号	操作步骤	操作方法及说明	操作标准
6	拆卸制动钳	（3）取出摩擦片。 注意： a.制动钳需吊挂可靠，防止滑落； b.吊起制动钳后禁止踩踏制动踏板； c.制动钳吊起过程中，摩擦片的消声垫片容易松动并掉落	
7	检查制动钳	（1）检查制动钳壳体是否开裂、严重磨损和损坏，如果出现上述状况，则需要更换制动钳； （2）检查制动钳活塞防尘罩密封圈是否开裂、破裂、有缺口、老化和未在制动钳体内正确安装，如果出现任何上述状况，则更换制动钳； （3）检查制动钳活塞防尘罩密封圈周围和盘式制动衬块上是否有制动液泄漏，如果出现制动液泄漏迹象，则更换制动钳； （4）检查制动钳活塞是否能顺畅进入制动钳缸内且行程完整，制动钳缸内制动钳活塞的运动应顺畅且均匀，如果制动钳活塞卡滞或者难以到达底部，则需要更换制动钳 	制动钳密封圈无老化、无渗漏痕迹；滑动支承销无锈蚀、卡滞
8	检查制动衬块导向片、制动钳浮动销	（1）检查制动衬块导向片是否存在缺失、严重腐蚀、安装凸舌弯曲状况； 	

序号	操作步骤	操作方法及说明	操作标准
8	检查制动衬块导向片、制动钳浮动销	（2）如果发现上述任何情况，则需要更换盘式制动衬块导向片。确保制动衬块在盘式制动衬块导向片上滑动顺畅，没有阻滞现象； 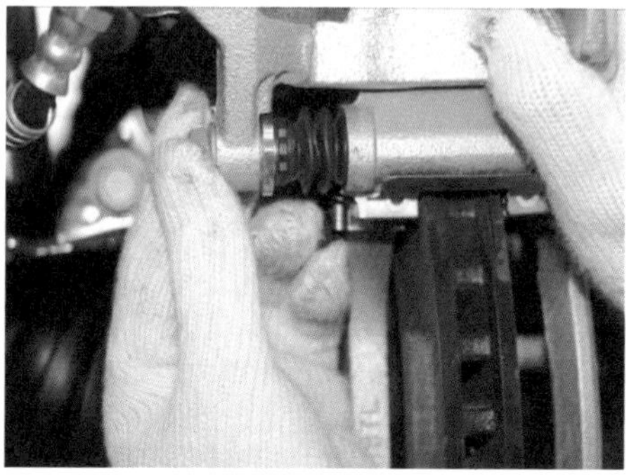 （3）检查制动钳浮动销是否存在卡滞、卡死、护套开裂或破损、护套缺失情况； （4）如果发现上述任何情况，则需要更换制动钳和防尘罩密封圈	
9	制动衬块厚度测量	（1）定期检查制动衬块，按图进行测量，如果超过规格，更换制动衬块； 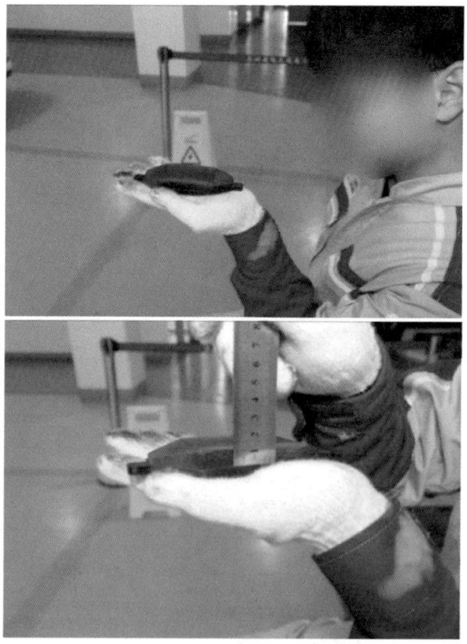 （2）如果需要更换，必须按盘式制动衬块更换； （3）检查盘式制动衬块的摩擦面是否开裂、破裂或损坏。观察内、外摩擦片工作面	制动衬块工作面无异常磨损

序号	操作步骤	操作方法及说明	操作标准
10	制动盘表面和磨损检查	（1）用工业酒精或准许的等效制动器清洗剂清洗制动盘摩擦面； （2）检查制动盘摩擦面是否存在如下状况： a.严重锈蚀和 / 或点蚀； b.轻微的表面锈蚀； c.开裂和 / 或灼斑； d.严重变色发蓝； e.制动盘摩擦面的深度划痕。 （3）如果制动盘摩擦面出现上述一种或几种情况，则制动盘需要表面修整或更换。 注意：对制动盘进行表面修整或更换后，制动衬块也要进行更换	制动盘摩擦面无损坏或异常磨损
11	制动盘厚度测量	（1）清洁千分尺； （2）用千分尺测量并记录沿制动盘圆周均匀分布的4个或4个以上位置点的最小厚度，务必确保仅在制动衬块衬面接触区域内进行测量，且每次测量时千分尺与制动盘外边缘的距离必须相等； 	如果前制动盘厚度小于最小值，则更换前制动盘。 标准厚度：25mm 最小厚度：22.5mm

序号	操作步骤	操作方法及说明	操作标准
11	制动盘厚度测量	（3）如果制动盘厚度超过规格，则制动盘需要进行表面修整或更换。 注意： a. 测量前需保证被测零件内外工作表面已清洁。 b. 千分尺在使用前需清洁和校零。 c. 读数时需锁止千分尺，不得取下后再读数。 d. 若所测量的是新制动盘，测量值可能会大于标准值	如果前制动盘厚度小于最小值，则更换前制动盘。 标准厚度：25mm 最小厚度：22.5mm
12	制动盘圆跳动测量	（1）用工业酒精或类似的制动器清洗剂清洗制动盘摩擦面； （2）将制动盘安装至轮毂/车桥法兰上； （3）用手安装螺母并用扳手紧固螺母； （4）将百分表底座安装至转向节并安置好百分表测量头，使其与制动盘摩擦面接触成90°； （5）转动制动盘，直到百分表读数达到最小，然后将百分表归零； （6）转动制动盘，直到百分表上读数达到最大； （7）标记并记录端面跳动量； （8）将制动盘装配后端面跳动量与规格值相比较。 注意： a. 当将制动盘从轮毂/车桥法兰拆离时，应清除轮毂/车桥法兰和制动盘配合面上的铁锈或污物，否则，可能导致制动盘装配后端面跳动量过大，从而导致制动器跳动。 b. 如果制动盘装配后端面跳动量超过规格，应检查轴承轴向间隙和车桥轮毂的跳动，若轴承轴向间隙和车桥轮毂跳动正常，制动盘厚度在规定的范围内，则对制动盘进行表面修整以确保正确的平整度	使用专用工具和轮毂螺母拧紧制动盘； 转矩：100N·m 使用百分表在制动盘边缘距离外侧13mm的位置测量制动盘圆跳动。最大制动盘圆跳动：0.025mm
13	安装制动衬块	（1）将制动衬块安装到制动钳支架上； （2）确认摩擦片的安装位置和方向，安装摩擦片	安装制动衬块时，带磨损提示金属的衬块安装在内侧

序号	操作步骤	操作方法及说明	操作标准
14	安装制动钳	（1）取下挂钩，向下拉制动钳并安装下端固定螺栓； （2）回正制动盘，拆下车轮螺母。 注意：向下拉制动钳和安装下端固定螺栓时，要小心，不要损坏活塞防尘密封件	转矩：27N·m
15	安装车轮	（1）按照对角交叉顺序预紧 5 个车轮螺母； （2）放下车辆； （3）按图示顺序 1-5-2-4-3，紧固车轮螺母； （4）安装车轮螺母罩。 注意：按照对角交叉顺序，紧固 5 个车轮螺母	车轮螺母转矩 103N·m
16	车辆、工具复位	（1）取下车内、外防护用品； （2）车辆复位，清洁车身； （3）清洁并整理工具； （4）安全防护复位	在操作过程中，要体现整理、整顿、清洁、清扫和素养的 5S 理念

三、制动管路的检查与维护

1. 制动管路的类型及功用

制动管路（图 3-27）由两部分组成：一部分是从制动总泵到车底的部分，这部分通常是以铜管连接的，因为铜管的强度较高，变形较小，所以一般不会出现问题；另一部分是车底到制动分泵的部分，这部分是用软质的橡胶管连接的，以配合轮胎与悬架的伸展。

（1）制动硬管。制动硬管负责制动主缸

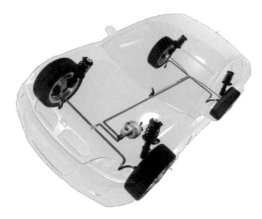

图 3-27　制动管路

和制动软管间的连接，是刚性的管路，固定在车身或底盘上。

制动硬管必须满足抵御腐蚀及碎石的击打、抵御外界天气、抵御制动液及油漆的影响、耐高温、耐高压的要求。

（2）制动软管。制动软管负责制动硬管和制动活塞或制动钳间的连接，必须足够柔软，以跟随车轮转向和悬架系统的运动。

制动软管必须满足耐高压、耐高温、不受制动液影响、柔性的要求。

2. 制动软管常见的问题

由于橡胶本身是有弹性的，承受制动系统的液压力时会产生变形，造成管径的变化，降低制动油液压的传递效果，使制动分泵无法产生稳定的制动力。这样的情况会随着使用年限及制动系统剧烈的操作而加剧变形，而且橡胶用久了会有疲劳现象，原本应该传到制动分泵的压力会因为管路的弹性膨胀而损失，实际传到制动片的压力就会变小。主要有下面几个常见的问题：

（1）扭曲；

（2）局部摩擦造成的磨损；

（3）细微裂纹；

（4）管接头处泄漏；

（5）鼓胀。

出现以上任何一种情况时都必须马上更换制动软管。如图3-28所示为制动软管常见问题。

3. 对制动液的性能要求

图 3-28　制动软管常见问题

（1）在高温、严寒、高速、湿热等工况条件下保证灵活传递制动力，低温下流动性好，高温下不产生气阻。

（2）对制动系统的金属和非金属材料没有腐蚀性。

（3）使用过程中品质变化小，不引起金属件和橡胶件的腐蚀和变质，能够有效延长制动分泵和皮碗的使用寿命。

（4）制动液至少每两年更换一次，若制动液在制动系统内存留时间过长，则制动时可能在系统管路内产生气阻，严重恶化制动效果。

（5）制动液不能混入水，因为水会降低制动液的沸点，易汽化，从而使制动系统失效。

（6）不同级别的制动液不能混合使用，化学反应会降低制动液的沸点和品质。如表3-10所示为制动液沸点。

表 3-10　制动液沸点　　　　　　　　　　　　　　　　　　　单位：℃

参量	干沸点	湿沸点
DOT3	> 205	> 140
DOT4	> 230	> 155
DOT5.1	> 260	> 180

4. 安全及注意事项

（1）制动液极易吸湿和吸潮，请勿使用开口容器中可能受水污染的制动液，使用不合适或受污染的制动液可能导致系统故障、车辆失控和人身伤害。

（2）制动液对皮肤和眼睛有刺激性。一旦接触应采取以下措施：眼睛接触，用水彻底冲洗；皮肤接触，用肥皂和水清洗。

（3）在车辆底盘下方进行检查时，注意穿戴好防护用具。

（4）更换制动管路时请小心安装和固定，务必使用正确的紧固件，否则可能导致制动管路和制动系统损坏，从而引起人身伤害。

5. 操作过程（表3-11所示）

表3-11 检查制动管路的操作过程

序号	操作步骤	操作方法及说明	操作标准
1	举升车辆	把车辆举升到合适的高度 	操作符合规范要求
2	检查制动硬管	（1）佩戴手套，光线不足用手电筒进行检查； 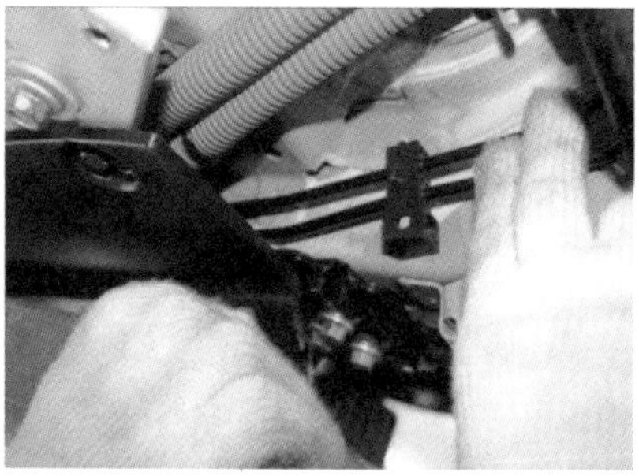 （2）检查制动硬管 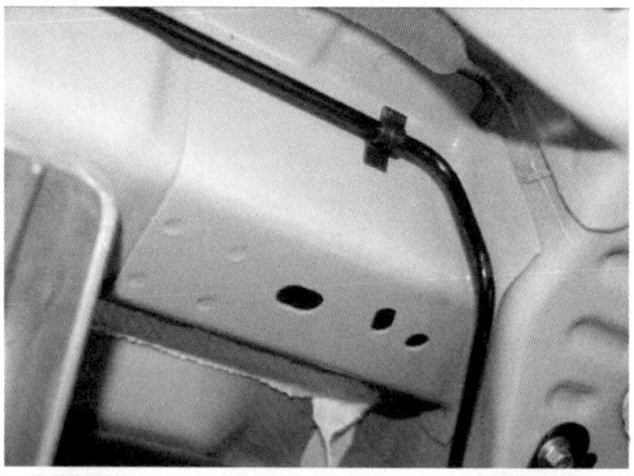 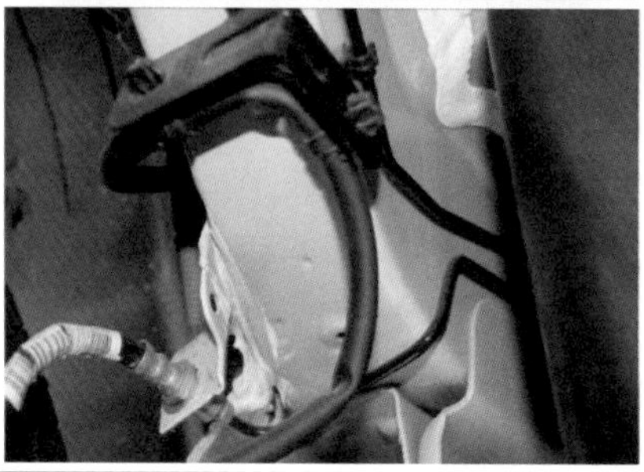	无压痕、无渗漏

序号	操作步骤	操作方法及说明	操作标准
3	检查制动软管	（1）检查制动； （2）检查制动软管接头连接部位； （3）使两轮处于左右转向极限位置，转动车轮检查制动软管与轮毂之间是否为干涉状态	制动软管与车身无干涉、无开裂老化、无渗漏

第四节　转向系统检查与维护

一、转向操纵机构的检查与维护

转向操纵机构是驾驶员用来控制车辆转向的部件，包含转向盘、转向轴、转向柱、转向万向节等部件。

为了减轻驾驶员动作在转向盘（也可称为方向盘）上的操作力，使用外来动力而产生转向补助力的装置称为转向助力装置。

1.转向操纵机构的组成

转向操纵机构包含转向盘、转向轴、转向万向节、转向器等部件。如图 3-29 所示为转向系统。

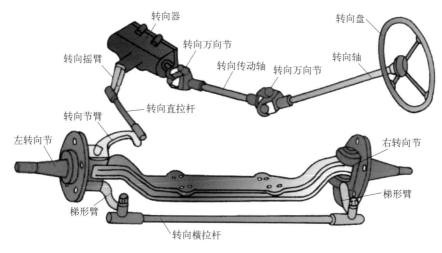

图 3-29 转向系统

转向盘、转向轴、转向万向节的作用是接收驾驶员的操作信号，并且将驾驶员的意图传递给转向器，最终由转向器来操纵转向传动机构工作，从而达到车轮转向的目的。

2. 助力转向系统的种类

当车轮上承载的重量变大时，车辆的转向会变得很沉重，此时需要外部力量来辅助转动转向盘，助力转向系统分为三类，如图 3-30 所示。

- 机械液压助力转向系统：转向助力液压泵由发动机驱动。
- 电子液压助力转向系统：转向助力液压泵由电动机驱动。
- 电动助力转向系统：转向助力直接由电动机提供，不再有液压系统。如今电动助力转向系统正在趋于普遍。

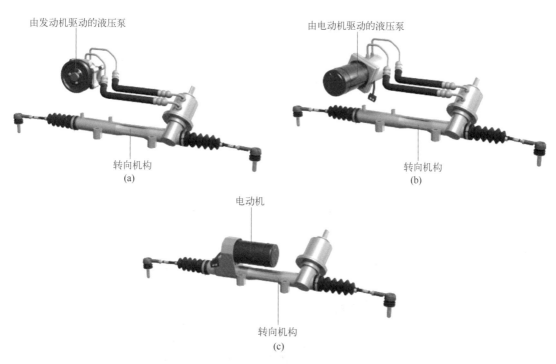

图 3-30 助力转向系统

3.安全及注意事项

（1）在检查和维护转向操纵机构时，需按规范操作举升机，并做必要的安全防护，不能盲目举车或进入车底；

（2）在操作之前，必须使前轮处于正前方并锁止转向盘；

（3）在做相应操作之前，务必断开蓄电池负极电缆；

（4）所使用的纸质维修手册、电脑、车辆及举升机要及时规整复位，并对场地进行5S管理工作。

4.操作过程（表3-12所示）

表3-12　检查转向操纵机构的操作过程

序号	操作步骤	操作方法及说明	操作标准
1	作业准备	（1）场地进行安全设置；  （2）个人进行安全防护  	符合安全规范要求
2	检查转向盘锁止功能	（1）转动转向盘，检查是否能锁止； （2）钥匙放入车内，按下点火开关至"ACC"挡位（全车通电）；  	

序号	操作步骤	操作方法及说明	操作标准
2	检查转向盘锁止功能	（3）转动转向盘，检查是否能自由转动  	
3	检查转向盘安装状况	（1）握住转向盘上下晃动，检查有无摆动、松动； （2）握住转向盘左右晃动，检查有无摆动、松动  	
4	检查转向盘自由间隙	（1）按下点火开关，转向盘解锁，回正转向盘；  （2）车外人员负责观察车轮状态； （3）转动转向盘到车轮开始发生偏转； （4）用直尺测量转向盘的自由行程 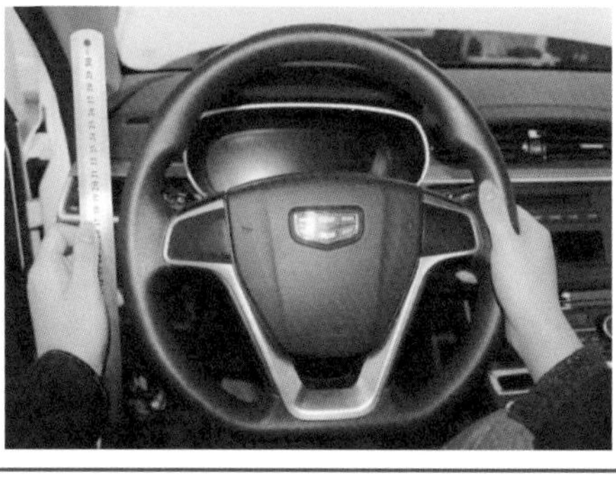 	最大自由间隙：30mm

序号	操作步骤	操作方法及说明	操作标准
5	车辆工具复位	（1）取下车内、外防护用品； （2）车辆复位，清洁车身； （3）清洁并整理工具； （4）安全防护复位	在操作过程中要体现5S理念

二、转向传动机构的检查与维护

1. 转向传动机构的组成

转向传动机构将转向器输出的力和运动传到转向桥两侧的转向节，使两侧转向轮偏转，并使两侧转向轮偏转角按一定关系变化，以保证汽车转向时车轮与地面的相对滑动尽可能小。

转向传动机构包含转向摇臂、转向直拉杆、转向节臂、转向横拉杆和梯形臂等部件，见图3-29。

- 转向横拉杆：转向横拉杆是汽车转向系统的重要组成部分。转向横拉杆是连接左右梯形臂的，可以使两个车轮同步，还可以调正前束。

- 转向节：转向节又称"羊角"。转向节的功用是传递并承受汽车前部载荷，支承并带动前轮绕主销转动而使汽车转向。

2. 转向传动机构的分类

与非独立悬架配用的转向传动机构一般由转向摇臂、转向直拉杆、转向节臂、两个梯形臂和转向横拉杆等组成。各杆件之间都采用球形铰链连接，并设有防止松脱、缓冲吸振、自动消除磨损后的间隙等结构措施，如图3-31所示。

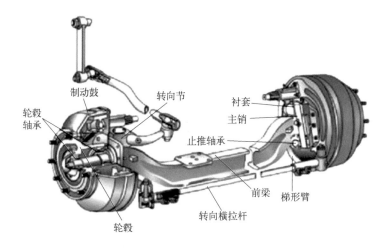

图3-31　非独立悬架配用的转向传动系统

当转向轮采用独立悬架时，由于每个转向轮都需要相对于车架（或车身）做独立运动，所以，转向桥必须是断开式的。相应地，转向传动机构中的转向梯形也必须分成两段或三段，转向摇臂在平行于路面的平面中左右摆动，传递力和运动，如图3-32所示。

3. 安全及注意事项

（1）在检查和维护转向操纵机构时，需按规范操作举升机，并做必要的安全防护，不能盲目举车或进入车底；

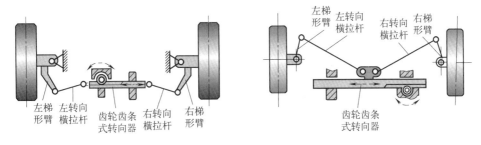

图 3-32　独立悬架配用的转向传动系统

（2）在操作之前，必须使前轮处于正前方并锁止转向盘；

（3）在做相应操作之前，务必断开蓄电池负极电缆；

（4）对所使用的纸质维修手册、电脑、车辆及举升机要及时规整复位，并对场地进行5S 管理工作。

4.操作过程（表 3-13 所示）

表 3-13　检查转向传动机构的操作过程

序号	操作步骤	操作方法及说明	操作标准
1	作业准备	（1）场地进行安全设置； （2）个人进行安全防护	符合安全规范要求

序号	操作步骤	操作方法及说明	操作标准
2	高压断电	（1）断开蓄电池负极电缆，并裹好绝缘胶布； 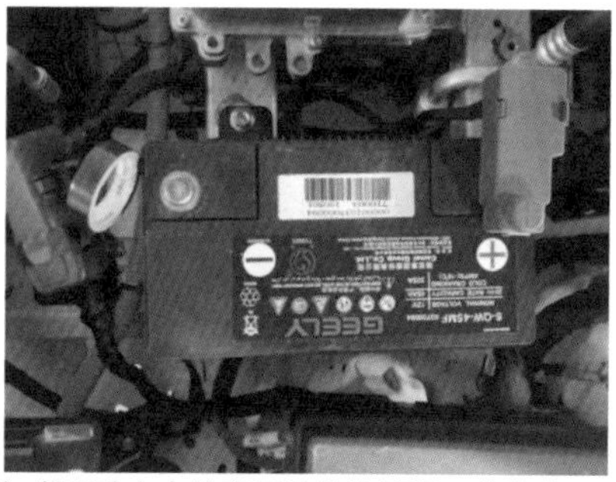 （2）断开动力电池高压母线连接器，并验电  	操作符合规范要求
3	检查转向横拉杆	（1）检查转向横拉杆有无弯曲、损坏； （2）用手上下摇晃转向横拉杆，检查安装有无松动； （3）检查另一侧转向横拉杆有无弯曲、损坏，安装有无松动  	
4	检查转向横拉杆球头防尘罩	（1）检查球头防尘罩有无老化、开裂； （2）检查槽形螺母开口销是否变形、损坏； （3）同样检查另一侧球头防尘罩有无老化、开裂，槽形螺母开口销是否变形、损坏 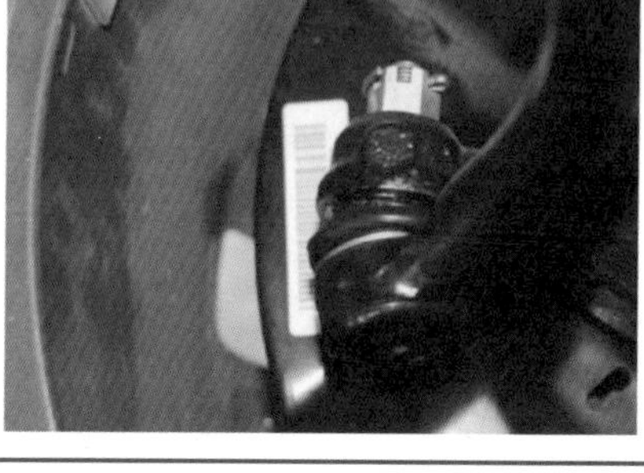 	

序号	操作步骤	操作方法及说明	操作标准
5	检查转向节	（1）检查转向节有无变形、损坏； （2）检查另一侧转向节有无变形、损坏 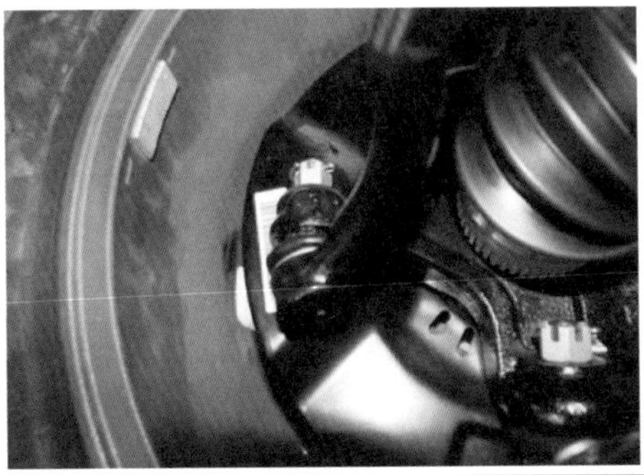 	
6	检查转向器防尘罩	（1）检查转向器防尘罩有无开裂、渗漏； （2）检查卡箍安装有无松动  	
7	车辆工具复位	（1）取下车内、外防护用品； （2）车辆复位，清洁车身； （3）清洁并整理工具； （4）安全防护复位	在操作过程中要体现5S理念

第四章

电气系统的检查与维护

第一节 空调系统检查与维护

空调通风系统是指在汽车行驶时必须保证室内通风，即对汽车室内不断充入新鲜空气，驱排混有尘埃、二氧化碳及来自发动机的有害气体的系统。

1. 空调滤芯的作用

空调滤芯主要有普通型空调滤清器和活性炭系列空调滤清器两种类型。空调滤芯用来过滤从外界进入车厢内部的空气，使空气的洁净度提高。

（1）能分隔空气中灰尘、花粉、研磨颗粒等固体杂质。

（2）能吸附空气中水分、煤烟、臭氧、异味、碳氧化物、二氧化硫等。

（3）能使汽车玻璃不会蒙上水蒸气，使司乘人员视线清晰，行车安全；能给驾乘室提供新鲜空气，避免司乘人员吸入有害气体，保障驾驶安全；能强效杀菌除臭。

（4）能保证驾乘室空气清洁而不滋生细菌，创造健康环境；能有效拦截花粉，保证司乘人员不会产生过敏反应而影响行车安全。如图 4-1 所示为汽车空调滤芯。

2. 空调滤芯的工作原理

（1）拦截效应：如图 4-2 所示，当某一粒径的粒子运动到纤维表面附近时，其中心线到纤维表面的距离小于微粒半径，该粒子就会被滤料纤维拦截而沉积下来。

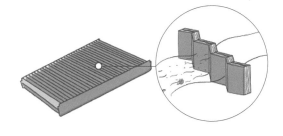

图 4-1 汽车空调滤芯　　　　　　　　　图 4-2 汽车空调滤芯工作原理

（2）惯性效应：当微粒质量较大或速度较大时，由于惯性碰撞在纤维表面而沉积下来。

（3）扩散效应：小粒径的粒子布朗运动较强而容易碰撞到纤维表面上。

（4）重力效应：微粒通过纤维层时，因重力沉降而沉积在纤维上。

（5）静电效应：纤维或粒子都可能带电荷，产生吸引微粒的静电效应，而将粒子吸到纤维表面上。

一、空调滤芯的更换

1. 空调滤芯更换的周期

车内的空气是通过空气滤清器之后再进入车内空间的。空调就是加剧车内空气污染的又一个因素。空调滤清器的作用：过滤从外界进入车厢内部的空气，使空气的洁净度提高。一般的过滤物质是指空气中所包含的杂质，如微小颗粒物、花粉、细菌、工业废气和灰尘等，空调滤清器的效果是防止这类物质进入并破坏空调系统，给车内乘用人员良好的空气环境，保护车内人员的身体健康，还有就是防止玻璃雾化。

空调滤芯的保养周期是 1 万公里或者半年左右一次，如在雾霾比较严重的情况下用车，最好是 3 个月更换一次。

2. 操作过程（表 4-1 所示）

表 4-1　更换空调滤芯的操作过程

序号	操作步骤	操作方法及说明	操作标准
1	查阅维修手册	（1）在电子手册中搜索空调滤芯的更换； （2）在电子手册中查阅目录"暖风、通风与空调系统"，然后查找"空调滤芯更换" 	能够查到空调滤芯的更换方法
2	拆卸仪表板杂物箱	（1）拆卸仪表板右侧端盖； 	仪表板杂物箱完全拆下

序号	操作步骤	操作方法及说明	操作标准
2	拆卸仪表板杂物箱	（2）按箭头指示拆卸仪表板杂物箱两个固定销； （3）打开仪表板杂物箱，取下仪表板杂物箱 	仪表板杂物箱完全拆下
3	拆卸空调滤芯	（1）拆卸空调滤芯安装壳； （2）抽出空调滤芯 	完全拆下空调滤芯

序号	操作步骤	操作方法及说明	操作标准
4	安装空调滤芯	（1）插入空调滤芯（确认空调滤芯型号和安装标记）；  （2）安装空调滤芯安装壳	空调滤芯能够正常使用

二、风量、模式及内外循环的检查

通风控制系统上的各种位置可使模式阀门通过风道混合或引入冷风、热风和外部空气通过空调系统，气流由风道和出风口将空气输送到驾乘室。

风量调节旋钮用来手动设定鼓风机风速。风量共分为 0～7 挡，可以根据实际需要手动调节合适的挡位。在自动状态下，鼓风机速度将由系统自动控制，对风量调节旋钮的操作会使系统状态由自动模式转为手动模式，AUTO 标识消失。图 4-3 所示为空调出风口。

图 4-3　空调出风口

通过调节吹面 / 吹脚 / 吹玻璃的风门可以控制出风模式。吹头和吹脚的温度分配不同是为了给脚部提供较温暖的空气，给头部提供较凉爽的空气，保证驾驶者始终处于舒适的环境中驾驶。温度分配的范围将受到汽车空间大小的影响。

1. 内外循环的使用方法

堵车用内循环，高速用外循环，内、外循环的使用应结合空调、暖风进行。利用外循环，可以呼吸到车外的新鲜空气。高速开车，时间长了就觉得车内空气浑浊，人不舒服，又不能开窗，就应该利用外循环让清风进来；冬天暖风感觉太热，可关掉风机，打开外循环，既保持车内温度，又有新鲜空气，感觉会更舒服。但如果开空调是为了降低车内温度，此时就不要开外循环。可隔段时间开一下外循环，更换点新鲜空气。有人在夏天用空调老觉得制冷效果不好，可能是一不小心设置成了外循环状态，车外的热空气源源不断流进车内，温度当然就降不下来了，所以要想制冷效果好，就一定要设置为内循环状态。如果气温不是太热，打开空调调节一下，就可以开到外循环，这样既有冷气，又有清风，人就比较舒服。在上下班高峰期的堵车路段，尤其是在隧道，应尽量使用内循环。而当车开始正常匀速行驶时，就应开启到外循环状态。另外，遇到尘土飞扬的路段，在关闭车窗的同时，不要忘了关闭外循环阻断外部气流。平时停车时最好也设置成内循环状态，因为外循环状态下，风刮起的灰尘很容易进入车内，使车内的灰尘增多。如图4-4所示为空调内外循环调节开关。

图4-4　空调内外循环调节开关

2.操作过程（表4-2所示）

表4-2　调节空调通风模式的操作过程

序号	操作步骤	操作方法及说明	操作标准
1	打开车辆低压供电电源	（1）打开车门； （2）将车钥匙置于车内； （3）按下点火开关； 	仪表能正常点亮

序号	操作步骤	操作方法及说明	操作标准
1	打开车辆低压供电电源	（4）仪表正常点亮 	仪表能正常点亮
2	打开鼓风机	（1）识别鼓风机调节旋钮；  （2）调节鼓风机风量调节旋钮，用手感受风量是否有变化 	出风口有风速变化
3	调节内外循环	（1）按下内循环按钮，内循环指示灯点亮，空调系统处于内循环状态； 	内循环进风口有风量变化；外循环进风口有风量变化

序号	操作步骤	操作方法及说明	操作标准
3	调节内外循环	（2）按下内循环按钮，内循环指示灯未点亮，空调系统处于外循环  	内循环进风口有风量变化； 外循环进风口有风量变化
4	调节出风模式	（1）能正确识别出风模式开关；  （2）调节出风模式开关。 a. 切换为吹面模式。  b. 切换为吹脚模式  	出风模式和出风口位置一致

三、冷暖功能、除霜功能的检查

空调除霜是指空调在制冷和制热时，都有可能产生结霜现象，如果在空调结霜后除霜不及时，就会影响空调的使用。

1.制冷系统工作原理

压缩机受高压电驱动，当压缩机工作时，压缩机吸入从蒸发器出来的低温低压的气态制冷剂，经压缩，制冷剂的温度和压力升高，并被送入冷凝器。在冷凝器内，高温高压的气态制冷剂把热量传递给经过冷凝器的车外空气而液化，变成液体。液态制冷剂流经膨胀阀时，温度和压力降低，并进入蒸发器。在蒸发器内，低温低压的液态制冷剂吸收经过蒸发器的车内空气的热量而蒸发，变成气体。气体又被压缩机吸入进行下一轮循环。这样，通过制冷剂在系统内的循环，不断吸收车内空气的热量并排到车外空气中，使车内空气的温度逐渐下降。如图4-5所示为空调系统工作原理。

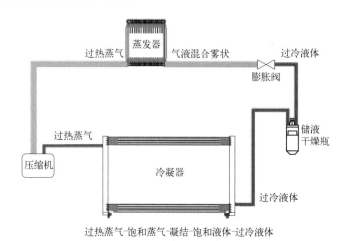

图4-5　空调系统工作原理

2.制热系统工作原理

制热系统包括鼓风机、电加热器（PTC）、加热器水泵、加热器芯体等。当自动空调系统处于加热模式时，加热器在高压电的作用下对冷却液进行加热，高温冷却液被加热器水泵抽入加热器芯体中。同时，冷暖温度控制电机旋转至采暖位置，气流在鼓风机的作用下流过加热器芯体，产生热量传递。外部空气在进入驾乘室前，与加热后的空气混合，吹出舒适的暖风。图4-6所示为制热系统原理。

3.除霜控制

用户通过操作除霜按钮进入最大除霜模式，进入最大除霜模式后，吹风模式为吹玻璃模式。此时风机速度最大。

（1）前窗玻璃除霜功能。任意工作状态下（自动、手动、关机），按下除霜按钮，系统即在除霜状态下工作。除霜状态解除后，系统回到除霜前的状态（自动、手动、关机）。在除霜状态下，按动风速调节按钮会使风速相应提高或降低，工作状态保持除霜，压缩机继续工作，出风模式保持吹玻璃。在除霜过程中，除风速调节、温度调节和后除霜按钮以外，对其他按钮的操作都会使系统离开除霜模式而回到除霜前的模式。

（2）后窗玻璃除霜功能。后除霜按钮用来启动后窗玻璃除霜功能。在后窗玻璃除霜期

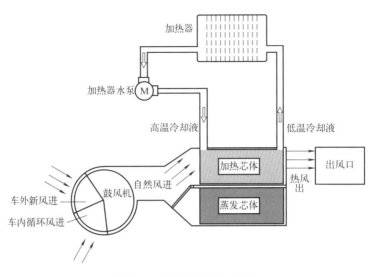

图 4-6　制热系统工作原理

间，按钮指示灯点亮，关闭后除霜功能，则指示灯熄灭。用户可以再次按下后除霜按钮取消后除霜功能。后除霜功能必须要在车辆上高压电后才能工作。

4. 操作过程（表 4-3 所示）

表 4-3　冷暖系统、除霜功能检查的操作过程

序号	操作步骤	操作方法及说明	操作标准
1	车辆上电	（1）车钥匙置于车内； （2）踩下制动踏板； （3）按下点火开关； （4）车辆成功上高压电	车辆仪表 READY 指示灯点亮
2	打开暖风	（1）打开鼓风机；	出风口温度明显升高

序号	操作步骤	操作方法及说明	操作标准
2	打开暖风	（2）按下车辆 HEAT 按钮，指示灯点亮；  （3）将空调温度调节旋钮调到红色部分  	出风口温度明显升高
3	打开冷风	（1）打开鼓风机；  （2）按下车辆 AC 按钮，指示灯点亮；  （3）将空调温度调节旋钮调到蓝色部分	出风口温度明显降低

序号	操作步骤	操作方法及说明	操作标准
4	打开除霜	（1）打开鼓风机；  （2）按下图标，指示灯点亮  	前窗玻璃温度变化，后窗玻璃温度升高
5	调节空调温度	（1）打开鼓风机；  （2）调节温度调节旋钮 	温度旋钮红色部分越粗，出风口温度就越高；温度旋钮蓝色部分越粗，温度就越低
6	关闭空调系统，车辆下电	（1）关闭空调 HEAT 按钮、AC 按钮或除霜； 	车辆仪表出现黑屏

序号	操作步骤	操作方法及说明	操作标准
6	关闭空调系统，车辆下电	（2）关闭鼓风机，按下点火开关； 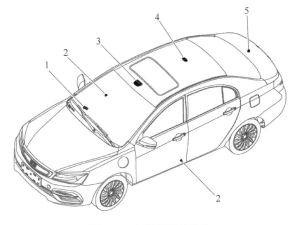 （3）车辆下电	车辆仪表出现黑屏

第二节　照明、信号系统的检查与维护

一、车内各照明灯的检查与维护

车内照明灯是为了司乘人员在夜间上下车方便安全而在室内顶部安装的照明灯。

为了降低灯的厚度，车内照明灯的功率一般为 5 ～ 10W。为满足宽敞室内的照明要求，使用的灯泡的功率一般为 8 ～ 30W。

1. 车辆内部照明的结构

车辆内部照明的结构如图 4-7 所示。

（1）杂物箱灯。杂物箱灯位于杂物箱内，在杂物箱打开时点亮，提高杂物箱内的亮度。

（2）车门灯。车门灯位于车门外框靠下位置。车门打开时点亮，用于提醒后方

图 4-7　内部照明的结构

1—杂物箱灯；2—车门灯；3—前排阅读灯；4—后排阅读灯；5—后备厢灯

车辆。当车门打开时，门控开关接地电路接通，使车门灯点亮。

（3）阅读灯。阅读灯位于前排或后排上方，如图4-8所示。主要用于提高车内亮度来方便驾乘人员。按下开关，灯泡启亮，再次按下，灯泡熄灭。

"ON"——全时间内，保持阅读灯在点亮状态。

"OFF"——将阅读灯熄灭。

"DOOR"——任何一扇车门打开时，阅读灯发亮；所有的车门都关闭后，阅读灯熄灭。

（4）后备厢灯。后备厢灯位于后备厢门防磨板下方或后备厢内部一侧，如图4-9所示。只要打开后备厢门，灯就启亮，方便驾乘人员在晚间或光线不足的情况下存取物品。当后备厢门打开时，门控开关接地电路接通，使后备厢灯点亮。

图4-8　阅读灯及控制开关

图4-9　后备厢灯门控开关

2.安全及注意事项

（1）进入车内前铺好车内三件套。

（2）避免触摸灯泡或者让灯泡与任何潮湿的物品接触。当灯泡启亮时，沾到灯泡上的皮肤油脂或湿气都可能导致灯泡爆炸。如果灯泡与上述任一物质接触，用酒精或者适当的除油剂清洁并擦干灯泡。

3.操作过程（表4-4所示）

表4-4　检查车内照明灯的操作过程

序号	操作步骤	操作方法及说明	操作标准
1	检查阅读灯	（1）分别按下两个阅读灯开关，阅读灯应都能点亮； （2）将开关拨至ON位，阅读灯能点亮；关闭所有车门，将开关拨至DOOR位，阅读灯不亮；逐一打开各扇车门，阅读灯能点亮，关闭车门后，能延时熄灭	

序号	操作步骤	操作方法及说明	操作标准
2	更换阅读灯	拆卸 （1）断开蓄电池负极电缆。 （2）拆卸前阅读灯总成： a.使用专用工具轻撬前阅读灯总成后端，拆下前阅读灯总成；  b.断开前阅读灯总成线束连接器。 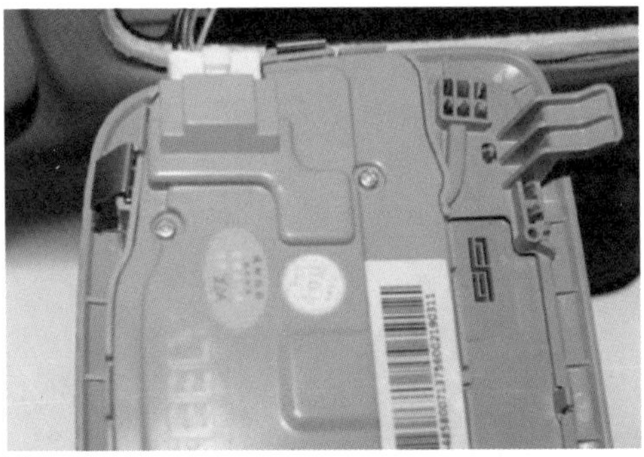 安装 （1）连接前阅读灯总成线束连接器。 （2）安装前阅读灯。 （3）连接蓄电池负极电缆	
3	检查车门灯	打开车门时，此灯应点亮。通过按压按钮检查车门灯	
4	更换车门灯	拆卸 （1）断开蓄电池负极电缆。 （2）拆卸车门内饰板。 （3）拆卸车门灯： a.断开车门灯线束连线器； b.取下车门灯灯座； 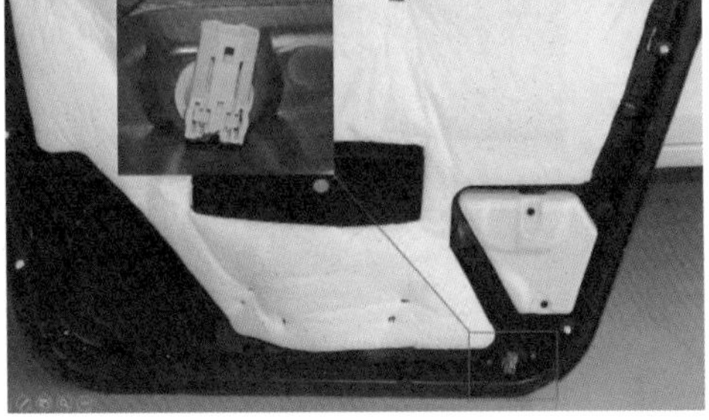	

序号	操作步骤	操作方法及说明	操作标准
4	更换车门灯	c. 拔出车门灯灯泡。  安装 （1）安装车门灯： a. 安装车门灯灯泡； b. 安装车门灯灯座； c. 连接车门灯线束连接器。 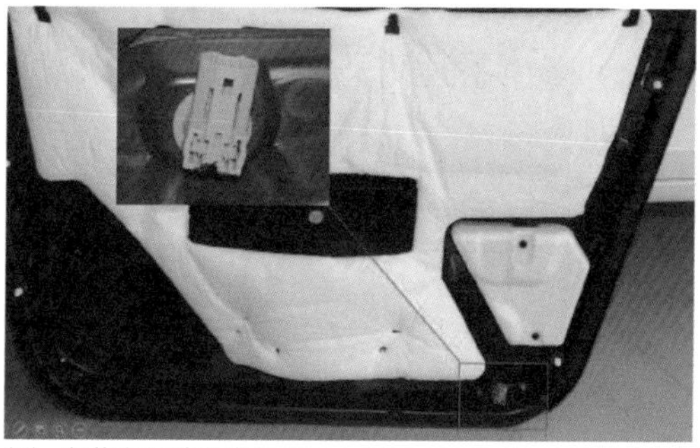 （2）安装车门内饰板。 （3）连接蓄电池负极电缆	
5	检查杂物箱灯	打开杂物箱时，此灯应点亮。通过按压按钮检查杂物箱灯	
6	更换杂物箱灯	拆卸 （1）断开蓄电池负极电缆。 （2）拆卸杂物箱灯： a. 按住杂物箱灯的卡舌，并取下杂物箱灯； 	

序号	操作步骤	操作方法及说明	操作标准
6	更换杂物箱灯	b.断开线束连接器；  c.按住杂物箱灯背面两侧的卡舌，并取下杂物箱灯罩； 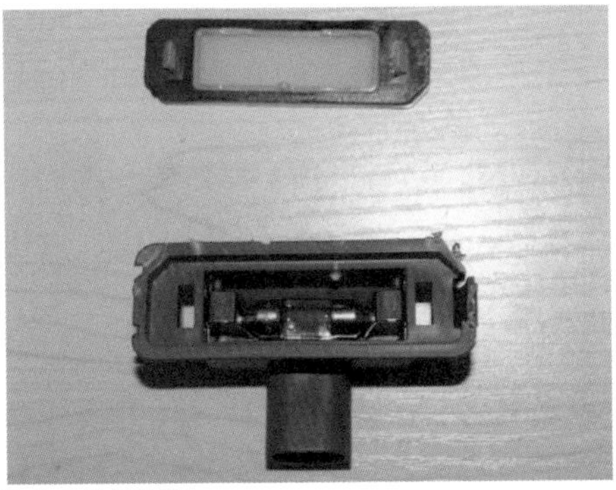 d.取出杂物箱灯泡。  安装 （1）安装杂物箱灯： a.安装杂物箱灯泡； b.安装杂物箱灯罩； 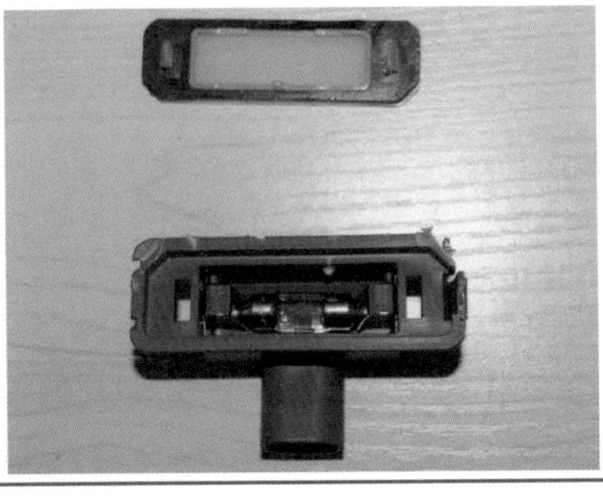	

序号	操作步骤	操作方法及说明	操作标准
6	更换杂物箱灯	c. 连接线束连接器；  d. 按入杂物箱灯。  （2）连接蓄电池负极电缆	
7	检查后备厢灯	打开后备厢时，此灯应点亮，通过按压按钮检查后备厢灯。按下时，后备厢灯应熄灭；不按时，应点亮	
8	更换后备厢灯	（1）断开蓄电池负极电缆。 （2）拆卸后备厢灯： a. 翻开后备厢灯罩；  b. 拆卸后备厢灯泡。 （3）安装后备厢灯： a. 安装后备厢灯泡； b. 扣上后备厢灯罩。 	

二、车外各照明及信号灯的检查

车外照明灯主要有前大灯（即前照灯）、前后雾灯、倒车灯、牌照灯等。

车外信号灯主要有示宽灯（小灯）、尾灯、转向灯、危险警告灯、制动灯等。

1. 外部照明的组成

外部照明，如图4-10所示。

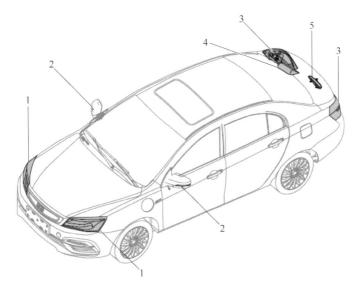

图4-10　汽车外部照明

1—前组合灯总成；2—侧转向灯总成；3—后组合灯总成；4—高位制动灯总成；5—牌照灯

前大灯主要有两种类型：反射式和投射式。

（1）反射式前大灯（如图4-11所示）。

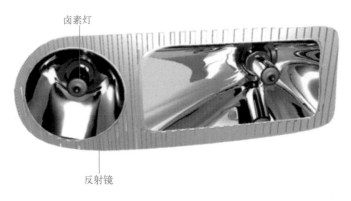

图4-11　反射式前大灯

反射式前大灯有两种：抛物线形前大灯和功能性多面前大灯。

抛物线形前大灯（如图4-12所示）应用时间最久，由一个反射镜和浮雕前大灯玻璃组成，以优化灯光分布。

功能性多面前大灯（如图4-13所示）靠近反射镜区域。实际上，整个反射镜的表面都可以用于照明。此类前大灯有透明的前大灯玻璃。

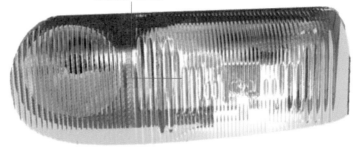

抛物线形前大灯

图 4-12　抛物线形前大灯

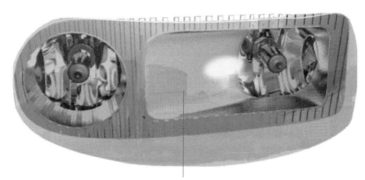

功能性多面前大灯

图 4-13　功能性多面前大灯

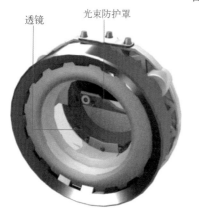

透镜　　光束防护罩

图 4-14　投射式前大灯

（2）投射式前大灯（图 4-14）的光输出量比反射式前大灯平均高约 8%。投射式前大灯的明／暗分离情况（近光灯线）也好于反射式前大灯，且占用空间更小。

投射式前大灯有两种：超椭球形前大灯（图 4-15）和椭球形前大灯（图 4-16）。超椭球形前大灯是椭球形前大灯的改良版，从外部很难分辨两者的区别，但是超椭球形前大灯经常与透明的前大灯玻璃结合使用。两者都有反射镜，反射镜的较低部分与配光镜分隔开。超椭球形前大灯的反射镜更大，因此光输出量也更高。

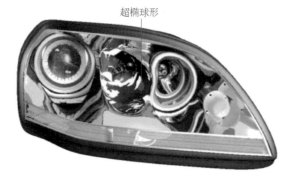

超椭球形

图 4-15　超椭球形前大灯

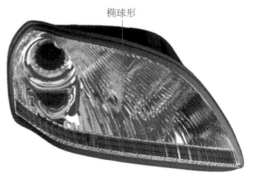

椭球形

图 4-16　椭球形前大灯

2.安全及注意事项

（1）进入车内前铺好车内三件套。

（2）拆卸灯泡时注意不要烫伤。避免触摸灯泡或者让灯泡与任何潮湿的物品接触。当灯泡启亮时，沾在灯泡上的皮肤油脂或湿气都可能导致灯泡爆炸，如果灯泡与上述任一物质接触，用酒精或者适当的除油剂清洁并擦干灯泡。

3.操作过程（表4-5所示）

表4-5　检查车外照明、信号灯的操作过程

序号	操作步骤	操作方法及说明	操作标准
1	灯光组合开关向上旋动至"1"挡，检查开关对应控制的灯光	将灯光组合开关向上旋动至"1"挡，检查示宽灯、仪表照明灯、尾灯、牌照灯是否亮起 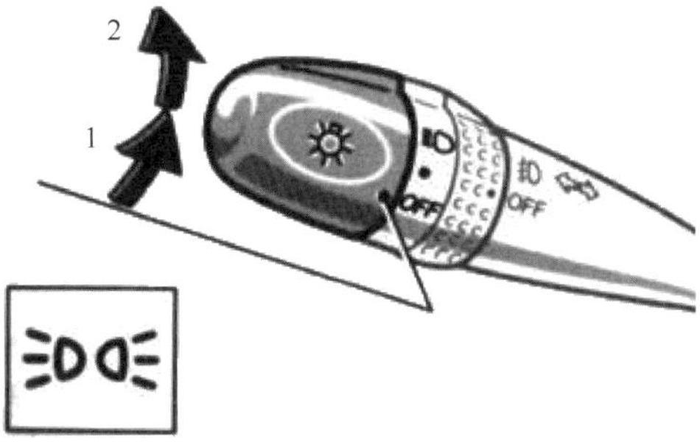	示宽灯、尾灯、牌照灯的检查应下车走至车外灯泡附近；仪表照明灯应坐在车内驾驶位检查
2	检查近光灯	将灯光组合开关向上旋动至"2"挡，检查近光灯是否亮起 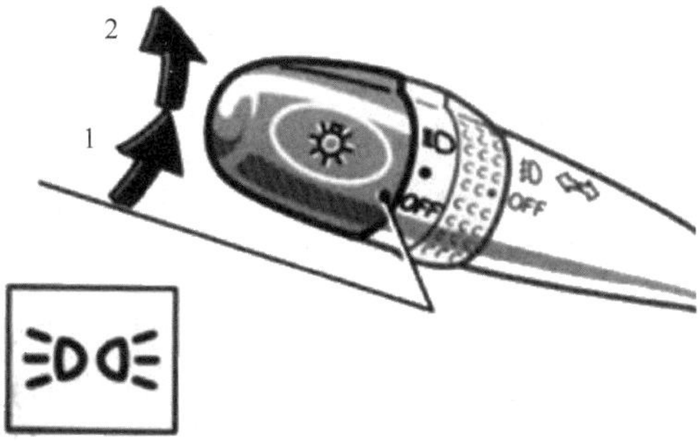	近光灯的检查应走到车辆前方，检查左右两边灯光亮度是否一致
3	检查远光灯	将灯光组合开关向上旋动两挡，近光灯及其指示灯应亮起；按位置"1"所示下压灯光组合开关，远光灯及其指示灯应亮起 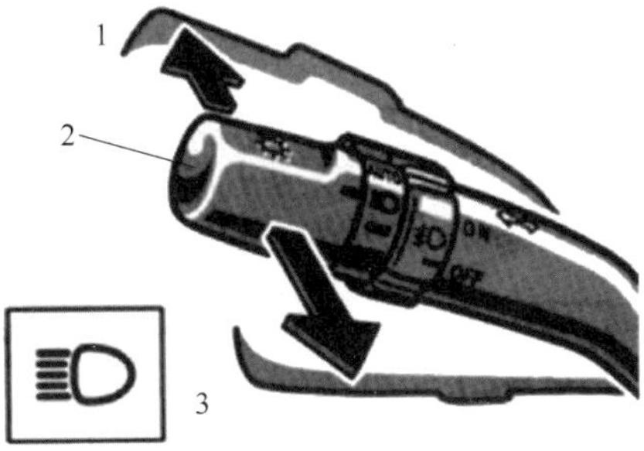	远光灯的检查应走到车辆前方，检查左右两边灯光是否亮起，亮度是否一致

序号	操作步骤	操作方法及说明	操作标准
4	检查前大灯变光器	如果在近光灯打开的情况下，按位置"3"所示上拉灯光组合开关，前大灯变光器应工作正常（远近光切换），仪表板上的指示灯也应点亮 	检查前大灯变光器需要另一个工作人员站在车辆前方，当车内工作人员在车内拨动、松开灯光组合开关时，车外工作人员需配合查看远近光是否正常切换
5	检查转向灯	将灯光组合开关向上或向下拨至位置"1"，则左右转向灯及仪表板上左右转向灯指示灯亮起；发出变换车道信号时，把杆向上或向下移动至位置"2" 	检查左、右转向灯需将相应开关打开，走到车外，检查前后及车侧相应转向灯是否点亮
6	检查危险警告灯	按下危险警告灯按钮，检查危险警告灯是否保持一定频率的闪烁 	检查危险警告灯时需走到车外，站在车辆前、后方观察
7	检查前后雾灯（如配备）	在小灯打开的情况下，将灯光组合开关内侧的雾灯旋钮向前旋一挡，则前雾灯及仪表板上前雾灯指示灯亮起；在前雾灯亮起的前提下，将灯光组合开关内侧的雾灯旋钮向前再旋一挡后放松，则后雾灯及仪表板上后雾灯指示灯亮起 	检查前后雾灯时需走到车外，站在车辆前、后方观察

序号	操作步骤	操作方法及说明	操作标准
8	制动灯	踩踏制动踏板时，制动灯及高位制动灯应亮起	检查制动灯需要另一位工作人员站在车辆后方，当车内工作人员在车内踩下制动踏板时，车外工作人员需配合查看制动灯及高位制动灯是否正常点亮
9	更换前大灯组合	拆卸 （1）断开蓄电池负极电缆。 （2）拆卸前保险杠。 （3）拆卸前大灯： a. 断开前大灯线束连接器； b. 拆卸前大灯4个固定螺栓，取下前大灯； c. 拧开前大灯后盖； 	转矩：5N·m

序号	操作步骤	操作方法及说明	操作标准
9	更换前大灯组合	d. 断开前大灯灯泡线束连接器；  e. 拆卸前大灯灯泡。  安装 （1）安装前大灯： a. 安装前大灯灯泡；  b. 连接前大灯灯泡线束连接器； 	转矩：5N·m

序号	操作步骤	操作方法及说明	操作标准
9	更换前大灯组合	c. 拧上前大灯灯泡罩盖； d. 安装前大灯总成及 4 个固定螺栓； e. 连接前大灯线束连接器。 （2）安装前保险杠； （3）连接蓄电池负极电缆； （4）若只对前大灯灯泡进行更换，可直接打开前组合灯饰盖进行更换	转矩：5N·m
10	检查牌照灯	打开前照灯开关，此时牌照灯应点亮	

序号	操作步骤	操作方法及说明	操作标准
11	更换后牌照灯	（1）断开蓄电池负极电缆。 （2）拆除后备厢侧内饰。 （3）拆卸逃生门开启手柄总成。 （4）拆卸后牌照灯： a. 断开牌照灯线束连线器； b. 按住牌照灯的卡舌，将牌照灯卸下； c. 拧出牌照灯灯泡。 安装 （1）安装后牌照灯： a. 安装牌照灯灯泡； b. 将牌照灯按入后备厢安装孔； c. 连接牌照灯线束连接器。 （2）安装逃生门开启手柄总成。 （3）安装后备厢内饰板。 （4）连接蓄电池负极电缆	

第三节　车身电器系统的检查与维护

一、喷水器的检查与维护

1. 喷水器

汽车上都会配有喷水装置，也就是喷水器。喷水器能很好地清除玻璃上的灰尘。

喷水器控制开关一般在转向盘的右侧，上拉一下控制杆，喷水器就会喷出少量的清洗剂，刮水器联动一次。当长时间上拉控制杆时，喷水器就会持续喷出清洗剂，刮水器也不停地进行刮拭，直到松开控制杆。

在使用喷水器时，点火开关应打到 ON 挡位，在结冰的天气使用前，先用除霜功能对玻璃进行加温，可以防止清洗剂冻在玻璃上而影响视线。如图 4-17 所示为喷水器控制开关。

2. 维护项目

（1）液位检查：检查储液罐里的清洗剂液位是否正常。

（2）功能检查：检查喷水器喷射功能是否正常，喷射压力是否正常。

（3）喷射位置检查：检查清洗剂的喷射位置是否在刮水器的工作区域内，大致在刮水器的刮水范围中间，必要时需要进行调整。如图 4-18 所示为喷射压力及位置。

喷射位置调整方法：在喷嘴内插入一根与喷水器喷孔相匹配的钢丝，以便调整喷洒方向。

图 4-17　喷水器控制开关

图 4-18　喷射压力及位置

3. 安全及注意事项

（1）检查前及时放置好车轮挡块，防止检查过程中车辆发生移位；

（2）检查车辆的稳定性，防止意外掉落；

（3）注意打开前机舱盖时要支撑好，防止意外落下；

（4）检查完成后及时做好工具及场地 5S 管理工作。

4. 操作过程（表 4-6 所示）

表 4-6　检查喷水器的操作过程

序号	操作步骤	操作方法及说明	操作标准
1	作业准备	（1）场地进行安全设置； 	符合安全规范要求

序号	操作步骤	操作方法及说明	操作标准
1	作业准备	(2) 个人进行安全防护 	符合安全规范要求
2	车辆预检	(1) 检查低压蓄电池电压； 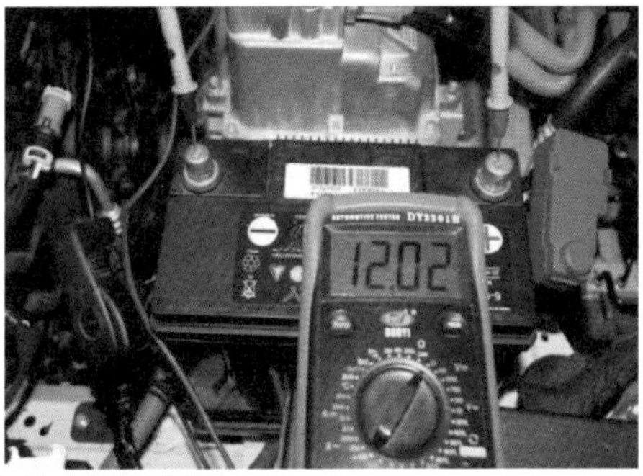 (2) 检查清洗剂液位  	目视检查清洗剂液位正常； 低压蓄电池电压不低于12V
3	检查喷水器功能	(1) 收起翼子板布和前格栅布，并关闭前机舱盖； (2) 启动车辆； (3) 上拉一下喷水器控制杆，检查清洗剂喷出是否正常；  	

序号	操作步骤	操作方法及说明	操作标准
3	检查喷水器功能	（4）检查刮水器联动功能是否正常 	
4	检查喷水器喷射位置	检查喷射位置是否在刮水器的工作区域内 	
5	车辆复位	（1）取下车内、外防护用品； （2）取下车轮挡块； （3）清洁车身	

二、刮水器的检查与维护

1. 刮水器

为了清除玻璃上的细小污物或在下雨天保持良好的视野，在汽车上都会配有刮水器。为了防止划破玻璃和损坏刮水条，在使用刮水器前，要喷射清洗剂或者确保玻璃表面浸湿。

为了适应不同的天气状况，刮水器有不同的挡位可供选用。如图4-19所示为刮水器开关。

- 位置"1"是间歇挡（INT），刮水器低速间歇模式，有些车辆间歇时间可以调节。
- 位置"2"是低速挡（LO），刮水器低速连续工作。
- 位置"3"高速挡（HI），刮水器高速连续工作。
- 位置"4"是除雾挡（MIST），把控制杆上推，刮水器点动工作一次。

在刮水器工作时，点火开关应打到ON挡位，玻璃在干燥的状态时，不能开启刮水器开关。

2. 维护项目

（1）功能检查：检查刮水器在各挡位下工作是否正常。

（2）刮水器状况检查：检查刮水器在各挡位下的刮水效果，不得有条纹式水痕或者刮拭不彻底的现象。

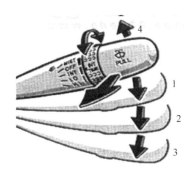

图 4-19   刮水器开关

（3）回位功能检查：当刮水器开关关闭时，检查刮片是否停止在最下位置，如图 4-20 所示为刮水器停止位置。

图 4-20   刮水器停止位置

3. 安全及注意事项

（1）检查前及时放置好车轮挡块，防止检查过程中车辆发生移位；

（2）检查刮水器时应多注意，不要损坏前窗玻璃；

（3）检查刮水器时注意前窗玻璃上有无异物；

（4）检查完成后及时做好工具及场地 5S 管理工作。

4. 操作过程（表 4-7 所示）

表 4-7   检查刮水器的操作过程

序号	操作步骤	操作方法及说明	操作标准
1	作业准备	（1）场地进行安全设置； 	符合安全规范要求

序号	操作步骤	操作方法及说明	操作标准
1	作业准备	（2）个人进行安全防护  	符合安全规范要求
2	安装车内防护	（1）安装座椅套； （2）安装转向盘套； （3）铺地板垫  	地板垫正面朝上
3	安装车外防护与预检	（1）降下驾驶员侧侧窗玻璃； （2）拉动前机舱盖释放把手，打开前机舱盖； （3）安装翼子板布； （4）安装前格栅布； （5）进行车辆预检  	
4	检查刮水器各挡功能	（1）取下车外防护，关闭前机舱盖； （2）启动车辆； （3）检查间歇挡是否正常； （4）检查低速挡是否正常； （5）检查高速挡是否正常； （6）检查除雾挡是否正常	刮水器启动前必须喷射清洗剂一次，喷射时间不低于2s

序号	操作步骤	操作方法及说明	操作标准
4	检查刮水器各挡功能	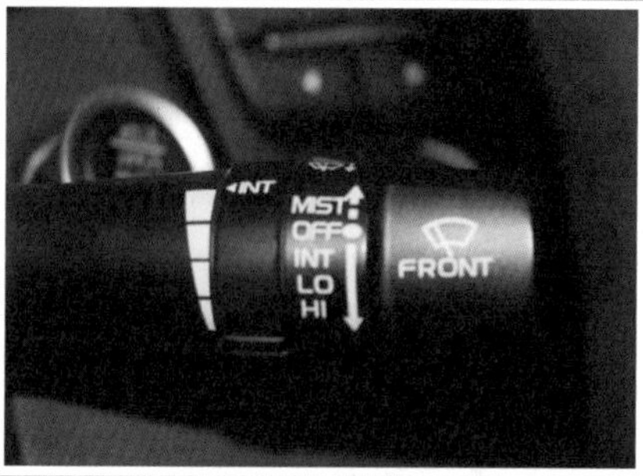	刮水器启动前必须喷射清洗剂一次，喷射时间不低于2s
5	检查刮水器刮拭效果	检查刮水器在各挡位下的刮水效果是否良好 	玻璃表面没有大颗粒水珠
6	检查刮水器回位功能	（1）关闭刮水器； （2）检查刮片是否停止在最下位置  	刮水器停止在初始位置
7	车辆复位	（1）取下车内、外防护用品； （2）取下车轮挡块； （3）清洁车身	

第四节　中控、防盗系统的检查与维护

一、中控门锁、儿童锁功能的检查

1. 中控门锁系统的组成

中控门锁是为了使汽车使用方便和安全，对 4 个车门的锁闭和开启实行集中控制。工作原理是将电能转换为机械能，用电动机带动齿轮转动来开关车门。

中控门锁系统主要包括前机舱锁、后备厢锁、前门锁和后门锁组成，如图 4-21 所示。

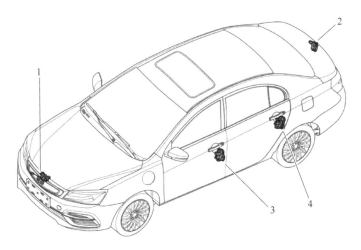

图 4-21　中控门锁系统

1—前机舱锁；2—后备厢锁；3—前门锁；4—后门锁

2. 中控门锁系统的基本工作原理

门锁主要由电机、微动开关、壳体、拉杆等组成。乘客侧门锁内有一台电机，一个微动开关。电机工作电压为 9 ～ 16V，工作电流 ≤ 2A，堵转电流为 3A。微动开关反映车门是否开启（图 4-22）。驾驶员侧门锁在乘客侧门锁基础上增加 2 个微动开关，一个反映左前门锁状态信号，一个反映机械锁芯状态信号。系统设有两个门锁开关，一个设置在驾驶员侧门锁内，另一个位于驾驶员侧车门中控开关内。两个门锁开关的上锁信号共同输入到车身控制模块（BCM）同一个输入端子，但解锁信号却是分别输入的。驾驶员车门钥匙锁芯只能单独解锁车门，但可以锁止所有车门。

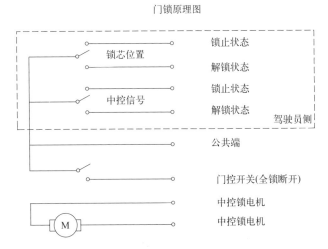

图 4-22　门锁系统原理图

当 BCM 接收到开关上锁输入信号或者满足自动落锁条件时，从 BCM 的上锁输出端输出电源，控制车门门锁的电机执行上锁操作。当 BCM 接收到开关解锁输入信号或者满足自动解锁条件时，从 BCM 的解锁输出端输出电源，控制四个车门外加后备厢门门锁的电机执行解锁操作。后备厢门可通过操作后备厢门开关并通过无钥匙进入模块与 BCM 信号控制，以进行单独开启。

3.中控门锁系统的控制策略

电动门锁利用了每个门锁总成内的一个电磁阀。门锁只能由驾驶员侧车门开关或驾驶员侧车门上的锁芯开关来（遥控钥匙操作）操纵。当用遥控钥匙或驾驶员侧车门锁芯锁止或解锁驾驶员侧车门时，所有车门应该上锁或解锁（驾驶员锁芯只能解锁驾驶员车门）。

优先级：

• 当几个信号同时有效时，碰撞解锁＞前门钥匙开关信号＞遥控信号＞中控门锁＞自动解锁与自动闭锁功能。

• 当上述信号一个有效，并正在执行相应动作时，另一个信号在此时发生，则会被忽略。但当有碰撞解锁信号发生时，BCM立即执行碰撞解锁动作。

4.儿童锁的基本功能

汽车儿童安全锁，是为了防止儿童在车辆上意外地打开车门造成对儿童的伤害而设置的

一个装置。儿童锁一般在两个后门上，当儿童锁功能打开时，车辆后门从里面是打不开的，但在外面却能打开，当儿童锁功能关闭时，在里面和外面都能打开车辆。这个功能在车辆高速行驶时尤为必要，如果儿童意外打开车门，后果不堪设想，现在的汽车一般都有这个功能。

如图4-23所示，儿童安全锁开关位于后门外侧边缘，按图示将机械钥匙插入儿童安全锁并向左转动，此时儿童安全锁处于"Lock"位置，车门从车内无法打开，只能从

图4-23　儿童锁

车外开启，以保护儿童乘车安全。为了安全起见，在设置好儿童安全锁后，一定要测试一下从车内是否能够打开车门，以确保儿童安全锁工作正常。

5.操作过程（表4-8所示）

表4-8　检查汽车门锁的操作过程

序号	操作步骤	操作方法及说明	操作标准
1	作业准备	（1）场地进行安全设置；　　　　安全保密　良信成功	符合安全规范要求

序号	操作步骤	操作方法及说明	操作标准
1	作业准备	（2）个人进行安全防护 	符合安全规范要求
2	检查遥控钥匙开锁／闭锁功能	（1）遥控钥匙按下开锁，四门锁打开； （2）遥控钥匙按下闭锁，四门锁闭锁； （3）后备厢可以被遥控器开启或开关开启。在车速达到 5km/h 以上时，后备厢开启功能禁止	
3	检查自动落锁功能	（1）启动开关，电源模式置于 ON 状态，车速连续 3s 以上大于 10km/h 后，四车门锁会自动落锁； （2）后备厢在关闭 1.5s 后，会自动落锁； （3）遥控器解锁 15s，四车门、后备厢任一未被打开，车门会自动重锁。车内灯关闭，系统进入布警状态	
4	检查自动解锁功能	在门锁上锁状态，电源模式置于 OFF 状态时，四车门自动开锁。电源模式在任何状态下，按下后备厢遥控解锁按键超过 2s，后备厢锁解锁	
5	检查中央门锁控制功能	（1）启动开关使电源模式置于 OFF 状态，按压一次中控上的解锁键，四门解锁，转向灯闪烁三次确认，车内灯渐亮，位置灯点亮。启动开关，电源模式置于 OFF 状态，按下中控上的闭锁键一次，车辆锁四门，转向灯闪烁确认，车内灯渐灭，位置灯熄灭； 	

序号	操作步骤	操作方法及说明	操作标准
5	检查中央门锁控制功能	(2) 按下车内闭锁键，车辆四门锁闭锁。电源模式不在 ON 或在 ON 且车速小于 15km/h 时，如果中央门控开关按至解锁位置，则 BCM 驱动四门解锁。当车速大于 15km/h 时，中控解锁命令被禁止。电源模式置于 ON 状态时，除解除报警操作和后备厢解锁以外的任何遥控命令都不会被执行	
6	检查儿童锁功能	(1) 当儿童锁打开时，从车内无法打开后排车门；  (2) 当儿童锁关闭时，车门打开正常	
7	车辆复位	(1) 取下车内、外防护用品； (2) 取下车轮挡块； (3) 清洁车身	在操作过程中要体现 5S 理念

二、遥控钥匙的检查

汽车遥控钥匙是利用中控锁的无线遥控功能，不用把钥匙插入锁孔中就可以远距离开门和锁门的钥匙。

纽扣电池是指外形尺寸像一颗小纽扣的电池，一般来说直径较大，厚度较薄。纽扣电池是根据外形来区分的，对应的电池分类有柱状电池、方形电池、异形电池。

1. 汽车钥匙基本工作原理

（1）传统机械钥匙

如图 4-24 所示，这种车钥匙一般出现在普通车辆上，在开锁的过程中，通过车身的射频收发器验证钥匙是否匹配来决定车辆是否可以安全发动引擎。另外，在遥控钥匙没电的情况下，这种方式是最基础的电子防盗，在钥匙没电的特殊情况下汽车仍能正常发动。

（2）遥控钥匙进入

如图 4-25 所示，原理是通过 BCM 和车门控制模块来控制车门，只需按下钥匙按键发送

图 4-24　机械钥匙　　　　　　　　　　图 4-25　遥控钥匙

开锁/闭锁命令。以奥迪为例，车钥匙发出特高频（UHF）信号，由 BCM 内置的 R47 天线直接截获并编译给车门电脑，车门电脑得到信号后将控制命令传递到车门锁模块完成解锁。

（3）无钥匙进入

如图 4-26 所示，当车主进入钥匙系统的感应区域内，只要手触及车门把手，其携带的身份识别钥匙就会接收到汽车发送的低频信号，如果这个信号与钥匙中保存的身份识别信息一致，钥匙将被唤醒。钥匙被唤醒后将分析汽车发出的认证口令，并发送相应信号，这些信号经过加密处理，以提高安全性。汽车会对接收信号和汽车内部保存的信息进行比较，如果验证通过，会告知钥匙可以发出 UHF 命令，最终被 BCM 截获，BCM 会将命令传达到车门电脑，车门电脑控制门锁将汽车车门打开，与此同时，转向柱电脑也会将转向系统解

图 4-26　无钥匙进入

锁。一旦驾驶员进入车内，只需简单地按一下启动键，汽车发动机就会启动。

启动按键触发时无钥匙进入（PKE）系统首先需要检测钥匙设备是否在车内，然后完成同样的认证过程后才会启动发动机。当驾驶员离开汽车，只需按一下门把手，汽车门就会上锁，汽车在真正锁定之前，同样要检测驾驶员的位置，并经过同样的验证过程。

2. 汽车钥匙亏电时的表现

（1）遥控距离变近。遥控钥匙通常可以在离汽车 20m 以上的距离遥控车辆，如果遥控距离缩短到 10m 以内，则说明遥控钥匙电池亏电，从而导致可操控的信号距离变短。

（2）钥匙上指示灯变暗或不闪烁。新遥控钥匙按下按键时，上面的指示灯会很亮，如果钥匙上的指示灯越来越暗，则说明电量不足。

（3）按键偶尔会失灵。原来按一下就能打开车门，现在需要按好几下才能打开，这也说明该更换电池了。

（4）仪表盘提示遥控钥匙电量低。在一些车辆中，配备有遥控钥匙电量提示的功能。当汽车自身检测到遥控钥匙信号变弱时，会在汽车的仪表盘中智能显示遥控钥匙电量低的信息，从而提示车主更换电池。

3. 操作过程（表 4-9 所示）

表 4-9　检查汽车钥匙的操作过程

序号	操作步骤	操作方法及说明	操作标准
1	作业准备	（1）场地进行安全设置；	符合安全规范要求

序号	操作步骤	操作方法及说明	操作标准
1	作业准备	(2) 个人进行安全防护 	符合安全规范要求
2	读取故障码	(1) 操纵启动开关使电源模式至 ON 状态； (2) 连接故障诊断仪读取故障码； (3) 确认系统是否存在故障码 	优先排除故障码指示故障
3	检查智能钥匙电池电压	(1) 操纵启动开关使电源模式至 OFF 状态； (2) 打开智能钥匙后盖，取出电池； (3) 用万用表测量电池电压； (4) 确认测量值是否符合标准 	标准电压：$2.17 \sim 3.6V$ 遥控器电池型号： 3V，CR2025

序号	操作步骤	操作方法及说明	操作标准
4	更换智能钥匙电池	(1) 更换智能钥匙电池，注意电池正极朝下； (2) 确认智能钥匙遥控功能正常	
5	车辆复位	(1) 取下车内、外防护用品； (2) 取下车轮挡块； (3) 清洁车身	在操作过程中要体现 5S 理念

三、前机舱锁、微动开关、车门把手传感器的检查

1. 前机舱锁

前机舱锁是对前机舱盖锁止的部件，如图 4-27 所示。

现在的汽车前机舱锁有微动开关，其作用是将前机舱盖的锁止情况反馈至仪表，如果出现前机舱盖未关闭的现象，则会在仪表上显示。

2. 微动开关

微动开关是具有微小接点间隔和快动机构，用规定的行程和规定的力进行开关动作的接点机构，用外壳覆盖，其外部有驱动杆的一种开关，因为其开关的触点间距比较小，故名微动开关，又叫微开开关。汽车上微动开关主要是针对车门、后备厢、前机舱盖等车辆上易忘记关闭的部件增加的一个反馈装置。它可以将未关闭的部件及时通过仪表反馈给驾驶员，防止意外的发生。

3. 车门把手传感器

现在无钥匙进入系统已经成了很多车辆的标准配置了，而对于无钥匙进入的车辆来说，车门把手传感器是必不可少的。车门把手传感器是由汽车无钥匙进入系统中实现身份识别功能和发送请求信号的一组传感器组合而成，主要是配合钥匙进行身份识别，从而使 ECU 控制车门打开或者关闭，如图 4-28 所示。

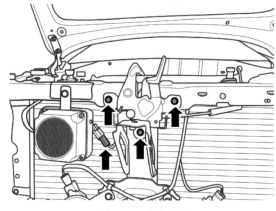

图 4-27　前机舱锁

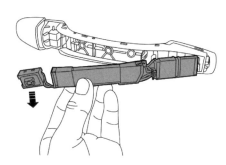

图 4-28　车门把手传感器

4. 操作过程（表4-10所示）

表4-10 检查前机舱锁、微动开关、车门把手传感器的操作过程

序号	操作步骤	操作方法及说明	操作标准
1	作业准备	（1）场地进行安全设置； （2）个人进行安全防护 	符合安全规范要求
2	检查前机舱锁功能	（1）拉动车内带有此符号的前机舱盖释放把手，其位于车内驾驶员侧仪表板下方； （2）将位于散热器格栅中间位置的前机舱盖锁安全护钩手柄向上推动，使其分离； 	

序号	操作步骤	操作方法及说明	操作标准
2	检查前机舱锁功能	（3）取下前机舱盖支承杆，支承前机舱盖； （4）检查仪表上前机舱盖指示灯是否亮起； （5）将前机舱盖支承杆放入固定槽内。放下前机舱盖，然后用双手的手掌均匀地按住散热器格栅处的前机舱盖，用力向下按，直到听到一声"咔嗒"声响，表示前机舱盖已关闭。关闭前机舱盖后，通过尝试提起前机舱盖来验证其是否被完全锁止； （6）检查仪表上前机舱盖指示灯是否熄灭	
3	检查车门微动开关	（1）打开车门，观察该车门在仪表盘上指示灯是否亮起； （2）关闭车门，观察该车门在仪表盘上指示灯是否熄灭 	
4	检查车门把手传感器	（1）在车辆周边1.6m范围内有匹配的遥控器存在，直接拉动两前车门外把手，车门应会解锁并开启； （2）离车关门时，用拇指轻触驾驶员侧或者前排乘员侧车门把手上的传感器区域，应让四扇车门上锁 	
5	车辆复位	（1）取下车内、外防护用品； （2）取下车轮挡块； （3）清洁车身； （4）安全防护复位	在操作过程中要体现5S理念

第五节 门窗系统的检查与维护

一、天窗总成的检查与维护

天窗（图4-29）开启的形式分为水平开启和倾斜开启，水平开启是最常见的状态，主要用于为车内排出热空气、低速换气；天窗倾斜开启，除雾效果非常好，主要用于高速行车中换气，天窗倾斜开启噪声相比水平开启要降低50%左右。

带天窗的车型，是设计了排水系统的，雨水可以通过排水孔排出。

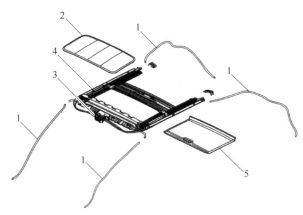

图4-29 天窗结构
1—天窗导水管；2—天窗玻璃；3—天窗电机；
4—天窗骨架；5—遮阳板

1.汽车天窗的结构及功能

（1）手动操作。电动天窗由位于前排阅读灯区域的天窗开关操作。当把天窗开关按至某一位置时，将发送信息至天窗控制模块，控制模块将控制电机执行相应运转，以将天窗玻璃滑至请求的位置。维持按键40～500ms，玻璃将一直移动，直到按键释放。

（2）快速操作。快速操作模式允许天窗自动开启或关闭，而不需要一直保持开关按下，此功能在开关信号超过500ms时激活，并且此模式在滑动和翻转操作中都可以用。

（3）翻转操作（Over-Flap）。此功能只在翻转模式下才能启动。当玻璃到达（越过）完全关闭位置时，停止在翻转位置，然后会反向移动到完全关闭位置，完成翻转操作。

（4）软停止。当玻璃滑动打开时，将停在位于完全打开位置之前的一个预设的位置，此预设位置用来减少风振。当玻璃停在此位置时，使用者可以继续通过天窗开关操纵天窗至完全打开。

（5）防夹功能。当关闭天窗受到阻碍时，天窗将返回距离正常关闭位置200mm处，此功能在快速滑动关闭和翻转时才有效。

（6）初始化。当天窗的初始位置失效时，可以通过初始化设置来执行。在完全翻转位置时，按住翻转开关超过5s，天窗将执行初始化操作。

（7）睡眠模式。当天窗电机停止转动30s后，并且没有打开或关闭操作时，天窗将进入休眠模式以减少电能的消耗。当按下打开或关闭天窗开关时，天窗将自动被唤醒。

2.汽车天窗的类型

汽车天窗可大致分为：内藏式、外掀式、全景式等。主要安装于商用SUV、轿车等车型上。

内藏式天窗，指的是滑动总成置于内饰与车顶之间的天窗。其优点是天窗开口大，外形简洁美观。大部分轿车多采用内藏式天窗。但是如果是加装，这种内藏式天窗价钱就相对较高，而且因为要将车顶内饰重新做一遍，所以要求的施工技术也很高。

外掀式天窗，具有体积小、结构简单的优点，还有汽车天窗安装于车顶，能够有效地使车内空气流通，增加新鲜空气的进入，为驾乘人员带来健康、舒适的享受。

3. 汽车天窗的功用

（1）改变传统换气方式。汽车行驶时，空气分别从车的四周快速流过，当天窗打开时，车的外表面就形成一片负压区，由于车内外气压的不同，就能将车内污浊的空气抽出，达到换气的目的，让车厢内始终保持清新的空气。

（2）迅速除去车内雾气。行车过程中如果侧窗紧闭，就会增大车内外温差，前窗玻璃容易形成雾气，驾车者只需要打开车顶天窗至后翘通风位置，空气流动能平衡车内外温度，可轻易消除前窗玻璃的雾气，保证行车安全。

（3）快速降温节约能源。夏季，汽车在室外暴晒，车内温度可轻易达到70℃，这时驾驶车辆的话，打开天窗，利用车辆行驶过程中车顶形成的负压抽出燥热的空气就可达到快速换气降温的目的，使用这种方法比使用汽车空调降温的速度快2～3倍。

4. 天窗的使用和保养

（1）天窗采用橡胶密封圈进行密封，在使用过程中要注意密封圈的防尘，尤其是在冬季或者经历过长途行驶之后，一定要经常用除尘掸进行清洁。另外一定要注意不能在天窗有冰冻的情况下强行开启天窗，这样会损坏天窗的电机。在风沙较大的季节，需每隔两个月用海绵清洁密封圈。

（2）车辆长期停放或天窗长期不使用，可用细细的滑石粉或胶条专用的润滑剂涂抹天窗周围的胶条，天窗周围使用的是绒质的材料，只要用清水和干净的布擦拭即可。

（3）使用高压水枪洗车时，不要直接将水柱对准天窗周围的密封圈喷，避免密封圈在高压水柱的喷压下变形，否则日子久了车内容易进水。

5. 操作过程（表4-11所示）

表4-11　检查汽车天窗的操作过程

序号	操作步骤	操作方法及说明	操作标准
1	天窗检查	（1）启动车辆，进行天窗工作状态检查； 	

序号	操作步骤	操作方法及说明	操作标准
1	天窗检查	（2）天窗一键开启，一键关闭； （3）检查天窗玻璃、天窗导轨、天窗遮阳帘 	
2	天窗维护	（1）清洁排水槽； （2）检查天窗排水孔，防止积水渗漏； （3）天窗轨道润滑。 注意：均匀涂抹润滑脂，让润滑脂在轨道内充分地润滑	

二、后视镜总成的检查与维护

1. 后视镜的结构及功用

车辆行驶过程中，驾驶人员能够利用电动机实现后视镜角度的相应调节。后视镜主要组成部分为调节开关、电机和传动及执行机构等。同时，很多后视镜有除雾功能，具备相应加热装置。图4-30所示为汽车后视镜。

后视镜系统工作原理：车辆驾驶人员基于路况实际需求，对后视镜的调节开关进行相应控制，当接通后视镜的调节电机电路之后，完成后视镜的上下和左右调节。电机为双向直流电机，一旦流经电路的电流方向为反向，那么电机会反向运转，以此实现后视镜调节控制。为了驾驶员

图4-30　汽车后视镜

操作方便，防止行车安全事故的发生，保障人身安全，各国均规定汽车上必须安装后视镜，且所有后视镜都必须能调整方向。

后视镜的功用：汽车行驶过程中，车辆后视镜有利于驾驶人员观察本车后方及两侧大体路况，对驾驶人员的人身安全及驻车安全等方面均有着十分重要的作用。当前的后视镜很多为电动式，优点十分明显。其一为驾驶人员能够在车辆内部利用按钮实现后视镜角度的调节，从而获取良好视域；其二是驾驶人员在调节后视镜过程中不会因为距离较远而难以操作；其三为驾驶人员倒车过程中，利用调节功能可以使后视镜向下翻，方便观察车辆自身和路边之间距离，防止出现剐蹭等情况；其四是当前的汽车后视镜大多为伸缩形式，且具有位置记忆的功能，有利于行车记录。

2. 汽车后视镜的分类

汽车后视镜按照布置形式一般分为三类：

（1）内后视镜：内后视镜是不用幅度太大地变换驾驶中向前的视线即可确认后方情景的镜子。

（2）外后视镜：乘用车一般将外后视镜装在车门上。

（3）下视镜：可以使司机在驾驶座上正前方的镜子内看到汽车车身下的前后轮以外的地方，可以使司机在倒车和前进时看到前后轮及车身旁是否有人或障碍物，以免伤人、伤物和损坏车辆，给司机以方便和安全。

汽车后视镜按照功能可分为：

（1）防炫目后视镜：该后视镜主要特点为后方车辆前照灯射在前车后视镜时，前车驾驶人员不会感到晃眼，可有效防止炫目，避免车辆出现事故，提高驾驶安全性。

（2）带警告灯后视镜：该后视镜能够对邻近车道与车辆后方范围进行连续性监控，一旦识别到某处有移动物接近，同时有可能会对驾驶人员变道及并线造成威胁时，该后视镜警告灯会点亮，提醒驾驶人员有行驶风险。

（3）带有显示屏后视镜：该后视镜系统可以将后视摄像头拍摄到的影像展示在后视镜小屏幕界面上，帮助驾驶人员安全倒车和正常行驶。

（4）带有开关总成后视镜：该后视镜系统按钮总成的安装位置在车内后视镜上，共包含3个按钮、1个LED指示灯。在系统正常开启并运行过程中，指示灯为绿色；假设系统正处

在呼叫状态，那么指示灯为绿色同时闪烁；假设系统出现故障，那么指示灯会变为红色；假设系统出现故障，但是还能够呼叫，则呼叫时指示灯为红色闪烁状态。

3.后视镜的调整检查

（1）车内后视镜：远方的地平线置于中线位置，右耳的影像刚好在镜面左缘；

（2）左后视镜：地平线置于中线位置，车身边缘占据镜面影像的1/4；

（3）右后视镜：地平线置于2/3位置，车身边缘占据镜面影像的1/4。

调整后视镜前要先调整好座椅和转向盘。调节的最终目标是三个后视镜配合，尽量减小后方视野的盲区。

4.操作过程（表4-12所示）

表4-12　检查汽车后视镜的操作过程

序号	操作步骤	操作方法及说明	操作标准
1	作业准备	（1）场地进行安全设置； （2）个人进行安全防护 	符合安全规范要求
2	后视镜外观检查	检查后视镜的外观 	外观无划伤

序号	操作步骤	操作方法及说明	操作标准
2	后视镜外观检查		外观无划伤
3	后视镜功能检查	(1) 检查后视镜调节功能；  (2) 检查后视镜除雾功能；  (3) 检查后视镜折叠功能  	上下左右方向调节可用； 后视镜镜面加热丝工作正常，有温差； 后视镜可以折叠，转向不卡滞
4	车辆复位	(1) 取下车内、外防护用品； (2) 车辆复位，清洁车身； (3) 清洁并整理工具； (4) 安全防护复位	在操作过程中要体现5S理念

三、车辆各玻璃升降功能的检查

1.玻璃升降器相关结构

玻璃升降器（图4-31）是在需要时可以从车内升降玻璃的装置，过去的汽车需要人转动手柄来操纵玻璃升降器运动，如今汽车玻璃升降器都是电动的。

电动车窗系统由车窗、玻璃升降器、电动机、继电器、开关等装置组成。一般电动车窗系统都装有两套控制开关，一套装在仪表板或驾驶员侧车门扶手上，为主开关，由驾驶员控制每个车窗的升降；另一套分别装在每一个乘客门上，为分开关，可由乘客操纵控制单个车窗的升降。一般在主开关上还装有断路开关，如果它断开，分开关就不起作用。

玻璃升降器具有以下四种操作方式：手动上升、手动下降、自动上升、自动下降。没有防夹功能的升降器具有以下三种操作方式：手动上升、自动下降、手动下降。

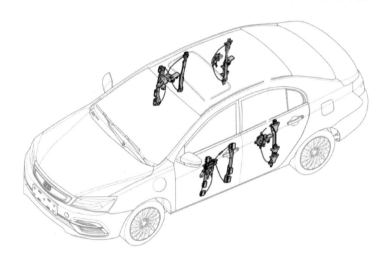

图4-31　玻璃升降器

2.防夹功能

现在车辆基本全部配备了电动车窗，由于电动车窗上升速度很快，容易夹伤乘客，所以车窗防夹功能是一项注重安全的配置。电动车窗玻璃在关闭时，遇到阻力后会自动停止，或者改变玻璃上升行程为下降行程，从而防止夹伤，实现防夹功能。

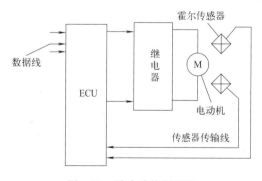

图4-32　防夹功能原理图

所谓防夹电动车窗，如图4-32所示，就是加装一组电流感应器，由霍尔传感器时刻检测着电动机的转速，当电动车窗升起时，一旦电动机转速减缓，霍尔传感器检测到转速有变化就会向ECU报告信息。ECU向继电器发出指令，电路会让电流反向，使电动机停转或反转（下降），于是车窗也就停止移动或开始下降，因此具有一定的防夹功能。

3. 操作过程（表4-13所示）

表4-13　检查玻璃升降器的操作过程

序号	操作步骤	操作方法及说明	操作标准
1	作业准备	（1）场地进行安全设置； （2）个人进行安全防护 	符合安全规范要求
2	上升下降功能检测	（1）手动上升。轻拉玻璃升降器开关的上升挡位，并保持不放，相对应的玻璃升降器电机运动，使车窗玻璃上升；释放开关，车窗玻璃停止运动。 （2）手动下降。轻按玻璃升降器开关的下降挡位，并保持不放，相对应的玻璃升降器电机运动，使车窗玻璃下降；释放开关，车窗玻璃停止运动。 （3）自动上升。完全上拉左前车门玻璃升降器开关（上拉保持时间大于500ms），左前车窗自动上升至最高位置，或一直上升到再次按下或上拉开关为止，其余车窗的操作与之相同。	（1）车窗自动上升或下降期间，如果上拉或按下玻璃升降器开关超过500ms并保持操作，车窗将改为手动上升或下降模式；如果按下左前门玻璃升降器开关上升或下降键不超过500ms，车窗将停止运行。

序号	操作步骤	操作方法及说明	操作标准
2	上升下降功能检测	（4）自动下降。完全按下左前车门玻璃升降器开关（按下保持时间大于 500ms），左前车窗自动下降至底部，或一直下降到再次按下或上拉开关为止，其余车窗的操作与之相同	（2）满足以下任一条件时车窗升降功能被屏蔽： a. 启动开关关闭 45s 后； b. 启动开关关闭 45s 内，任一前门开启
3	防夹功能检测	防夹系统在车窗所有裸露边缘和车窗密封之间的采光口 4 ~ 200mm 内工作。车窗防夹的要求：已初始化的车窗在自动上升过程中，在顶部任何位置遇到 4mm 的检具都应防夹，反向运动的防夹力不得超出 100N	防夹系统满足 2000/4/EC 指定的防夹力，使用防夹系统规定玻璃
4	车辆复位	（1）取下车内、外防护用品； （2）车辆复位，清洁车身； （3）清洁并整理工具； （4）安全防护复位	在操作过程中要体现 5S 理念

第六节　车身系统的检查与维护

一、车门、前机舱盖、后备厢盖、充电口盖铰链状况的检查

1.汽车车门铰链的作用及分类

汽车车门铰链（图 4-33）的作用是把车门和车身连接起来，保证和保持车门相对于车身的位置，使车门能够正常开合，方便驾驶者和乘客进出汽车。

车门铰链与车身件、车门件之间的连接方式不同，分为螺栓连接、焊接连接以及焊接加螺栓组合连接。

图 4-33　车门铰链

2. 铰链的技术要求

（1）安装面要平整。铰链与其对应的车身贴合面之间一定要平整。如果是靠螺栓连接的铰链，铰链及车身安装孔间的相对尺寸一定要符合尺寸精度要求。车门铰链表面应进行防腐蚀处理，并符合制造厂要求。车门铰链的最大开度角应不小于设计要求的车门开度角，车门铰链的最小关闭角应小于设计要求的车门关闭角。对于装有车门开度限位器的车门铰链，其限位应可靠。

（2）铰链要有一定的刚性。铰链需要承受旋转件的重力并且在旋转件开闭时还需承受其他外力。铰链需要有一定的刚性，以保证旋转件与车身之间不发生过大的位移。车在发生侧面撞击时，车门会承受较大的撞击力量，在车门承受撞击时，车门铰链不能脱开致使车门被撞入车内危害乘员安全。

（3）铰链要有一定的耐久性。铰链作为一个运动部件，在使用过一段时间以后，各功能部件均有一定的磨损，铰链需有一定的耐久性以保障其在使用一定时间后仍能达到技术要求。

3. 安全及注意事项

（1）涂抹润滑脂时应避免将润滑脂涂抹在汽车座椅或其他汽车内饰面上。

（2）避免新润滑脂或已使用润滑脂产品和皮肤接触（易过敏），如果接触到皮肤，要用水和肥皂彻底清洗。不要吸入产品蒸气（可能会引起过敏反应），不要让产品弄脏衣物。

（3）将废弃润滑脂集中环保处理，保护环境。

4. 操作过程（表4-14所示）

表 4-14　检查汽车铰链的操作过程

序号	操作步骤	操作方法及说明	操作标准
1	停稳车辆	在平整地面将车辆停稳，拉好手刹。车身周围开阔无异物，保证车门、前机舱盖、后备厢盖、充电口盖能正常打开	轻推车辆，车辆不产生位移

序号	操作步骤	操作方法及说明	操作标准
2	检查车门铰链	（1）打开车门并来回操作车门，仔细倾听车门铰链是否发出"吱吱"声； （2）如门铰链处发出"吱吱"声，使用松锈剂润滑车门铰链并涂抹润滑脂 	使用松锈剂润滑车门铰链并涂抹润滑脂后，来回操作车门，车门铰链应无"吱吱"声
3	检查前机舱盖铰链	（1）打开前机舱盖并来回操作前机舱盖，仔细倾听前机舱盖铰链是否发出"吱吱"声； （2）如前机舱盖铰链处发出吱吱声，使用松锈剂润滑前机舱盖铰链并涂抹润滑脂 	使用松锈剂润滑前机舱盖铰链并涂抹润滑脂后，来回操作前机舱盖，前机舱盖铰链应无"吱吱"声
	检查后备厢盖铰链	（1）打开后备厢盖并来回操作后备厢盖，仔细倾听后备厢盖铰链是否发出"吱吱"声； （2）如后备厢盖铰链处发出"吱吱"声，使用松锈剂润滑后备厢盖铰链并涂抹润滑脂 	使用松锈剂润滑后备厢盖铰链并涂抹润滑脂后，来回操作后备厢盖，后备厢盖铰链应无"吱吱"声
	检查充电口盖铰链	（1）打开充电口盖并来回操作充电口盖，仔细倾听充电口盖铰链是否发出"吱吱"声； （2）如充电口盖铰链处发出"吱吱"声，使用松锈剂润滑充电口盖铰链并涂抹润滑脂	使用松锈剂润滑充电口盖铰链并涂抹润滑脂后，来回操作充电口盖，充电口盖铰链应无"吱吱"声

序号	操作步骤	操作方法及说明	操作标准
3	检查充电口盖铰链		使用松锈剂润滑充电口盖铰链并涂抹润滑脂后，来回操作充电口盖，充电口盖铰链应无"吱吱"声
4	清理	（1）将废弃的润滑脂集中环保处理，保护环境； （2）对实操场地进行清扫清洁，尤其对不慎落在地面的润滑脂进行处理，防止有人因此滑倒受伤	实操场地周围地面应有一定的摩擦力，脚不打滑

二、座椅总成功能、连接情况的检查

为了确保舒适，同时满足不同驾驶员的操作和安全要求，汽车座椅都具有调节功能，如图4-34（a）所示。很多汽车还安装了用电机操作的座椅，如图4-34（b）所示，以便于操作。

(a) 手动调节座椅   (b) 自动调节座椅

图4-34　可调节的汽车座椅

1.汽车座椅的调节

汽车座椅一般可以多方向调节，常见的包括：座椅前后调节、座椅高度调节、座椅靠背角度调节。调节方法包括手动和自动调节两种。

（1）手动调节的方法。当需要前后移动座椅时，握住座椅位置调节杆的中间［图4-35（a）的红圈所示部位］，并向上拉，然后利用轻微的身体压力把座椅滑动到所需的位置，然后将杆释放即可；当需要调整座椅高度时，调节座位高度调节杆［图4-35（b）的红圈所示部位］即可进行相应的调整；当需要调整靠背角度时，身体向前倾斜并把座位靠背角度调节杆［图4-35（c）的红圈所示部位］向上拉，然后身体向后倾斜至所需要的角度，将杆释放即可。

（2）自动调节的方法。自动调节功能基本与手动调节功能相仿，通过对相关按钮的操作来完成对应的调节。图4-36中红圈所示部分即为前后上下移动和座椅靠背倾斜的按钮。

(a) 前后移动

(b) 上下移动

(c) 椅背倾斜

图 4-35 手动操作部位（红圈部位）

(a) 前后上下移动

(b) 椅背倾斜

图 4-36 自动操作按钮（红圈部位）

2. 座椅的检查

座椅检查时需注意座椅调节功能是否正常，操作时是否流畅，有无卡死或移动受限等情况，停止操作时座椅位置是否牢固。

3. 操作过程（表 4-15 所示）

表 4-15 检查汽车座椅的操作过程

序号	操作步骤	操作方法及说明	操作标准
1	作业准备	(1) 场地进行安全设置； (2) 个人进行安全防护	符合安全规范要求

序号	操作步骤	操作方法及说明	操作标准
2	检查座椅功能	（1）检查前后调节功能； 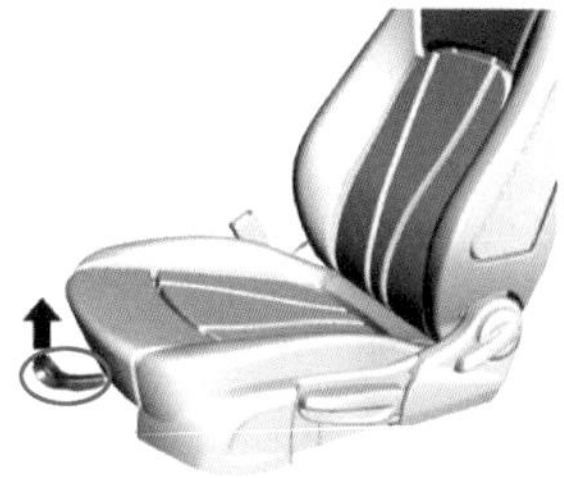 （2）检查高度调节功能； 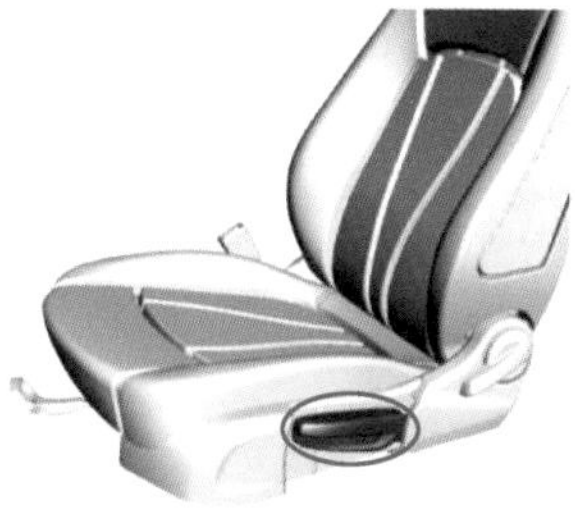 （3）检查椅背倾斜调节功能； 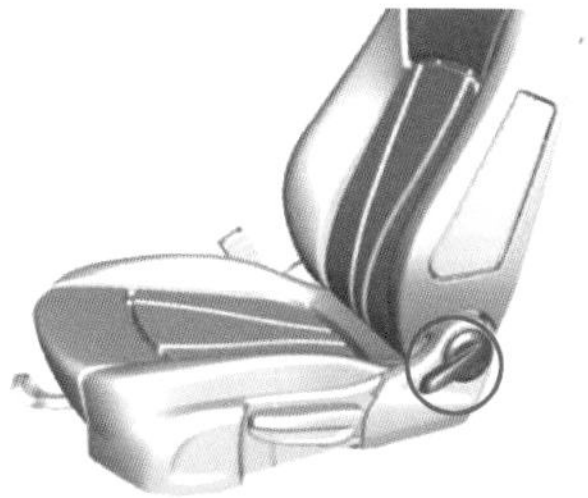 （4）检查腰部衬垫调节功能； 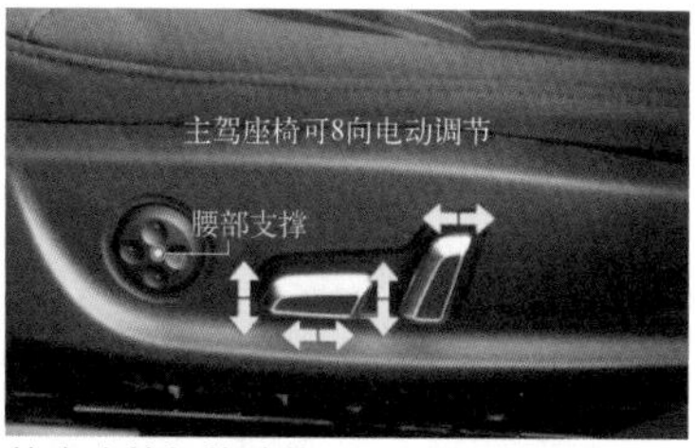 （5）检查座椅加热功能；  （6）检查座椅位置是否牢固	调节座椅位置至极限值，确认功能正常； 晃动座椅，确认座椅是否牢固
3	车辆复位	（1）取下车内、外防护用品； （2）车辆复位，清洁车身； （3）清洁并整理工具； （4）安全防护复位	在操作过程中要体现 5S 理念

三、安全带系统功能、外观情况的检查

1.汽车安全带的功用及组成

汽车安全带的作用是在车辆发生碰撞或使用紧急制动时，预紧装置会瞬间收束，绷紧佩戴时松弛的安全带，将乘员牢牢地拴在座椅上，防止发生二次碰撞。

汽车安全带由织带、卷收器、固定机构组成。

织带是尼龙或聚酯等合成纤维织成的宽约50mm、厚约1.2mm的带，通过编织方法及热处理达到要求的强度、伸长率等特性。

卷收器是根据乘员的坐姿、身材等来调节安全带长度的装置。不使用时，收卷织带的装置分为ELR和ALR两种。

固定机构包括带扣、锁舌、固定销和固定座等。带扣及锁舌是系紧和解开座椅安全带的装置。将织带的一端固定在车身的称为固定板，车身固定端称为固定座，固定用的螺栓称为固定螺栓。肩部安全带固定销的位置对系安全带时的便捷性有很大的影响，因此为了适合各种身材的乘员，一般都选用可调节式固定机构，能够上下调节肩部安全带的位置。

2.汽车安全带的正确使用

（1）经常检查安全带的状态，有损坏应立即更换。

（2）三点式安全带的正确佩戴方式应该是将腰部安全带系得尽可能低些，系在髋部，不要系在腹部。而肩部安全带不要放在胳膊下面，应自然斜挂胸前，同时注意不要将安全带扭曲使用。严禁双人共用。

（3）不要让安全带压在坚硬或易碎的物体上，比如衣服里的钥匙和眼镜等，以免拉紧时造成意外伤害。另外，领带应该放在安全带外，不要压在其下。

（4）座椅上无人时，要将安全带送回卷收器中，将锁舌置于收藏位置，以免在紧急制动时锁舌撞击在其他物体上。

（5）不要让座椅靠背过于倾斜，否则影响安全带使用效果。安全带的带扣一定要扣好，防止受外力时脱落而不能起到保护作用，如图4-37所示为安全带的正确使用。

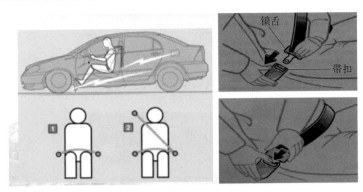

图4-37　安全带的正确使用

3.汽车安全带常规养护

（1）经常检查座椅安全带的状态，有损坏要及时更换。座椅旁边地板上所有固定座椅安全带的螺栓都应拧紧，并在螺栓周围涂上密封胶。

（2）按照正确方式系好安全带后，要再以身体往前急冲的动作来确认一下安全带的功能正常与否。用手突然用力拉动也能起到测试的作用。

（3）如果安全带在使用中曾承受过一次强拉伸负荷，即使未损坏，也应更换，不要继续使用。

（4）安全带脏污时可用软肥皂和水作清洁液，用布或海绵擦洗，不要使用染料和漂白剂，否则会腐蚀安全带而降低其抗拉强度。也不要用硬刷去擦，以免损伤安全带。

4.操作过程（表4-16所示）

表4-16　检查安全带的操作过程

序号	操作步骤	操作方法及说明	操作标准
1	作业准备	（1）场地进行安全设置；  （2）个人进行安全防护 	符合安全规范要求
2	安装车内防护	（1）安装座椅套； （2）安装转向盘套； （3）铺地板垫 	地板垫正面朝上

序号	操作步骤	操作方法及说明	操作标准
3	检查安全带	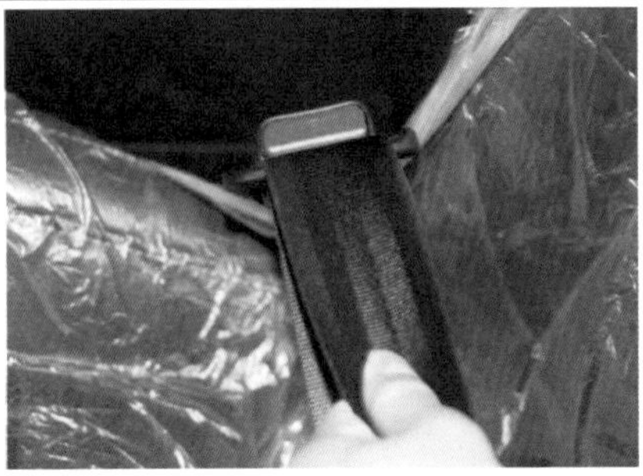 （1）检查安全带安装可靠性； （2）检查安全带固定螺栓是否拧到标准转矩并涂胶； （3）检查安全带锁止功能是否正常； （4）检查安全带收缩功能、调节功能是否正常 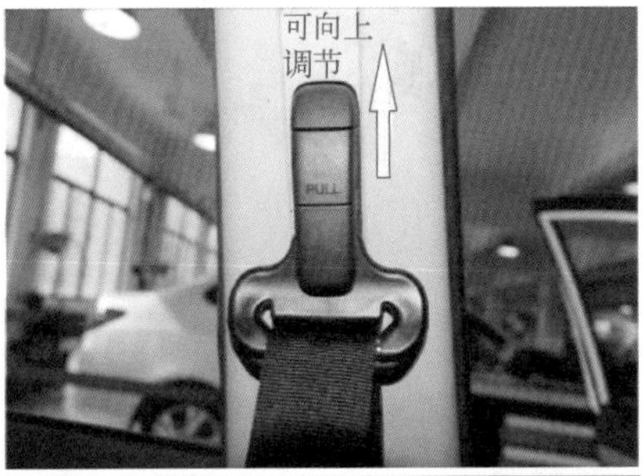 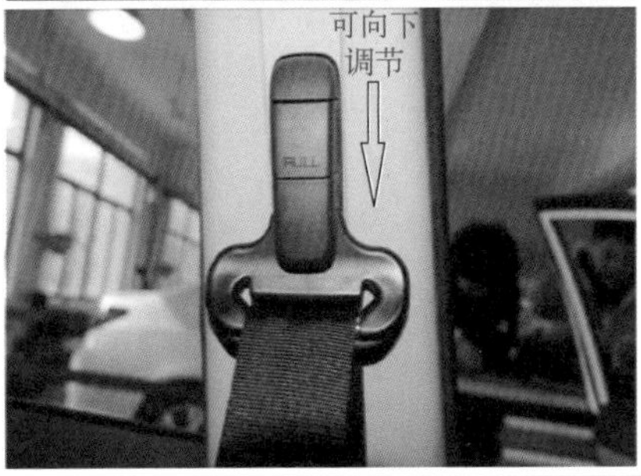 可向上调节 可向下调节	目测检查无明显划痕、破损
4	车辆复位	（1）取下车内、外防护用品； （2）车辆复位，清洁车身； （3）清洁并整理工具； （4）安全防护复位	在操作过程中要体现 5S 理念

下篇

新能源汽车检测与故障诊断

第五章 动力电池检测诊断

第一节　高压作业区域进行布置防护

一、电的危险与防护

1."电"的危险

在对纯电动汽车进行检测诊断时，会频繁接触高压直流电和交流电，25V 及以上的交流电压和 60V 及以上的直流电压都会非常危险。当通过人体的电流达到 5mA 时，会出现"触电反应"，此时人虽然感到刺痛，但仍可以脱离带电体。当通过人体的电流达到 10mA 时，人体开始收缩，且无法脱离带电体。当通过人体的交流电达到 30 ～ 50mA 且停留较长时间时，会导致呼吸骤停和心室纤维性颤动，危害生命。当超过 80mA 的电流通过人体即达到"致命阈值"。电路短路故障时，容易导致灼伤或火灾等危险。

维修技术人员可以通过安全防护以及技术规范来避免触电危险。当发现他人触电时，切不可直接接触触电人员，在条件允许的情况下切断电源，例如关闭点火开关或断开维修开关，也可以采用不导电的物体将受害者与导电体分离。确认受害者脉搏和呼吸，立即拨打120 急救。

2."电"的防护

在对纯电动汽车的高压系统及相关部件进行检修操作时，必须做好"电"的防护，具体包括警示标志、人身防护、高压断电和使用绝缘工具。

（1）警示标志。如图 5-1 为作业区域内的警示标志，用以提醒处于作业区域相关人员的危险内容和禁止行为，当作业区域放置下列警示标志时，切勿违反要求违规操作。

当心电池泄漏　　　　高压危险　　　　切勿靠近　　　　请勿接通　　　　严禁烟火

图 5-1　作业区域内的警示标志

如图 5-2 为车内高压危险区域警示标志，接触可能造成电击或烧伤，操作前须阅读维修手册，并提前关闭或切断高压系统。

（2）人身防护。人身防护包括绝缘手套、护目镜、绝缘安全鞋及绝缘垫等，如图 5-3 所示，技术人员涉及高压内容作业时，需要按要求佩戴。

（3）高压断电。高压断电是指切断动力电池对外输出的高压电源，即切断动力电池与其他部件的连接。方法是在车辆下电后拔出维修开关（又称保养插头），一般为橙色，如图 5-4 所示。为了保证安全，断开的维修开关可由专人看管或放置在特定安全位置，防止他人误操作连接通电，导致安全事故。

图 5-2 车内高压危险区域警示标志

当纯电动汽车没有配备维修开关时，可以断开低压蓄电池负极端子实现高压断电，为了保证蓄电池负极可靠断开，需要利用绝缘胶带缠绕固定。

（4）绝缘工具。如图 5-5 为常用绝缘工具，在传统拆装工具表面覆盖绝缘橡胶，起到绝缘保护的作用。

图 5-3 防护用品

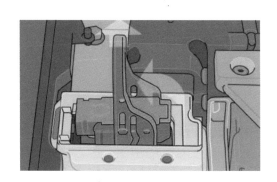

图 5-4 维修开关

图 5-5 绝缘工具

二、触电急救措施

由于人体皮肤的软硬、湿润及导电性的不同，其电阻差异很大，但高于 100V 的电压通过人体时，皮肤电阻会接近 0Ω，所以，交流电经过人体的情况下，在心脏的停留时间约 $10 \sim 15ms$ 时就会造成致命伤害。因此学会相应的急救措施是非常重要的，目前最常用且最有效的就是心肺复苏术。心肺复苏术简称 CPR，是针对骤停的心脏和呼吸采取的救命技术，主要目的是恢复患者自主呼吸和自主循环。注意：需要经过专业培训才能进行施救。

三、安全及注意事项

（1）在使用绝缘测试仪之前需要对其进行设备自检时，请勿将正负极表棒与人体相通，以免触电；

（2）绝缘垫需铺设在车辆正前方，确保操作人员能正常站在上面进行安全操作；

（3）去除身上佩戴的手表、首饰、衣服上的金属物品等；

（4）对所使用的纸质维修手册、绝缘测试仪、安全帽、绝缘手套等要及时规整复位，并对场地进行 5S 管理工作。

四、操作过程

高压作业防护与检查的操作过程如表 5-1 所示。

表 5-1　高压作业防护与检查的操作过程

序号	操作步骤	操作方法及说明	操作标准
1	工位布置	（1）准备车辆及停放区域； （2）设置工位警示线； （3）放置安全警示牌； （4）铺设绝缘垫； （5）准备绝缘护具：安全帽、绝缘鞋、护目镜、绝缘手套； （6）准备检测仪器及工具； （7）准备干粉灭火器及绝缘救援钩 	工位警示线围成密闭区域； 安全警示牌放在操作工位正前方； 干粉灭火器压力值指针处于绿色区域
2	自身防护	（1）目视检查绝缘鞋； 	无破损、破洞和裂纹，表面清洁干燥； 在有效使用期内； 绝缘等级 0 级

序号	操作步骤	操作方法及说明	操作标准
2	自身防护	(2) 目视检查安全帽； (3) 目视检查护目镜； (4) 检查绝缘手套外观及绝缘等级； (5) 穿戴防护护具 	无破损、破洞和裂纹，表面清洁干燥； 在有效使用期内； 绝缘等级 0 级
3	测试绝缘垫	(1) 佩戴绝缘手套； (2) 检查绝缘测试仪，打开绝缘测试仪并调至 1000V 挡位。正负极表棒相搭，长按 TEST 按键至灯亮。读取绝缘测试仪阻值； 	绝缘测试仪表棒相搭阻值为 0Ω；绝缘测试仪表棒分开阻值为无穷大；绝缘垫绝缘阻值大于或等于 6GΩ

序号	操作步骤	操作方法及说明	操作标准
3	测试绝缘垫	（3）正负表棒分开，读取绝缘测试仪阻值； 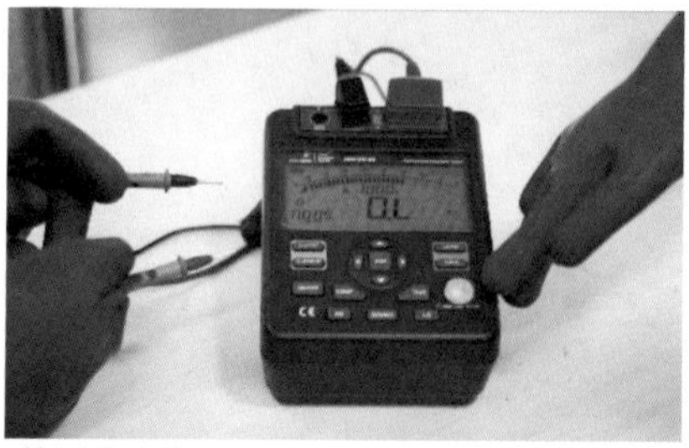 （4）检测绝缘垫 4 角对地绝缘性 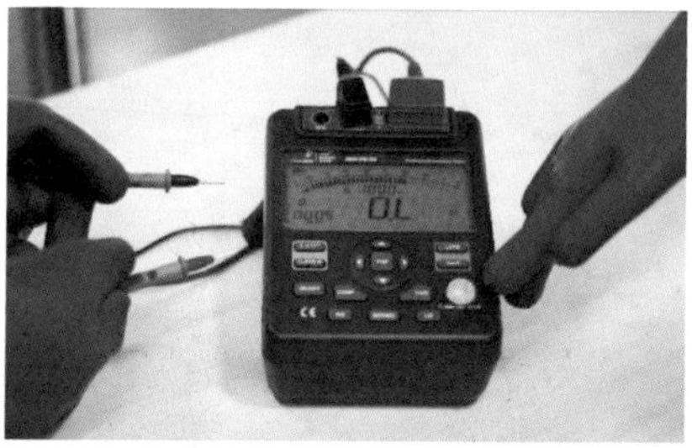	绝缘测试仪表棒相搭阻值为 0Ω；绝缘测试仪表棒分开阻值为无穷大；绝缘垫绝缘阻值大于或等于 6GΩ
4	检查蓄电池电压	（1）检查万用表；  （2）测量蓄电池电压 	万用表阻值小于 0.5Ω 蓄电池电压 11～14V
5	高压下电	（1）操作点火开关至 OFF 挡位，并取下点火钥匙放入锁箱； （2）断开 12V 蓄电池负极线缆，并用绝缘胶带缠绕好； 	锁箱钥匙专人保管

序号	操作步骤	操作方法及说明	操作标准
5	高压下电	（3）佩戴绝缘手套，拔下维修开关放入锁箱（吉利帝豪 EV450 未配备维修开关）； （4）锁住锁箱并取下锁箱钥匙；  （5）佩戴好绝缘手套，拔下高压母线 	锁箱钥匙专人保管
6	下电验证	（1）等待 5min 以上； （2）利用万用表直流电压挡测量低电压值；  （3）利用万用表直流电压挡测量高电压值；  （4）再次利用万用表直流电压挡测量低电压值	低压：小于 1V 高压：小于 1V

序号	操作步骤	操作方法及说明	操作标准
7	高压上电	（1）佩戴好绝缘手套，连接好高压母线； （2）佩戴绝缘手套，插回维修开关（吉利帝豪EV450未配备维修开关）； （3）连接好12V蓄电池负极线缆； （4）踩下制动踏板，打开点火开关至点火位置并观察仪表READY指示灯； （5）确认车辆系统正常运转； （6）检查诊断故障码； （7）关闭车辆点火开关	READY指示灯正常点亮； 蓄电池负极端转矩：9N·m
8	复位整理	（1）车辆、工具、仪器复位； （2）清洁车辆、地面、操作台	连接器卡扣卡到位； 整洁、整齐

第二节　动力电池基础知识

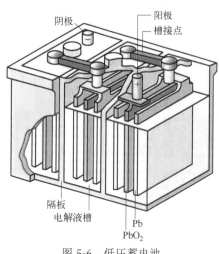

图5-6　低压蓄电池

一、动力电池的作用及分类

1.动力电池的作用

纯电动汽车的电池包括低压蓄电池和动力电池。

低压蓄电池的作用与传统汽车蓄电池作用相同，给车辆提供12～14V的直流电，给车辆电子控制系统、车身电气设备提供工作电源，如图5-6所示。

动力电池为纯电动汽车直接提供能量，是电动汽车的重要组成部分，它除了用于驱动汽车，还用于驱动空调压缩机，给低压蓄电池充电。其结构如图5-7所示。

低压蓄电池与动力电池的安装位置由汽车厂商

根据设计要求而定，但普遍采用的形式是将低压蓄电池设计安装在车辆前机舱，将动力电池设计安装在车辆乘客舱底部，如图5-8所示。

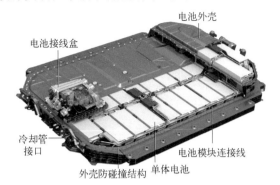

图5-7 动力电池

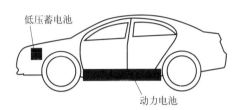

图5-8 电池安装位置

2.动力电池的种类

动力电池的种类主要包括锂离子电池、铅酸电池、镍氢电池和镍镉电池，其中锂离子电池根据采用材料不同，又分为三元锂电池、磷酸铁锂电池和锰锂电池。目前纯电动汽车主要采用三元锂电池和磷酸铁锂电池。

锂离子电池是1990年由日本索尼公司首先推向市场的新型高能蓄电池。与其他蓄电池比较，锂离子电池具有电压高、质量能量密度高、充放电寿命长、无记忆效应、无污染、快速充电、自放电率低、工作温度范围宽和安全可靠等优点。相比于镍氢电池，新能源汽车采用锂离子电池，可使电池组的质量下降40%～50%，体积减小20%～30%，能源效率也有一定程度的提高。所以锂离子电池逐渐成为新能源汽车动力电池的首选，如图5-9所示。

图5-9 常见的锂离子电池

磷酸铁锂电池是指用磷酸铁锂作为正极材料的锂离子电池。电池负极是石墨，中间是聚乙烯或聚丙烯材料制成的隔膜板，电池中部的上下端间装有有机电解质。锂离子电池的电解质由有机溶剂和锂盐组成，对人体组织具有腐蚀性，并且可燃，外壳由金属材料密封。

三元聚合物锂电池（简称三元锂电池）是指正极材料使用镍、钴、锰三元材料的锂电池。三元复合正极材料前驱体产品是以镍盐、钴盐、锰盐为原料，在容量与安全性方面比较均衡的材料，循环性能好于正常钴酸锂。前期由于技术原因其标称电压只有3.5～3.6V，在使用范围方面有所限制，但到目前，随着配方的不断改进和结构完善，电池的标称电压已达到 3.7V，在容量上已经达到或超过钴酸锂电池水平。

二、动力电池的基本性能参数

动力电池性能将直接影响到整车的性能，比能量决定了纯电动驱动模式下的续航里程；比功率决定了整车的动力性，如最大爬坡度和最大车速等；循环寿命的长短和成本的高低直接影响纯电动汽车的整车成本和使用经济性。

放电电流：动力电池在放电时所输出的电流称为放电电流。放电电流的大小直接影响电池的各项性能指标，因此在表示动力电池的容量或者能量时，需说明动力电池的放电电流。放电电流以放电率表示，分为时率和倍率两种。时率是以一定的放电电流放完额定容量所需的时间，单位为 h，通常用 C/n 表示，其中 C 为电池的额定容量，n 为一定的放电电流。倍率是指动力电池在规定时间内放出其额定容量时所输出的电流值，在数值上等于额定容量的倍数。

工作电压：动力电池接上负载后处于放电状态下的电压称为工作电压，也叫负载电压。

电池容量：指充满电的电池在指定条件下放电到终止电压时所输出的电量，单位为 A·h。

电池功率密度：电池功率密度是评价能量源能否满足电动汽车加速和爬坡性能要求的重要指标。功率密度又分为质量功率密度和体积功率密度。质量功率密度是指电池单位质量所能输出的功率，单位为瓦/千克（W/kg）。体积功率密度是指电池单位体积所能输出的功率，单位为瓦/升（W/L）。

电池能量密度：电池能量密度是衡量动力电池性能的一项重要指标，分为质量能量密度和体积能量密度。质量能量密度是指电池单位质量所能输出的电能，单位为瓦·时/千克（W·h/kg）。体积能量密度是指电池单位体积所能输出的能量，单位为瓦·时/升（W·h/L）。电池的质量能量密度影响电动汽车的整车质量和续航里程，体积能量密度影响电池的布置空间。

图 5-10　可充电电池

如图 5-10 所示，电池电压 1.2V，容量 4500mAh，质量为 80g，如计算其质量能量密度，则是：$1.2V \times 4.5Ah \div 0.08kg = 67.5W \cdot h/kg$。

生活中，习惯用焦耳或卡路里表示能量单位，它与 W·h 的转换关系是：

$$1 W \cdot h = 3600J = 3.6kJ = 0.0036MJ$$

假如一辆纯电动汽车采用图 5-10 所示的电池，充满电可行驶 500km 需要 389MJ，通过换算可知电池总质量需要 1600.8kg，每单个 80g 的电池数量约为 20010 节。

荷电状态（SOC）：荷电状态描述了电池的剩余电量，一般用百分比表示，其值为电池在一定放电倍率下，剩余电量与相同条件下额定容量的比值。

电池循环使用寿命：是指电池充电和放电一次为一个循环，按一定的测试标准，当电池容量降到某一规定值（一般规定为额定值的 80%）以前，电池所经历的充放电循环总次数。循环使用寿命是评价电池寿命性能的一项重要指标。

三、动力电池的基本结构组成

动力电池的组成包括电池托盘与支架、电池模块（模组）、电池管理系统、高压控制系统、热管理系统等部件，动力电池的结构如图 5-11 所示。

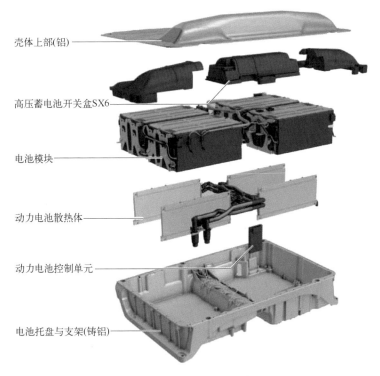

图 5-11　动力电池组成

壳体上部(铝)

高压蓄电池开关盒SX6

电池模块

动力电池散热体

动力电池控制单元

电池托盘与支架(铸铝)

　　动力电池托盘与支架将整个动力电池系统连接成为一个整体，并作为整个系统的承载体，防御外力对其造成破坏。

　　电池模块（模组）由多个电池单体按照串联、并联或串并联的方式组合，且只有一对正负极输出端子，并作为电源使用的组合体。电池单体是直接将化学能转换为电能的基本单元装置，包括电极、隔膜、电解质、外壳和端子，并且具备可充电特性。

　　电池管理系统（BMS）安装于动力电池总成内部，是动力电池核心部件。电池控制单元将单体电压、电流、温度及整车高压绝缘等信息上报控制单元并根据控制单元的指令完成对动力电池的控制。动力电池内设计有检测每个电池单体或电池组单体电压、温度信息的系统，该系统名称由各汽车厂商定义，例如吉利汽车称之为"CSC采集系统"，它将相关信息上报电池控制单元并根据控制系统的指令执行单体电压均衡。

　　高压控制系统安装在动力电池总成的正负极输出端，由继电器、电流传感器和预充电阻等组成，如图5-12所示。

　　热管理系统包括电池热管理系统、电机及电机驱动热管理系统和空调热管理系统三部分。动力电池工作电流大，产生热量大，同时电池包又是一个相对封闭的环境，容易导致电池温度升高，长时间工作在高温环境下会严重影响电池使用性能和寿命。当动力电池温度过低时，电池内部活性物质的活性会明显下降，其内阻、极化电压增加，充放电功率和容量都会明显

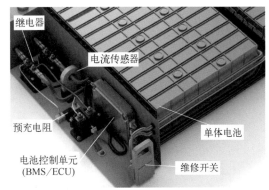

继电器

电流传感器

预充电阻

电池控制单元
(BMS/ECU)

单体电池

维修开关

图 5-12　动力电池内部构成

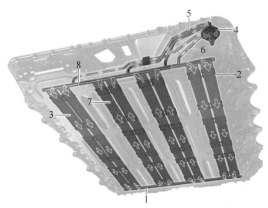

图 5-13　采用液体冷却的动力电池
1，3—压力进水通道；2—弹簧条；4—冷却液入口与出口连接法兰；5—回流管路；6—与冷却液泵相连接的进水管路；7—回流通道；8—隔板

降低，甚至引起电池容量不可逆衰减，并埋下安全隐患。因此需要通过电池热管理系统将电池温度控制在合适范围。如图 5-13 为动力电池的冷却示意图。

驱动电机在运转过程中会产生热量，如果温度过高同样会影响使用性能，因此需要进行降温处理。空调的制冷系统主要由压缩机、冷凝器、膨胀阀、蒸发器、鼓风机等部件组成，在纯电动汽车中压缩机和鼓风机都由电力驱动，而加热系统主要由 PTC、鼓风机、风道等组成。PTC 是由电力加热的加热器，主要在寒冷季节给车厢内提供热源。

四、动力电池规格及铭牌识别

1. 安全及注意事项

（1）在观察车辆动力电池时，需按规范操作举升机，并做必要的安全防护，不能盲目举车或进入车底；

（2）当打开车辆前舱盖或进入车辆底部时，不要盲目碰触高压导线及设备，避免触电危险；

（3）对所使用的纸质维修手册、电脑、车辆或举升机要及时规整复位，并对场地进行 5S 管理工作。

2. 操作过程（本任务以吉利帝豪 EV450 纯电动汽车为例，如表 5-2 所示）

表 5-2　识别动力电池

序号	操作步骤	操作方法及说明	操作标准
1	选取维修手册	（1）查阅车辆信息，本次操作选取吉利帝豪 EV450 纯电动汽车； （2）根据车辆信息选取维修手册，维修手册有纸质稿形式和电子稿形式，本试验车辆手册采用电子稿形式 吉利汽车 GEELY AUTO **2018** **帝豪EV350/450维修手册** 本维修手册提供了帝豪EV350/450车型的规格、诊断、维修服务信息。 2018吉利汽车有限公司 版权所有 信息截至日期为2018年09月 未经吉利汽车有限公司书面许可，不得以任何形式或手段（包括但不限于电子、复写、扫描和录制）对本手册的任何部分进行复制、传播或传输。	正确选取维修手册

序号	操作步骤	操作方法及说明	操作标准
2	查找动力电池安装位置	(1) 翻阅维修手册目录，查找动力电池安装位置所在目录； 书签 ▷ 📖 1 车型概述 ∨ 📖 2 电动化系统 　∨ 📖 2.1 动力电池 　　▷ 📖 2.1.1 规格 　　▷ 📖 2.1.2 描述和操作 　　▷ 📖 2.1.3 系统工作原理 　　∨ 📖 2.1.4 部件位置 　　　📖 **2.1.4.1 部件位置** 　　▷ 📖 2.1.5 电气原理示意图 (2) 根据目录查找动力电池安装位置 2.1.4 部件位置 2.1.4.1 部件位置 1—动力电池；2—车身	在手册中找到动力电池安装位置所属目录，并阅读所需内容信息
3	查阅动力电池规格	(1) 翻阅维修手册目录，查找"动力电池规格"所在目录； 书签 ▷ 📖 1 车型概述 ∨ 📖 2 电动化系统 　∨ 📖 2.1 动力电池 　　∨ 📖 2.1.1 规格 　　　📖 2.1.1.1 紧固件规格 　　　📖 **2.1.1.2 动力电池规格** 　　▷ 📖 2.1.2 描述和操作	在手册中找到"动力电池规格"所属目录，并阅读所需内容信息

序号	操作步骤	操作方法及说明	操作标准
3	查阅动力电池规格	(2) 根据目录查找动力电池规格 2.1.1.2动力电池规格 1.动力电池规格(动力电池150Ah) | 项目	型式与参数	单位
---	---	---
电池类型	三元材料	—
电池组额定电压	346	V
峰值功率	150kW, 持续10s	kW
额定功率	50	kW
电池组工作电压范围	266～408.5	V
电池容量	150(1C)	Ah		在手册中找到"动力电池规格"所属目录,并阅读所需内容信息
4	查阅动力电池信息	(1) 翻阅维修手册目录,查找车辆铭牌所在目录; 书签 > 1.7 标准和度量 > 1.8 整车规格 ∨ 1.9 车辆识别码 　∨ 1.9.1 描述和操作 　　1.9.1.1 车辆识别 　　1.9.1.2 车辆识别号(VIN)说明 　　**1.9.1.3 标牌 - 车辆合格证明** 　　1.9.1.4 轮胎信息告示牌 (2) 翻阅手册至对应位置,查阅铭牌信息在车辆上的安装位置; (3) 根据维修手册提示,在车辆上确认铭牌位置,并读取关于动力电池的信息; **中国浙江豪情汽车制造有限分司制造** **LB378Y4W8HA000697** | 品牌: 帝豪牌	整车型号: HQ7002BEV11
---	---
驱动电机型号:TZ220XSFDM42A	乘坐人数: 5
驱动电机峰值功率: 120kW	最大允许总质量: 1950kg
动力电池工作电压: 360V	生产日期: 2017年8月
动力电池容量: 126Ah			在手册中找到铭牌位置所属目录,并阅读所需内容信息

序号	操作步骤	操作方法及说明	操作标准
4	查阅动力电池信息	（4）动力电池总成上还会安装信息铭牌，标示出更为详细的动力电池参数。本次操作未在手册中标明安装位置，可通过查找动力电池安装位置，查询动力电池上的铭牌信息 	在手册中找到铭牌位置所属目录，并阅读所需内容信息
5	在车辆上确认手册所查询内容	（1）打开右前门，确认车辆铭牌安装位置并读取信息； （2）确认车辆位置，规范操作举升机举升车辆，进入车辆下方确认动力电池安装位置及铭牌信息 	准确找到车辆铭牌、动力电池铭牌及动力电池的安装位置； 正确操作举升机； 车辆举升过程中的安全检查及时到位； 做好进入车辆底部的安全防护

第三节　动力电池故障诊断

一、动力电池故障码读取分析

1. 故障诊断仪

汽车故障诊断仪是用于检测故障、读取信息或匹配参数的智能设备，它通过有线或无线的连接方式，与车辆实现通信，并将信息通过显示屏显示。

诊断仪分为专用诊断仪和通用诊断仪两种。专用诊断仪是由汽车厂商根据车辆技术特点和需求设计的只满足于自身品牌各车型诊断需求的仪器；通用诊断仪是为满足不同品牌汽车诊断需求而设计开发的仪器，其优点是通用性强，价格便宜，缺点是更新数据、实现功能和数据精度不及专用诊断仪。诊断仪既有显示屏幕、通信模块及电脑主机一体的设计，如图 5-14（a）所示，也有电脑主机（多采用平板电脑或笔记本电脑）与通信模块分体的设计，如图 5-14（b）所示。

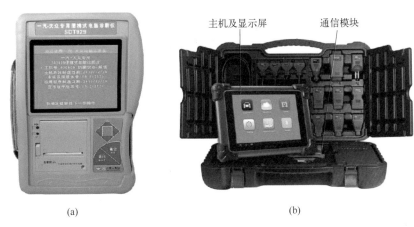

（a）　　　　　　　　　　　　（b）

图 5-14　汽车诊断仪

诊断仪的外端一般布置有显示屏、操作按键、车辆数据接口、波形采集通道接口、电源接口、诊断卡插孔、指示灯、USB 接口等。其中车辆数据接口通过数据线与汽车的诊断口连接，实现汽车控制单元与诊断仪主机的数据传递，汽车上的诊断口多采用统一标准的 OBD-Ⅱ（车载诊断系统）形式，具体位置需要查找维修手册确认。

诊断仪可以实现读取故障码、清除故障码、读取车辆信息及数据、采集波形、驱动测试、调试匹配等功能。

2. 故障码

故障码是指当汽车出现故障并能够被电子控制系统检测判断时，在电子控制单元（ECU）内存储的一串维修信息代码。当车辆存有故障码后，可以通过诊断仪查阅读取，为解决故障提供方便。

故障码由字母和数字组成，多数为 5 位数，发展到现在，为更准确地表达故障信息，有 7 位数故障码出现。

故障码的第一位为字母，主要包括 P（动力系统故障码）、C（底盘系统故障码）、B（车身系统故障码）和 U（通信系统故障码）。故障码的第二位至第七位包括数字或字母，其含义由 ISO 标准或厂商设定。

3. 故障码读取操作（以吉利帝豪 EV450 纯电动汽车为例）安全及注意事项

（1）操作前需要检查车辆停放位置，并且做好工位安全防护；

（2）进入车辆前需铺设防护套，防止内饰脏污；

（3）初次使用诊断仪要认真阅读使用说明，避免因操作不当影响正常使用；

（4）诊断仪与车辆诊断口连接或断开时，必须关闭点火开关；

（5）对所使用的纸质维修手册、电脑、车辆或诊断仪要及时规整复位，并对场地进行 5S 管理工作，对产生的垃圾或废料进行分类处理。

4. 操作过程（表5-3）

表 5-3　动力电池故障诊断的操作过程

序号	操作步骤	操作方法及说明	操作标准
1	准备工作	(1) 准备方向盘套、座椅套和地板垫； (2) 准备车轮挡块； (3) 查看车辆信息，选取维修手册，本次任务选用吉利帝豪 EV450 纯电动汽车； (4) 准备诊断仪，本次任务选用奇瑞新能源诊断仪	能够根据作业要求准备所需的手册、工具、仪器、辅料或配件，并分类摆放整齐
2	车辆防护	(1) 安装车轮挡块； (2) 铺设方向盘套、座椅套、地板垫 	车辆停放在指定工位，满足作业要求。车轮挡块安装后能够限制车辆前后移动。 车内防护满足作业后的清洁、安全
3	连接诊断仪	(1) 查阅维修手册，确认车辆诊断口位置； (2) 确认点火开关关闭，车辆处于不通电状态； (3) 将测试主线母转接头连接蓝牙通信模块，16 针公转接头与车轮诊断口连接； 	正确辨识车辆诊断口位置； 诊断仪与车辆连接前，电源均需要处于关闭状态

序号	操作步骤	操作方法及说明	操作标准
3	连接诊断仪	（4）开启诊断仪主机（平板电脑），通过蓝牙配对使主机与通信模块建立通信 	正确辨识车辆诊断口位置； 诊断仪与车辆连接前，电源均需要处于关闭状态
4	读取动力电池故障码	（1）打开点火开关，使车辆处于通电状态，操作诊断仪界面，点击进入"故障检测"功能； （2）选择诊断车辆的品牌"吉利帝豪"； （3）选择诊断车辆的品牌"EV450"； （4）选择"电源管理系统"（即电池管理系统）； 	根据车辆信息，正确选择品牌、车型、系统（本任务需选择"电源管理系统"）和功能（本任务需选择"读取故障码"）

序号	操作步骤	操作方法及说明	操作标准
4	读取动力电池故障码	（5）选择"基本诊断"； 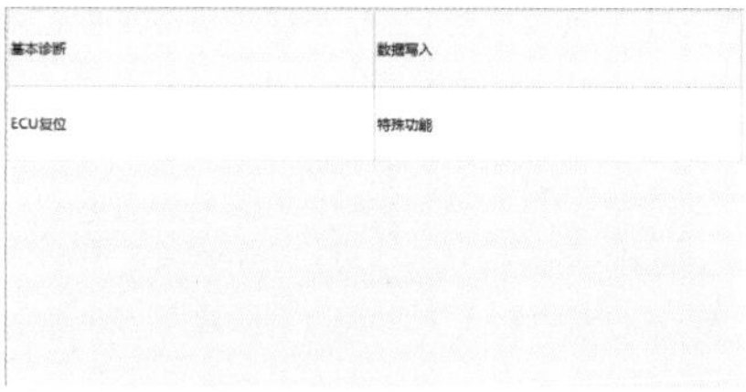 基本诊断　　数据写入 ECU复位　　特殊功能 （6）选择"读取故障码"选项 读版本信息 读取故障码 清除故障码 读取数据流	根据车辆信息，正确选择品牌、车型、系统（本任务需选择"电源管理系统"）和功能（本任务需选择"读取故障码"）
5	查阅维修手册，分析故障码含义	（1）根据品牌及车型选择相应维修手册，本次操作选取吉利帝豪 EV450 纯电动汽车； （2）翻阅维修手册目录，查找动力电池故障码所在目录； ∨ 📖 2 电动化系统 ∨ 📖 2.1 动力电池 ＞ 📖 2.1.1 规格 ＞ 📖 2.1.2 描述和操作 ＞ 📖 2.1.3 系统工作原理 ＞ 📖 2.1.4 部件位置 ＞ 📖 2.1.5 电气原理示意图 ∨ 📖 2.1.6 诊断信息和步骤 📖 2.1.6.1 故障预防措施 📖 2.1.6.2 动力电池系统端子列表 📖 2.1.6.3 故障诊断代码(DTC)列表类型 （3）在"故障诊断代码（DTC）列表类型"列表中查找需要的故障码，分析其含义，例如诊断仪读取到"U3006-29"故障码，通过查询可知其含义是"上高压过程中铅酸电压无效"，并提出维修建议。 **2.1.6.3 故障诊断代码(DTC)列表类型** | 故障代码	故障描述/条件	故障部位/排除方法
---	---	---
U3006-16	控制器供电电压低	电池包外部（给12V铅酸补电）
U3006-17	控制器供电电压高	电池包外部（给12V铅酸放电）
U3006-29	上高压过程中铅酸电压无效	电池包外部（BMU异常重启，重新上电）
U3472-87	动力CAN总线数据丢失	电池包外部（排查整车端外部低压通讯线束，检测ACAN通讯）
U0064-88	动力CANBUSOFF	电池包外部（排查整车端外部低压通讯线束是否存在开路或短路）
U1500-87	SCAN电流报文丢失	电池包内部（需要拆包检查CSU）
U1501-87	电流采集总线故障	电池包内部（BMU与CSU通讯异常，检测SCAN通讯） | 注意： a. 关于动力电池的故障码较多，图中截取列表的一部分，详细内容请翻阅维修手册； b. 不同品牌汽车故障码的查询方法有所区别，一般在对应系统的子目录即可查询	根据读取的故障码，正确判断所属系统，并在维修手册中查询到对应故障码含义及维修建议

二、动力电池数据流读取分析

1. 电池健康状态（SOH）

电池健康状态是反映高压动力电池使用性能和寿命状况的，它受到电池内阻、使用温度、充放电循环次数等因素影响，当健康状态降低时意味着电池容量损失，其计算方式为：SOH=（电池的实际容量 / 电池的设计容量）×100%。

温度对锂离子电池性能尤其安全性具有决定性的影响，目前放电温度要求在 -20 ～ 55℃，而充电温度要求在 0 ～ 45℃。为了延长锂电池的使用寿命，并使其保持最佳的性能，一般将电池电芯温度控制在 25 ～ 40℃。

如图 5-15 所示为温度对单个电芯电压及容量的影响，但并不是只有温度降低才会影响电池的使用性能，当电池温度过高时，同样会影响电池的使用寿命甚至造成安全事故。

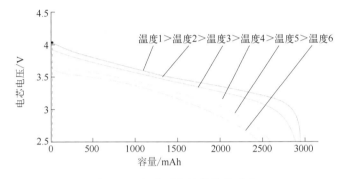

图 5-15　温度对电池性能的影响

为了更好地控制动力电池的温度，动力电池管理系统通过温度传感器（如图 5-16 所示）监测电池温度和冷却液（冷却空气）的温度，实现对电池温度的管理控制。一般造成动力电池温度过高的因素有输出功率增加、环境温度升高和充电速度快三个方面，它们影响电池温度致使其超出最佳工作范围时，动力电池管理系统通过控制冷却系统进行温度管理。相反，当动力电池因为环境温度低于最佳工作范围时，动力电池管理系统通过控制电热装置对电池进行加热，使电池处于最佳健康状态。

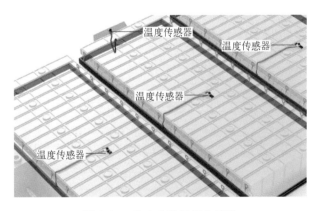

图 5-16　动力电池温度传感器

锂离子动力电池在多次循环充放电后会导致电池容量缓慢下降，电池内阻稍有上升，从而影响电池健康状态，如图 5-17 所示。

2. 电池电量平衡

高压动力电池的各个单体电池电量相同时，高压电池组处于电池电量平衡状态，电池性能最佳。当经历多次充放电循环过程后，各个单体电池的电量会发生改变，导致单体电池之间存在电量差，并且随着时间的推移，差值逐渐增大，致使动力电池的总容量减小，最终失效。

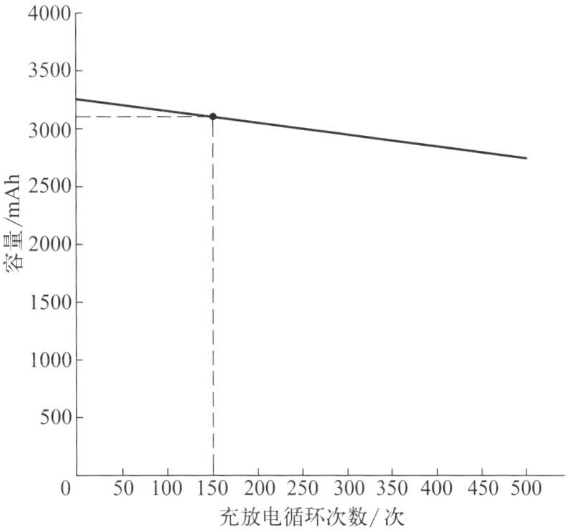

如图 5-18 为高压电池与单体电池电量示意图，单体电池通过串联方式连接，高压电池的总容量由最差性能单体电池的电量决定。如图所示，放电过程中，当单体电池 2 的剩余电量①耗尽后，其余单体电池不再放电，致使高压电池总电量耗尽；充电过程中，由于单体电池 4 的消耗电量②最小，电量最先被充满后，其余单体电池将停止充电，致使高压电池容量减小，出现容量损耗③，损耗量为最佳单体电池 4 电量与最差单体电池 2 电量的差值。所以说，性能最佳与损耗最大的两个单体电池电量，决定高压动力电池的电量差，该差值越大，高压动力电池的充放电性能越差。

为了解决单体电池电量差导致高压电池性能下降的问题，每个单体电池都安装有电压测量模块，如图 5-19 所示。动力电池管理系统通过电压测量模块检测每个单体电池的电压，当电池电量不平衡时，各单体电池的电压差会随着时间的延长逐渐加大。为了控制电池电量重新达到平衡，动力电池管理系统对各个电量多的单体电池进行独立放电，最终使检测电压值相等，电池电量平衡，从而改善高压动力电池充放电性能。

图 5-17　电池充放电循环对电池容量的影响

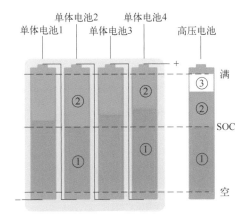

图 5-18　电池电量平衡示意图

①—剩余电量；②—消耗电量；③—容量损耗

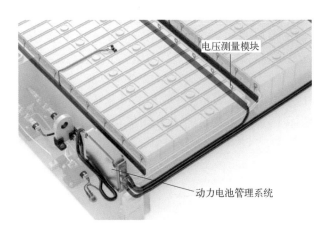

图 5-19　电压测量模块

3. 动力电池电流检测

动力电池的电量状态（SOC），或称为"电池当前电量"，是预测车辆剩余行驶里程，避免电池出现过放电的重要参数，动力电池管理系统在监测计算该参数时，必须对动力电池的充放电电流进行采集判断，因此一般在动力电池的负极母线上安装有电流传感器，如图5-20所示。

测量电流的方法包括分流器（电阻取样法）、电流互感法和霍尔传感器法，纯电动汽车中一般采用霍尔传感器法检测充放电电流。

霍尔传感器在测量方式上可以分为开环式和闭环式两种，它们都是基于霍尔效应原理设计。

如图5-21所示，金属或半导体薄片置于磁场中（z轴方向），当有电流流过时（x轴方向），在垂直于电流和磁场的方向上（y轴方向）将产生电动势，这种物理现象称为霍尔效应。

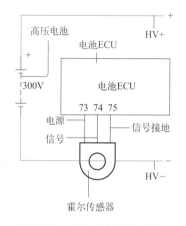

图 5-20　霍尔式电流传感器

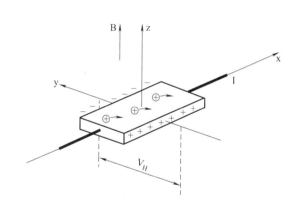

图 5-21　霍尔效应原理

霍尔电流传感器包括开环式和闭环式两种。

开环式电流传感器工作原理：如图5-22所示，当原边电流 I_p 流过一根长导线时，在导线周围将产生一磁场，该磁场大小与流过导线的电流成正比，产生的磁场聚集在磁环内，通过磁环气隙中的霍尔元件进行测量并放大输出，其输出电压 V_S 精确反映原边电流 I_p 的大小。

闭环式电流传感器工作原理：又称为磁平衡式或补偿式电流传感器。如图5-23所示，原边电流 I_p 在聚磁环处所产生的磁场通过一个次级线圈电流（霍尔元件驱动控制的补偿电流 I_S）所产生的磁场进行补偿，使霍尔元器件的输出逐渐减小，当 I_p 产生的磁场与磁极线圈磁场相等时，补偿电流 I_S 不再增加，从而使霍尔器件处于检测零磁通量的工作状态。当 I_p 变化时，磁场平衡受到破坏，为了达到新的平衡，霍尔元器件控制补偿电流 I_S 对应变化，从而实现补偿电流 I_S 精确反映初级线圈电流 I_p。

4. 数据流

汽车数据流是指能够反映车辆信息或工作状况的信息参数，一般包括各个控制系统中传感器监测参数和执行器控制参数。

如图5-24所示，传感器是一种监测装置，将被测量的信息按一定规律变换成为电信号或其他所需形式的信息后，传递给电子控制单元（ECU）。电子控制单元根据设计要求，对传感器信息进行采集、分析、判断后，控制相应的元器件工作，这些被控制的元器件可统称为执行器。

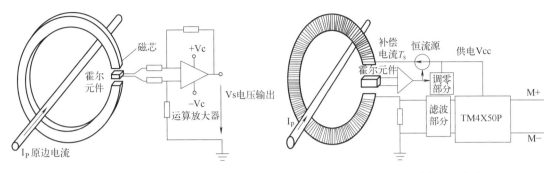

图 5-22　开环式霍尔电流传感器　　　　图 5-23　闭环式霍尔电流传感器

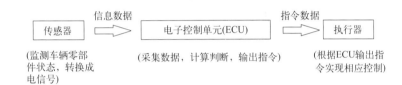

图 5-24　电子控制系统工作过程

电子控制单元接收传感器的信息数据，以及输出给执行器的指令数据，可以利用诊断仪"读取数据流"的功能进行读取，用于信息获取或作为故障判断依据。

利用诊断仪读取数据流判断车辆运行状况，是故障诊断重要手段之一，关键要会利用诊断仪正确读取所需数据流，并且通过手册查阅或根据工作经验，判断所读取数据是否正常。动力电池的主要数据流有电压、温度和电流参数值等。

5. 数据流分析操作（以吉利帝豪 EV450 纯电动汽车为例）安全及注意事项

（1）操作前需要检查车辆停放位置，并且做好工位安全防护；

（2）进入车辆前需铺设防护套，防止内饰脏污；

（3）诊断仪与车辆诊断口连接或断开时，必须关闭点火开关；

（4）需要在车辆行驶过程中读取数据流时，必须要由具备能力和资格的指定专人进行操作；

（5）对所使用的纸质维修手册、电脑、车辆或诊断仪要及时规整复位，并对场地进行5S 管理工作，对产生的垃圾或废料进行分类处理。

6. 操作过程（表 5-4）

表 5-4　数据流分析操作过程

序号	操作步骤	操作方法及说明	操作标准
1	准备工作	（1）准备方向盘套、座椅套和地板垫； （2）准备车轮挡块； （3）查看车辆信息，选取维修手册，本次任务选用吉利帝豪 EV450 纯电动汽车； （4）准备诊断仪，本次任务选用奇瑞新能源诊断仪	能够根据作业要求准备所需的手册、工具、仪器、辅料或配件，并分类摆放整齐

序号	操作步骤	操作方法及说明	操作标准
2	车辆防护	（1）安装车轮挡块； （2）铺设方向盘套、座椅套、地板垫 	车辆停放在指定工位，满足作业要求； 车轮挡块安装后能够限制车辆前后移动； 车内防护满足作业后的清洁、安全
3	连接诊断仪	（1）查阅维修手册，确认车辆诊断口位置； （2）确认点火开关关闭，车辆处于不通电状态； （3）将测试主线母转接头连接蓝牙通信模块，16 针公转接头与车轮诊断口连接； （4）开启诊断仪主机（平板电脑），通过蓝牙配对使主机与通信模块建立通信 	正确辨识车辆诊断口位置； 正确连接诊断仪； 诊断仪与车辆连接前，电源均需要处于关闭状态

序号	操作步骤	操作方法及说明	操作标准
4	读动力电池的有关数据流	（1）打开点火开关，使车辆处于通电状态，操作诊断仪界面，点击进入"故障检测"功能； （2）选择诊断车辆的品牌"吉利帝豪"； （3）选择诊断车辆的品牌"EV450"； （4）选择"电源管理系统（BMS）"； （5）选择"基本诊断"； （6）选择"读取数据流"选项；	正确选择品牌、车型、系统（本任务需选择"电源管理系统（BMS）"）和功能（本任务需选择"读取数据流"）； 电池包温度：−40 ～ 120℃； 电池包总电压：0 ～ 600V； 电池包总电流：−500 ～ +500A

序号	操作步骤	操作方法及说明	操作标准
4	读动力电池的有关数据流	（7）翻阅页面读取动力电池温度、电压和电流数据 | 数据流名称	当前数值	单位
电池包总电压	360.7	V
电池包总电流	0.0	A
电池包最高温度	33.0	℃
电池包最高温度的温度传感器号	1	
电池包最低温度	33.0	℃		正确选择品牌、车型、系统（本任务需选择"电源管理系统（BMS）"）和功能（本任务需选择"读取数据流"）； 电池包温度：-40 ～ 120℃； 电池包总电压：0 ～ 600V； 电池包总电流：-500 ～ +500A
5	查阅维修手册，查找动力电池温度、电流及电压的标准数据，并对所读取车辆的相关数据做出判断	（1）根据品牌及车型，翻阅对应维修手册，本次操作选取吉利帝豪 EV450 纯电动汽车； （2）翻阅维修手册目录，查找动力电池故障码所在目录； 　1 车型概述 　2 电动化系统 　　2.1 动力电池 　　　2.1.1 规格 　　　2.1.2 描述和操作 　　　2.1.3 系统工作原理 　　　2.1.4 部件位置 　　　2.1.5 电气原理示意图 　　　2.1.6 诊断信息和步骤 　　　　2.1.6.1 故障预防措施 　　　　2.1.6.2 动力电池系统端子列表 　　　　2.1.6.3 故障诊断代码(DTC)列表类型 　　　　2.1.6.4 故障诊断数据流列表 　　　　2.1.6.5 电源故障 　　　　2.1.6.6 通讯故障 （3）在"故障诊断数据流列表"列表中查找所读取数据流项目的正常范围，并做出判断。 　注意：不同品牌汽车数据流的查询方法有所区别，一般在对应系统的子目录即可查询	正确查询动力电池相关数据流的手册位置； 正确判断读取数据流的状态
6	复位整理	（1）恢复车辆、工具、仪器； （2）清洁车辆、地面、操作台	整洁、整齐、环保

三、动力电池管理系统电源故障分析判断

1. 电池管理系统

图 5-25　电池管理系统

电池管理系统（BMS）是一种能够对动力电池进行监控和管理的电子装置，通过采集、计算电压、电流、温度等参数，实现对电池的控制，提升电池的综合性能。如图 5-25 所示，电池控制单元通过温度传感器的监测数据将电池温度控制在正常范围，通过电流传感器的监测数据判断电池电量，通过电压测量模块的监测数据控制电量平衡。

电池控制单元除了对动力电池进行监测管理，还对其高压控制系统进行控制。如图 5-26 所示，高压正极继电器 K1 与高压负极继电器 K3 控制动力电池与车辆的连接状态，当车辆下电或出现紧急情况时，K1 与 K3 继电器不工作，动力电池与外部处于断路状态，当车辆上电工作时，K1 与 K3 继电器工作，动力电池与外部处于连接状态，对外输出高压直流电。当电机控制器中的电容 C1 通电击穿形成通路时，电路中会瞬间产生非常大的电流，该电流如果不进行限制，会损坏高压正负极继电器及电路，所以在高压正极继电器 K1 闭合前，BMS 先控制预充继电器 K2 和高压负极继电器 K3 工作，将预充电阻 R1 串联在动力电池正极电路中，使输出电流减小，当 C1 电容完成充电后，K2 继电器断开，K1 继电器闭合，K3 继电器维持闭合状态。

 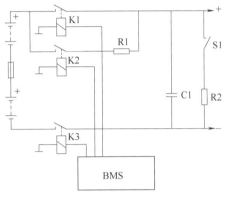

图 5-26　电池高压控制

2. BMS 电源电路

BMS 作为一个电子装置，需要提供电源才能正常工作，如图 5-27 所示为吉利帝豪 EV450 纯电动汽车 BMS 模块的电源电路，包括搭铁电路 CA69/2 至 G03、低压蓄电池提供的常电源电路 B+ 至 CA69/1、点火开关控制的电源电路 IG2 至 CA69/7。

电路图中标有 EF01 和 IF18 的图形为熔丝符号，熔丝也称为熔断器或保险丝，当电路中电流异常并超过其额定电流时发生熔断，保护电路和电子设备。如图 5-28 所示为插片式熔丝的结构，汽车用熔丝根据颜色不同区分额定电流大小：灰色（2A）、紫色（3A）、粉色（4A）、橘黄色（5A）、咖啡色（7.5A）、红色（10A）、蓝色（15A）、黄色（20A）、透明无色（25A）、绿色（30A）、深橘色（40A）。当额定电流过大时，一般会采用固定式熔丝，该类型熔丝一般都为黑色，额定电流以文字标示，不以颜色区分，如图 5-29 所示。

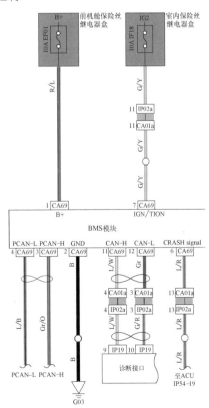

图 5-27　吉利帝豪 EV450 汽车 BMS 电源电路

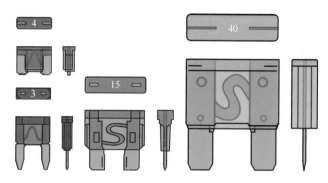

图 5-28　插片式熔丝

图 5-29　固定式熔丝

3. 万用表

汽车万用表能够测量电阻、电压、电流、频率、温度等参数值，电阻挡和电压挡是汽车万用表最常用的两种功能。

万用表电阻挡用于测量电路和元件的电阻，如图 5-30 所示，使用时需要根据被测对象的电阻值选择合适量程。万用表电阻挡测量时会对被测对象施加电压，因此只有当测量电路或元件没有电压时才能测量其电阻值。

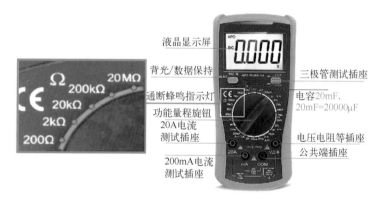

图 5-30　万用表电阻挡

如图 5-31 所示，利用万用表的电阻挡的常用功能可以测量导线通断、导线短路和元件电阻，技术人员可以将测量值与标准值对比后做出判断。

万用表电压挡用于判断电路电压是否正常，分为直流电压挡和交流电压挡，如图 5-32 所示。在纯电动汽车的检测过程中，通常利用万用表的直流电压挡测量低压电源或低压蓄电池电压，如图 5-33 所示。

4. 故障诊断操作（以吉利帝豪 EV450 纯电动汽车为例）安全及注意事项

（1）断开 BMS 模块线束连接器 CA69 时必须先断开低压蓄电池负极，以免对 BMS 模块造成损坏；

（2）操作过程中必须做好高压防护工作；

（3）万用表电阻挡测量时需将电源模式置于 OFF 状态；

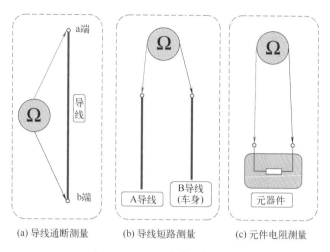

(a) 导线通断测量   (b) 导线短路测量   (c) 元件电阻测量

图 5-31　万用表电阻挡功能

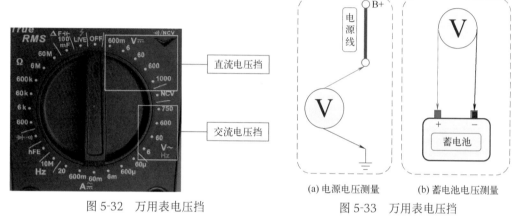

图 5-32　万用表电压挡

(a) 电源电压测量   (b) 蓄电池电压测量

图 5-33　万用表电压挡

（4）对所使用的纸质维修手册、电脑、车辆、常用工具、检测设备等要及时规整复位，并对场地进行 5S 管理工作。

5.操作过程（表 5-5 所示）

表 5-5　动力电池管理系统分析检查

序号	操作步骤	操作方法及说明	操作标准
1	准备工作	（1）准备方向盘套、座椅套和地板垫； （2）准备车轮挡块； （3）查看车辆信息，选取维修手册，本次任务选用吉利帝豪 EV450 纯电动汽车； （4）准备诊断仪，本次任务选用奇瑞新能源诊断仪	能够根据作业要求准备所需的手册、工具、仪器、辅料或配件，并分类摆放整齐
2	车辆防护	（1）安装车轮挡块；	车辆停放在指定工位，满足作业要求； 　车轮挡块安装后能够限制车辆前后移动； 　车内防护满足作业后的清洁、安全

序号	操作步骤	操作方法及说明	操作标准
2	车辆防护	（2）铺设方向盘套、座椅套、地板垫 	车辆停放在指定工位，满足作业要求； 车轮挡块安装后能够限制车辆前后移动； 车内防护满足作业后的清洁、安全
3	读取故障码	连接诊断仪，读取故障码	BMS 电源故障码： U30006-16 U30006-17 U30006-29
4	查阅动力电池管理系统电源电路图	选取 EV450 电路图手册，维修手册有纸质稿形式和电子稿形式，本试验车辆手册采用电子稿形式 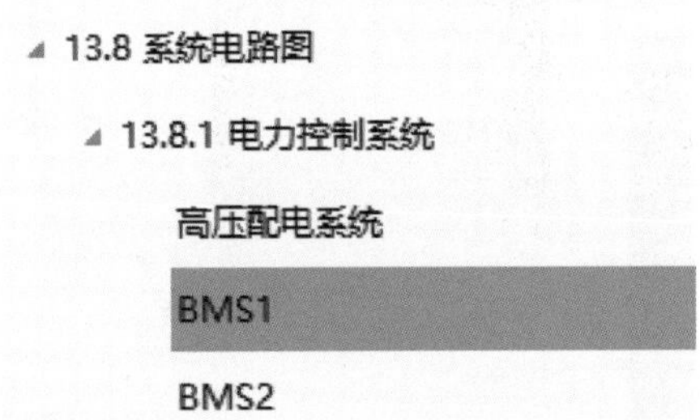	在手册中准确找到动力电池管理系统电源电路图所属目录
5	查找动力电池管理系统电源保险丝安装位置	（1）查看电路图，并确认电路图中保险丝标号"10AEF01""10AIF18"及安装位置信息； 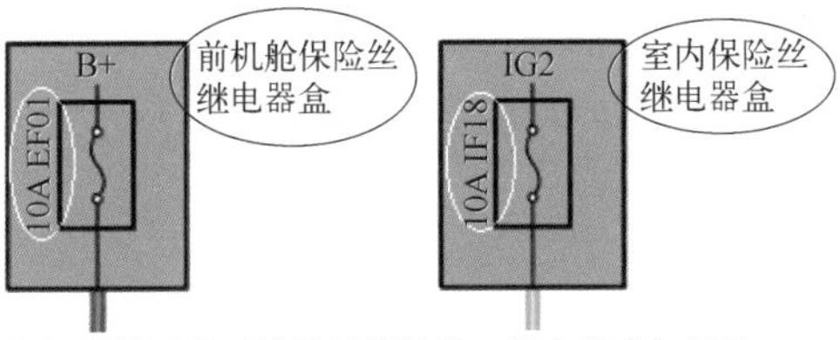 （2）翻阅手册"前机舱保险丝、继电器盒"目录； 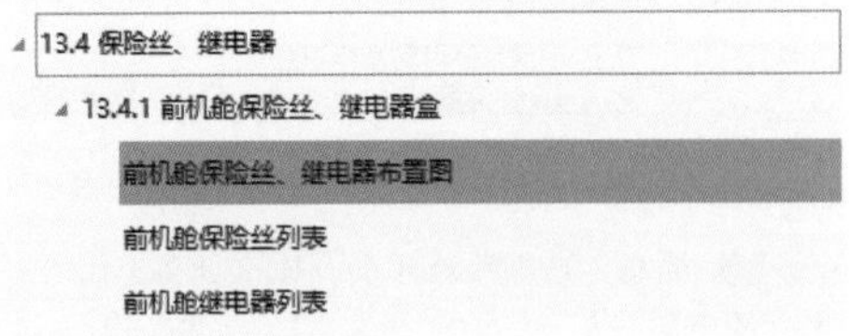 （3）在"前机舱保险丝、继电器盒"布置图中查找 EF01 保险丝安装位置； 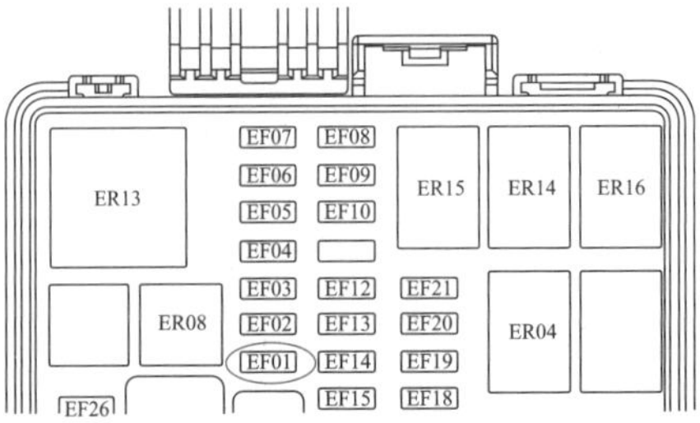	通过翻阅维修手册，准确找到 EF01 保险丝在前机舱保险丝、继电器盒的安装位置；以及 IF18 保险丝在室内保险丝、继电器盒的安装位置

序号	操作步骤	操作方法及说明	操作标准
5	查找动力电池管理系统电源保险丝安装位置	(4) 在"室内保险丝、继电器盒"布置图中查找 IF18 保险丝安装位置； 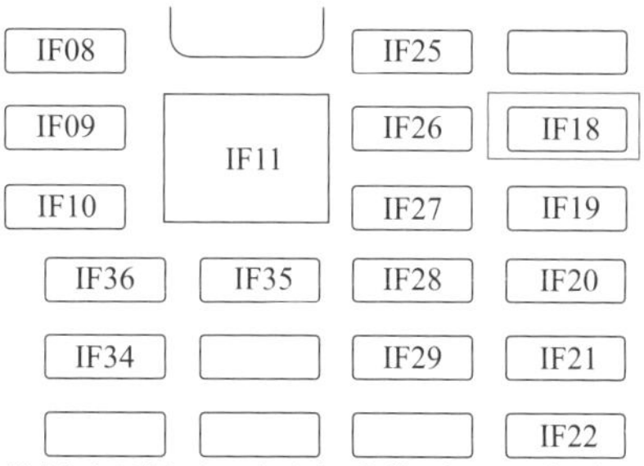 IF08　IF25 IF09　IF11　IF26　IF18 IF10　IF27　IF19 IF36　IF35　IF28　IF20 IF34　IF29　IF21 IF22 (5) 根据手册提示，在车辆上找到 EF01 保险丝的安装位置； 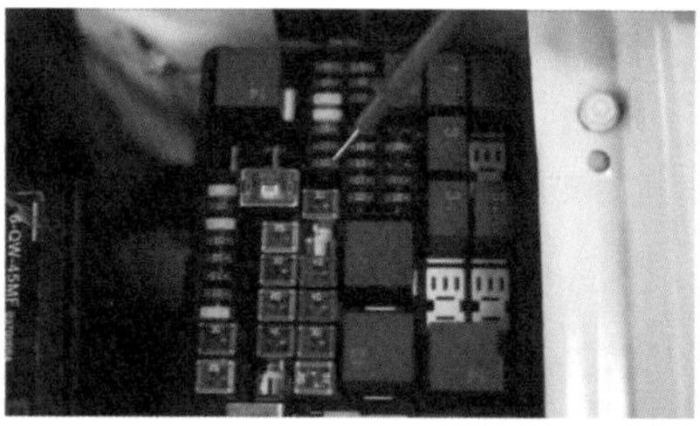 (6) 翻阅手册"室内保险丝、继电器盒"目录，通过手册提示，确认 IF18 保险丝安装位置  	通过翻阅维修手册，准确找到 EF01 保险丝在前机舱保险丝、继电器盒的安装位置；以及 IF18 保险丝在室内保险丝、继电器盒的安装位置
6	查找 BMS 模块线束连接器信息	(1) 查看电路图，并确认电路图中 BMS 模块线束连接器代号； 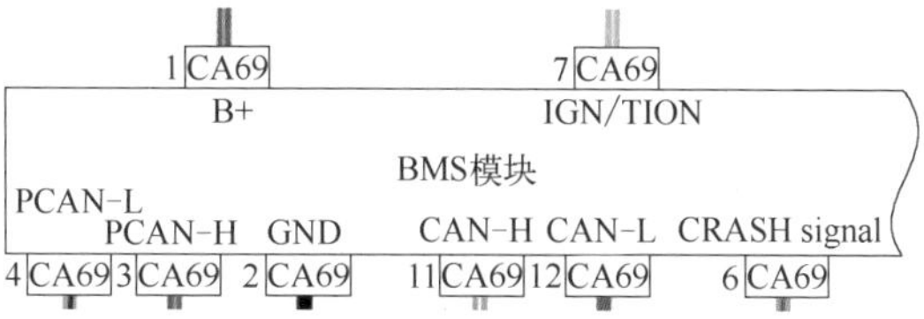 1 CA69　　　7 CA69 B+　　　　IGN/TION BMS模块 PCAN-L PCAN-H　GND　CAN-H　CAN-L　CRASH signal 4 CA69　3 CA69　2 CA69　11 CA69　12 CA69　6 CA69 (2) 翻阅手册"线束及其连接器布置"目录； 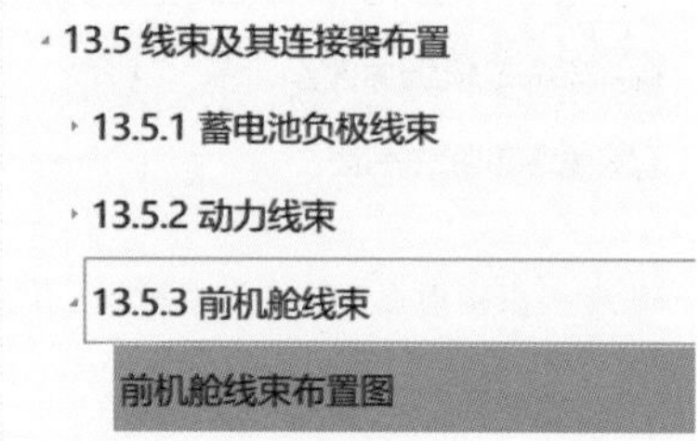 ▸ 13.5 线束及其连接器布置 　▸ 13.5.1 蓄电池负极线束 　▸ 13.5.2 动力线束 　▸ 13.5.3 前机舱线束 　　前机舱线束布置图	BMS 模块连接器代号：CA69；通过翻阅维修手册，准确找到 CA69 连接器位置及 CA69 连接器导线布置顺序

序号	操作步骤	操作方法及说明	操作标准
6	查找 BMS 模块线束连接器信息	（3）在"前机舱线束布置图"中找到 CA69 连接器安装示意位置 前机舱线束布置图 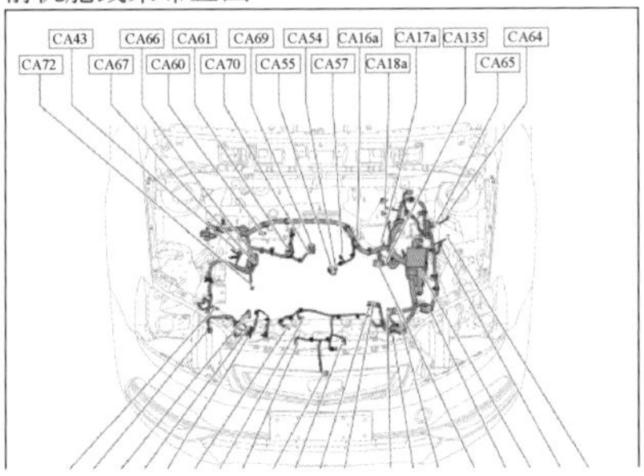 CA43 CA66 CA61 CA69 CA54 CA16a CA17a CA135 CA64 CA72 CA67 CA60 CA70 CA55 CA57 CA18a CA65	BMS 模块连接器代号：CA69；通过翻阅维修手册，准确找到 CA69 连接器位置及 CA69 连接器导线布置顺序
7	查找 BMS 模块搭铁点位置	（1）查看电路图，并确认电路图中 BMS 模块搭铁点代号； 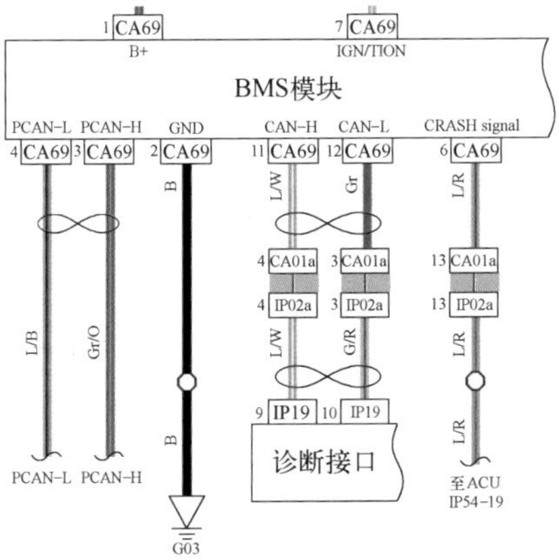 1 CA69 B+ 7 CA69 IGN/TION BMS模块 PCAN–L PCAN–H GND CAN–H CAN–L CRASH signal 4 CA69 3 CA69 2 CA69 11 CA69 12 CA69 6 CA69 L/W Gr L/R 4 CA01a 3 CA01a 13 CA01a 4 IP02a 3 IP02a 13 IP02a L/B Gr/O B L/W G/R L/R 9 IP19 10 IP19 13 PCAN–L PCAN–H 诊断接口 L/R B G03 至 ACU IP54–19 （2）翻阅手册"接地点布置图"目录； • 13.6 接地点布置 • 13.6.1 接地点布置图 蓄电池负极线束接地点布置图 动力线束接地点布置图 动力线束（高压配电）接地布置图(续1) 前机舱线束接地点布置图 仪表线束接地点布置图 （3）在"前机舱线束接地点布置图"中找到 G03 搭铁点安装示意位置	BMS 模块搭铁代号：G03；通过翻阅维修手册，准确找到 G03 搭铁点安装位置

序号	操作步骤	操作方法及说明	操作标准
7	查找 BMS 模块搭铁点位置	前机舱线束接地点布置图 G04 G11 G09 G07 G13 G03 G12 G10 G08	BMS 模块搭铁代号：G03； 通过翻阅维修手册，准确找到 G03 搭铁点安装位置
8	检测准备	（1）高压防护：绝缘垫绝缘测试；检查并佩戴安全帽、绝缘手套、护目镜； （2）操作启动开关，使电源模式置于 OFF 状态； （3）断开蓄电池负极电缆	绝缘垫阻值大于 20MΩ； 安全帽、绝缘手套、护目镜无开裂； 操作的步骤顺序正确； 蓄电池负极电缆用绝缘胶带包裹
9	检测蓄电池电压	用万用表直流电压挡测量蓄电池电压	标准电压：11 ～ 14V
10	检查 BMS 模块熔丝 EF01 和 IF18	（1）利用万用表电阻挡检查熔丝 EF01 和 IF18 是否熔断； （2）如果熔丝 EF01 或 IF18 熔断，需检测 EF01 至 CA69/1 或 EF18 至 CA69/7 线路是否存在短路 CA69 BMS模块 	熔丝标准电阻：小于 1Ω； 短路判断标准电阻：20kΩ 或更大

序号	操作步骤	操作方法及说明	操作标准
11	检查 BMS 模块线束连接器（端子电压）	（1）操作举升机，将车辆举升至合适高度； （2）断开 BMS 模块线束连接器 CA69； （3）连接蓄电池负极电缆； （4）操作启动开关，使电源模式置于 ON 状态； （5）测量 BMS 模块线束连接器 CA69 端子 1、7 对车身接地的电压 	标准电压：11～14V
12	检查 BMS 模块线束连接器（接地端子导通性）	（1）操作启动开关，使电源模式置于 OFF 挡； （2）测量 BMS 模块线束连接器 CA69 端子 2 与车身接地之间的电阻值 	标准电阻：小于 1Ω
13	复位整理	（1）连接各断开的连接器，连接蓄电池负极端； （2）车辆、工具、仪器复位； （3）清洁车辆、地面、操作台	连接器卡扣卡到位； 蓄电池负极端转矩：9N·m； 整洁、整齐

充电系统检测诊断

第一节　充电系统构成及指示灯含义

一、充电系统基础知识

1. 充电系统的分类

充电系统从功能上分为快充、慢充、低压充电和能量回收四项。

快充：一种应急充电方式，采用直流充电，该电压一般都大于电池电压，充电电流是常规充电电流的十倍甚至几十倍。主要由带高压线束的直流充电口和动力电池组成。

慢充：慢充是指插在家庭220V交流电插座里充电。主要由带高压线束的交流充电口、交流充电插座、交流充电插头、动力电池和车载充电机组成。

低压充电：低压充电是采用恒压、恒流的传统充电方式对动力电池进行充电。该充电方式对电网没有特殊要求，能够满足照明要求的供电系统就能够使用。低压充电主要由12V铅酸蓄电池、电机控制器、分线盒和动力电池组成。

能量回收：能量回收是指车辆滑行或者制动时，电机控制器把电机从电动机模式转换成发电机模式向蓄电池充电，从而将制动力转化成电能重新给电池充电，实现能量回收，增加续航能力。该功能的零部件主要由制动开关、动力电池、驱动电机、整车控制器和高压线束组成。

2. 充电模式

纯电动汽车有多种不同的充电模式。

模式1：车辆通过充电线直接与主电网相连，充电线不带通信和保护功能，唯一的保护措施是熔丝，这种充电模式中车辆需要与其他接入家庭电网的用电器分享电流。

模式2：在模式1的基础上，充电线增加了保护和通信功能，能够设置车辆向供电端请求的最大供电电流。

模式3：充电桩通过专用的线路和主电网直接连接，不与其他家用电器分享电流，最大充电电流由主电网供电能力决定。

模式4：快速充电（直流充电）模式，充电器位于充电桩内，将电网输入的交流电转换成直流电之后，直接对车载高压电池进行高速充电，其需要专用的充电线。

注：模式1～3由车载充电机对高压电池进行充电，模式4由位于充电桩内的外置充电器对高压电池进行充电。

3. 充电系统的组成

新能源汽车以动力电池作为动力源，要想获得更多的续航里程，就要及时对动力电池进行充电。充电系统是车辆主要能源补给系统，其组成如图 6-1 所示。

（1）充电站。充电站类似于加油站，给汽车充电一般分为三种方式：普通充电、快速充电和电池更换。普通充电多为交流充电，一般使用 230V 单相交流电或 380V 三相交流电，快速充电多为直流充电，使用 300～500V 直流电。

不同充电站输出能力不同。例如：最大充电电压 230V、最大充电电流 8A 的单相交流充电站，其最大输出功率为 $P=1×230×8=1.84$（kW）；若最大充电电流为 32A 的三相交流充电站，则最大输出功率为 $P=3×230×32=22.08$（kW）。

（2）充电桩。充电桩类似于加油站的加油机，为电动汽车充电的设备，按照接口类型不同分为交流（慢充系统）和直流（快充系统）两种。充电桩的输入端与交流电网直接连接，输出端都装有充电插头为电动汽车充电。

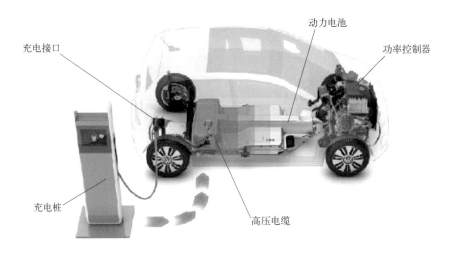

图 6-1 充电系统组成

（3）充电线。充电线是连接电动汽车和充电桩的载体，其基本作用是传输电能，同时将车辆及动力电池的状态和信息传递至充电桩进行实时交互。电流通过导体时会产生热量，随着电流的增大，导体的横截面积也应增大，以满足电流传输的需求。因此，对于纯电动汽车来说，知道充电线的横截面积非常重要。

（4）充电接口。电动汽车的充电接口分为交流充电接口和直流充电接口。车辆根据选择的充电类型，连接交流充电插头或直流充电插头到相应的充电插座，对车辆动力电池进行充电。

（5）充电指示灯。充电指示灯位于车辆充电接口的上方，用于指示不同的充电状态。以吉利帝豪 EV450 纯电动汽车为例，指示灯含义如表 6-1 所示。

表 6-1 充电指示灯

充电指示灯颜色	充电指示灯状态	充电指示灯含义
白色	常亮 2min	充电照明
黄色	常亮 2min	充电加热
绿色	闪烁 2min	充电过程

充电指示灯颜色	充电指示灯状态	充电指示灯含义
蓝色	常亮 2min	预约充电
绿色	常亮 2min	充电完成
红色	常亮 2min	充电故障
蓝色	闪烁 2min	放电过程

（6）车载充电机。车载充电机位于车辆内部，主要作用是将主电网（外部电网）输入的交流电压转换成能够对动力电池进行充电的直流电压。

如图 6-2 所示，车载充电机输入电压为单相 230V，从主电网请求的最大电流（充电器最大输入电流）32A，若计算最大功率则是：230V×32A=7.360kW。

车载充电机最大充电电流的大小主要受充电器输入电流和输出电压相数影响。如图 6-2 所示，如果该充电器以 16A 的电流进行充电，则充电时间是 32A 的 2 倍，因为充电电流减半；如果该充电器能够输入 3

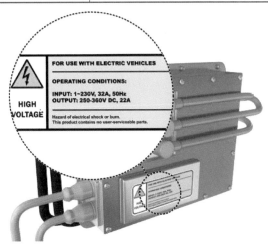

图 6-2　车载充电机铭牌信息

相 32A 电流，输出电压不变，则充电时间将比原来快 3 倍，因为等效充电电流变为 32A×3。

二、操作训练（以吉利帝豪 EV450 纯电动汽车为例）

1.安全及注意事项
（1）插拔充电插头时应握住插头绝缘部分，禁止直接拖拽充电线缆；
（2）应小心地垂直插拔供电设备插头，防止引起车辆或者充电设备损坏；
（3）对所使用的纸质维修手册、车辆要及时规整复位，并对场地进行 5S 管理工作。

2.操作过程（表 6-2 所示）

表 6-2　检查充电装置操作过程

序号	操作步骤	操作方法及说明	操作标准
1	准备工作	（1）准备方向盘套、座椅套和地板垫； （2）准备车轮挡块； （3）查看车辆信息，选取维修手册，本次任务选用吉利帝豪 EV450 纯电动汽车； （4）准备随车充电包，确认吉利帝豪 EV450 纯电动汽车充电模式为充电模式 2	铺设安装到位； 手册仪器选择正确
2	车辆防护	（1）安装车轮挡块； （2）铺设方向盘套、座椅套、地板垫	挡块、方向盘套、座椅套、地板垫安装铺设到位
3	选取维修手册	（1）查阅车辆信息，本次操作选取吉利帝豪 EV450 纯电动汽车； （2）根据车辆信息选取维修手册，维修手册有纸质稿形式和电子稿形式，本试验车辆手册采用电子稿形式	正确选取维修手册

序号	操作步骤	操作方法及说明	操作标准
3	选取维修手册	吉利度车 GEELY AUTO **2018** **帝豪EV350/450维修手册** 本维修手册描供了帝豪EV350/450车型的维护、诊断、维修服务信息。 2018吉利汽车有限公司 版权所有 信息截至 印刷为2018年09月 本维修手册内公司的专有信息， 不得以任何形式或方式（电子或不描述于电子、复印、 记录和其他）对本手册的任何部分进行整码 、存储或传输。	正确选取维修手册
4	查找充电接口位置	（1）翻阅维修手册目录，查找充电接口位置所在目录； 2.6.3 系统工作原理 2.6.3.1 系统工作原理 2.6.4 部件位置 2.6.4.1 部件位置 2.6.5 电气原理示意图 （2）根据目录翻阅查找充电接口位置 2.6.4部件位置 2.6.4.1部件位置 FES2-64251 1—车载充电机；2—驱动电机控制器；3—交流充电接口； 4—直流充电口；5—交流充电接口应急解锁	在手册中找到充电接口位置所属目录，并阅读所需内容信息
5	查阅充电指示灯信息	（1）翻阅维修手册目录，查找"概述"所在目录； 目录 2.6 充电系统 2.6.1 规格 2.6.1.1 紧固件规格 2.6.1.2 车载充电机规格 2.6.2 描述和操作 2.6.2.1 概述	在手册中找到充电指示灯所属目录，并阅读所需内容信息

序号	操作步骤	操作方法及说明	操作标准
5	查阅充电指示灯信息	（2）翻阅手册至对应位置，查阅并读取指示灯信息 | 颜色	状态	说明
---	---	---
白色	常亮 2min	充电照明
黄色	常亮 2min	充电加热
绿色	闪烁 2min	充电过程
蓝色	常亮 2min	预约充电
绿色	常亮 2min	充电完成
红色	常亮 2min	充电故障
蓝色	闪烁 2min	放电过程		在手册中找到充电指示灯所属目录，并阅读所需内容信息
6	查阅充电线连接指示灯信息	（1）翻阅维修手册目录，查找"指示灯说明"所在目录； **11.6 仪表驾驶员信息系统** **11.6.1 规格** **11.6.1.1 紧固件规格** **11.6.1.2 指示灯说明** （2）翻阅手册至对应位置，查阅并读取指示灯信息 |		
---	---	---
〔图标〕 FE11-8354h	充电线连接指示灯	红色		能够准确在手册中找到充电线连接指示灯所属目录，并阅读所需内容信息
7	连接车载充电机充电	（1）驾驶员车门前侧，按压交流充电接口盖板右侧，打开交流充电接口盖板； （2）按下橙色按钮，拔出护盖； （3）将车载充电机与220V电源连接； 	准确找到车辆充电接口安装位置； 正确打开充电接口盖板，读取充电指示灯信息

序号	操作步骤	操作方法及说明	操作标准
7	连接车载充电机充电	(4) 按压车载充电机白色按钮，插入充电枪连接充电；  (5) 打开驾驶员侧车门，通过充电连接指示灯确认连接情况	准确找到车辆充电接口安装位置； 正确打开充电接口盖板读取充电指示灯信息
8	复位整理	(1) 连接各断开的连接器，连接蓄电池负极端； (2) 车辆、工具、仪器复位； (3) 清洁车辆、地面、操作台	交流充电口盖复位到位； 整洁、整齐

第二节 充电系统电源故障诊断

一、充电系统基本知识

1. 充电系统工作原理

纯电动汽车充电系统是维持电动汽车运行的能源补给设施，是从供电电源提取能量对动力电池充电时使用的有特定功能的电力转换装置。现以吉利帝豪 EV450 纯电动汽车为例，充电系统主要包括直流高压充电（快充）、交流高压充电（慢充）、充电枪锁功能、低压充电、智能充电和能量回收。

（1）直流高压充电（快充）。直流充电系统主要通过充电站的充电桩将直流高压电直接通过位于汽车车身前部的直流充电口给动力电池充电。当直流充电设备接口连接到整车直流充电口时，直流充电设备发送充电唤醒信号给电池管理系统（BMS），BMS 根据动力电池的可充电功率，向直流充电设备发送直流充电指令。同时，BMS 吸合系统高压正极继电器和高压负极继电器，动力电池开始充电，传递路线如图 6-3 所示。一般情况下，快充 48min 可充电 80%，但对动力电池损伤较大，故只能在应急情况下使用。

图 6-3 直流高压充电（快充）

（2）交流高压充电（慢充）。交流充电系统主要是将交流充电桩的充电接头接入交流充电口，通过车载充电机将 220V 交流电转为直流电给动力电池进行充电。当车辆处于交流充电模式下，车载充电机检测交流充电接口充电枪的 CC 插入信号、CP 导入信号，并唤醒电池管理系统（BMS），BMS 唤醒车载充电机并发送充电指令，同时闭合主继电器，动力电池开始充电，传递路线如图 6-4 所示。慢充可将动力电池的电量充满，并且对动力电池损伤小。

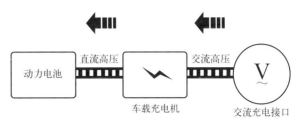

图 6-4　交流充电流量传递路线

（3）充电枪锁功能。为防止车辆充电过程中充电枪丢失，车辆具有充电枪锁功能。充电枪插入充电接口后，只要驾驶员按下智能钥匙闭锁按钮，充电枪防盗功能将开启，BCM 收到智能钥匙的闭锁信号后，通过 CAN 总线将该信号传递到车载充电机，车载充电机将控制充电枪锁止电机，锁止充电枪，此时充电枪无法拔出。如果拔出充电枪，需先按下智能钥匙解锁按钮，解锁充电枪。原理如图 6-5 所示。

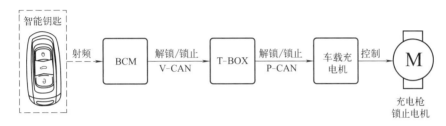

图 6-5　充电枪锁功能控制原理

　　在吉利帝豪 EV450 纯电动汽车中，如果电动解锁失效，可通过机舱左前大灯附近的机械解锁拉索解锁。

　　（4）低压充电。高压上电前，低压电路系统依赖 12V 铅酸蓄电池供电，高压上电后，电机控制器将动力电池的高压直流电转换成低压直流电为 12V 铅酸蓄电池充电。如图 6-6 为低压充电原理。

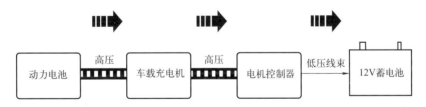

图 6-6　低压充电原理

　　（5）智能充电。长期停放车辆容易造成低压蓄电池亏电，低压蓄电池严重亏电将会导致车辆无法启动上电。为避免这一问题，吉利帝豪 EV450 纯电动汽车具有智能充电功能。车辆停放过程中，整车控制器（VCU）将持续对低压蓄电池电压进行控制，当电压低于设定值时，VCU 将唤醒 BMS，同时 VCU 也将控制电机控制器通过 DC-DC 对低压蓄电池进行充电，防止低压蓄电池亏电，如图 6-7 所示。

　　（6）能量回收。能量回收系统在车辆滑行或制动过程中，驱动电机从驱动状态转变成发电状态，将车辆的动能转换为电能储存在动力电池中。

　　车辆在滑行或制动时，VCU 根据当前动力电池状态和制动踏板位置信号，计算能量回收转矩并发送指令给电机控制器，启动能量回收。能量回收过程中，电机消耗车轮旋转的动

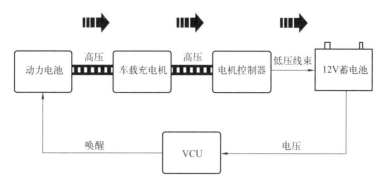

图 6-7　智能充电控制路线

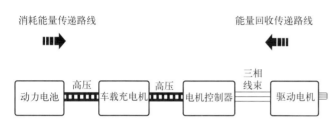

图 6-8　能量回收与能量消耗传递路线

消耗能量传递路线　　　　　　　能量回收传递路线

能，产生的交流电再输出给电机控制器，电机控制器将交流电转换成直流电给动力电池充电，回收传递路线如图 6-8 所示。

注意：动力电池电量过高、车速较高或较低、车辆故障时，VCU 可能会停止能量回收，此时减速感觉可能变弱。

二、影响充电系统总体输出能力的因素

（1）充电站接入主电网的方式；

（2）车载充电机的输入电流和相数；

（3）充电线缆的横截面积。

充电线缆是充电系统的重要组成部分，其横截面积对纯电动汽车充电系统总体输出能力很重要，如图 6-9 所示，电源线的横截面积是 $6mm^2$，信号线横截面积是 $0.5mm^2$。车辆通过测量充电插头内的电阻器的电阻值"知道"充电线的横截面。电阻器电阻值表示充电线的直径，即最大允许的充电电流，它们的关系如表 6-3 所示。充电线横截面积与允许通过的电流之间的关系符合有关法规规定，如表 6-4 所示。

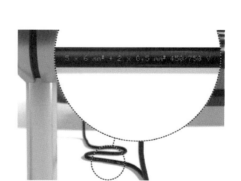

图 6-9　充电线缆表面标识

表 6-3　电阻器电阻值与最大充电电流

电阻值 /Ω	680	220	100
电流值 /A	20	32	63

表 6-4　充电线横截面积与电流值

充电线横截面积 /mm²	2.5	6	16
允许通过电流 /A	16	32	63

注：电阻器电阻值根据其本身色环读取阻值，读出第一环和第二环的数值，乘以第三环的数值，即为电阻器的电阻值。

三、故障诊断操作

1. 操作条件

（1）设备：吉利帝豪 EV450 纯电动汽车、奇瑞新能源诊断仪。

（2）工具：吉利帝豪 EV450 维修手册、常用拆装工具、万用表、车辆防护用品、高压防护用品。

2. 安全及注意事项

（1）禁止改装或拆卸充电线缆、充电插座和充电插头；

（2）在高压检测过程中必须做好高压防护工作；

（3）对所使用的纸质维修手册、电脑、车辆、常用工具、检测设备等要及时规整复位，并对场地进行 5S 管理工作。

3. 操作过程（表 6-5 所示）

表 6-5　充电系统电源故障诊断操作过程

序号	操作步骤	操作方法及说明	操作标准
1	准备工作	（1）准备方向盘套、座椅套和地板垫； （2）准备车轮挡块； （3）查看车辆信息，选取维修手册，本次任务选用吉利帝豪 EV450 纯电动汽车； （4）准备诊断仪，本次任务选用奇瑞新能源诊断仪； （5）准备万用表	能够根据车辆的型号、生产年份、配置等信息选取维修手册
2	车辆防护	（1）安装车轮挡块； （2）铺设方向盘套、座椅套、地板垫 	挡块、方向盘套、座椅套、地板垫安装铺设到位
3	读取故障码	连接诊断仪，读取故障码	车载充电机低压电源故障码有 U300616、P1A8403、P1A841C 等

序号	操作步骤	操作方法及说明	操作标准
4	查阅维修手册	（1）翻阅维修手册目录，查找故障码或车载充电机低压电源故障； □ 2.6.6 诊断信息和步骤 　□ 2.6.6.1 诊断说明 　□ 2.6.6.2 目视检查 　□ 2.6.6.3 充电系统端子列表 　□ 2.6.6.4 故障诊断代码(DTC) 列表 　□ 2.6.6.5 故障诊断数据流列表 　□ 2.6.6.6 车载充电机低压电源故障或车载充电机内部故障 （2）阅读分析故障码含义、电路图及诊断步骤 B+　前机舱保险丝继电器盒 10A EF27 4 BV10 B+ 车载充电机 GND　P CAN-L P CAN-H 6 BV10　54 BV10　BV10 55 G29　至总线通讯系统 P-CAN	在手册中找到车载充电机低压电源故障所属目录，并阅读所需内容信息
5	检测准备	（1）高压防护：绝缘垫绝缘测试； （2）检查并佩戴安全帽、绝缘手套、护目镜	绝缘垫阻值大于 20MΩ； 安全帽、绝缘手套、护目镜无开裂； 操作的步骤顺序正确
6	检查蓄电池	用万用表电压挡测量蓄电池电压 	标准电压：11 ～ 14V

序号	操作步骤	操作方法及说明	操作标准
7	检查车载充电机熔丝 EF27	（1）利用手册查阅熔丝 EF27 位置； （2）用万用表电阻挡检测熔丝 EF27 	标准电阻：小于 1Ω
8	检测车载充电机线束连接器端子电压	（1）操作启动开关，使电源模式置于 OFF 状态； （2）断开车载充电机线束连接器 BV10； （3）操作启动开关，使电源模式置于 ON 状态； （4）用万用表电压挡测量车载充电机线束连接器 BV10 端子 4 对车身接地的电压值 **BV10车载充电机线束连接器** 	标准电压：11 ～ 14V
9	检测车载充电机线束连接器与接地端子导通性	（1）操作启动开关，使电源模式置于 OFF 状态； （2）用万用表电压挡测量车载充电机线束连接器 BV10 端子 6 与车身接地之间的电阻值	标准电阻：小于 1Ω

序号	操作步骤	操作方法及说明	操作标准
9	检测车载充电机线束连接器与接地端子导通性	BV10车载充电机线束连接器 	标准电阻：小于1Ω
10	复位整理	（1）连接各断开的连接器； （2）车辆、工具、仪器复位； （3）清洁车辆、地面、操作台	连接器卡扣卡位到位； 蓄电池负极端转矩：9N·m； 整洁、整齐

第三节　充电系统 CC/CP 故障诊断

一、充电协议

纯电动汽车充电协议是各个国家针对电动汽车充电设施的充电接口通信场景不同所设计的一种通信协议。目前主要有 DIN70121、ISO 15118、GB/T 27930 等，其中前两者是基于 PLC 通信，DIN70121 是针对欧洲和北美交流与直流合二为一的充电接口定义的通信协议；后者是基于 CAN 通信，针对我国 GB/T 20234.3 的直流充电接口制定的协议。

目前，世界不同国家和不同地区都有各自的充电接口（或充电插头）标准，美国、欧洲、中国、日本的标准已成为主要标准，如表 6-6 所示。除此之外，1 型联合充电插头、CHAdeMO 充电插头、2 型联合充电插头是全球通用型充电插头，是专为快速充电而设计的，如表 6-7 所示。

表 6-6　不同国家及地区的标准充电接口

型式	美国（SAE） Type1	欧洲（IEC） Type2	中国（GB） GB	日本（CHAdeMO） JP
交流			 GB/T 20234.2—2011	 IEC 62196-2
直流			 GB/T 20234.3—2011	 CHAdeMO/IEC 62196-3

型式	美国（SAE）	欧洲（IEC）	中国（GB）	日本（CHAdeMO）
	Type1	Type2	GB	JP
组合式	SAE J1772/IEC 62196-3	IEC 62196-3		

表 6-7　不同国家及地区快速充电的充电接口

不同国家、地区的充电接口型号	AC	DC	组合式
美国 联合充电系统，型号 1 安装位置：右后充电盖板			
亚洲 AC 型号 1/DC CHAdeMO 接口 安装位置：前部 AC 接口安装在汽车 徽标下面 DC 接口右后充电盖板			
欧洲 联合充电系统，型号 2 安装位置：右后充电盖板			

二、交流充电系统充电接口

交流充电系统的接口按 GB/T 20234.2—2011 使用 7 针接口，端子分别是 CP、CC、N、L、NC1、NC2 和 PE，其形状如图 6-10 所示。

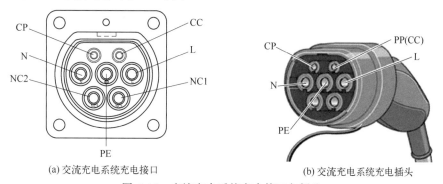

(a) 交流充电系统充电接口　　　　　　　(b) 交流充电系统充电插头

图 6-10　交流充电系统充电接口与插头

CP—控制确认端子；CC—充电连接确认端子；N、L—交流电源端子；NC1、NC2—备用端子；
PE—车身搭铁端子

1. CP 端子

控制通信确认线，充电站通过 CP 端子与车辆通信，检测车辆是否准备好充电，并通过 PWM（脉冲宽度调制）信号的监测，判断供电设备的供电能力，并确认充电装置是否完全连接，如表 6-8 所示。

2. CC（PP）端子

充电连接确认。充电插头与车身交流充电口完全连接后，充电桩中的供电控制装置检测到 CC 连接确认信号后切换至 PWM 信号挡。同时，位于充电插头内与 CC 端子相连的电阻器的阻值反映充电线的横截面积，以此指示充电线能传输的最大电流。

表 6-8　CP-PWM 信号与充电系统状态及电流的关系

CP-PWM 信号电压 /V	充电系统状态	CP-PWM 信号占空比 /%	充电电流 /A
12	车辆准备好充电	16	10
9	充电线已与车辆连接	25	16
6	车辆正在充电	50	32
3	正在进行通风充电过程	50	32

三、直流充电系统充电接口

直流充电系统的接口按 GB/T 20234.2—2011 使用 9 针接口，端子分别是 DC-、DC+、A-、A+、CC1、CC2、S+、S-、CAN-H、CAN-L，其形状及端子含义如图 6-11 所示。

直流充电系统与交流充电系统相比较，不仅增加了两个端口，而且有很大差别。现以比亚迪 E5 充电系统为例，DC+、DC- 是经过充电桩逆变整流后的直流电源，S+、S- 是充电桩与车辆电池管理控制器（BMC）通信端子，CC1 是充电桩与车辆连接确认信号、CC2 是车辆控制器与充电桩连接确认信号，A+、A- 是充电桩给电池管理控制器（BMC）提供的工作电源，PE 为纯电动汽车的车身搭铁。

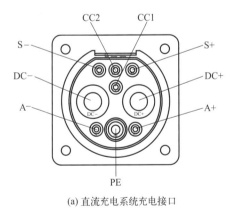

(a) 直流充电系统充电接口　　　　　　(b) 直流充电系统充电插头

图 6-11　直流充电系统充电接口与插头

四、故障诊断操作

1. 操作条件

（1）设备：吉利帝豪 EV450 纯电动汽车、奇瑞新能源诊断仪。

（2）工具：吉利帝豪 EV450 维修手册、常用拆装工具、万用表、车辆防护用品、高压防护用品。

2.安全及注意事项

（1）禁止改装或拆卸充电线缆、充电插座和充电插头；

（2）涉及高压操作必须做好高压防护工作；

（3）对所使用的纸质维修手册、电脑、车辆、常用工具、检测设备等要及时规整复位，并对场地进行 5S 管理工作。

3.操作过程（表6-9所示）

表 6-9　充电控制和连接故障诊断

序号	操作步骤	操作方法及说明	操作标准
1	准备工作	（1）准备方向盘套、座椅套和地板垫； （2）准备车轮挡块； （3）查看车辆信息，选取维修手册，本次任务选用吉利帝豪 EV450 纯电动汽车； （4）准备诊断仪，本次任务选用奇瑞新能源诊断仪； （5）准备万用表； （6）高压防护：绝缘垫、绝缘手套、护目镜、安全帽	能够根据车辆的型号、生产年份、配置等信息选取维修手册
2	车辆防护	（1）安装车轮挡块；  （2）铺设方向盘套、座椅套、地板垫 	挡块、方向盘套、座椅套、地板垫安装铺设到位
3	查阅电路图	（1）翻阅电路图目录，查找交流充电系统电路图； 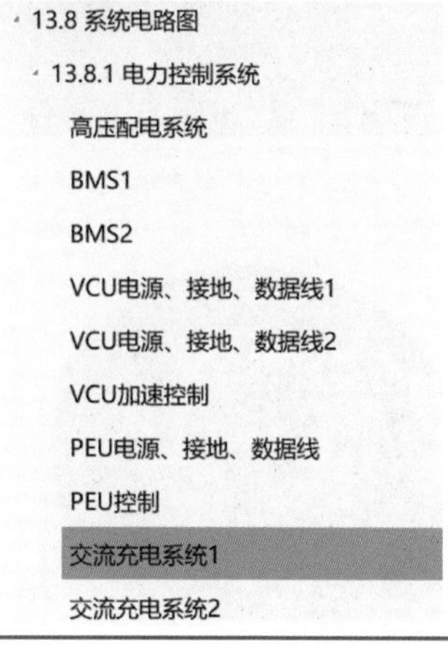 	在电路图中找到交流充电系统电路图，并阅读分析所需内容信息

序号	操作步骤	操作方法及说明	操作标准
3	查阅电路图	(2) 阅读分析电路图 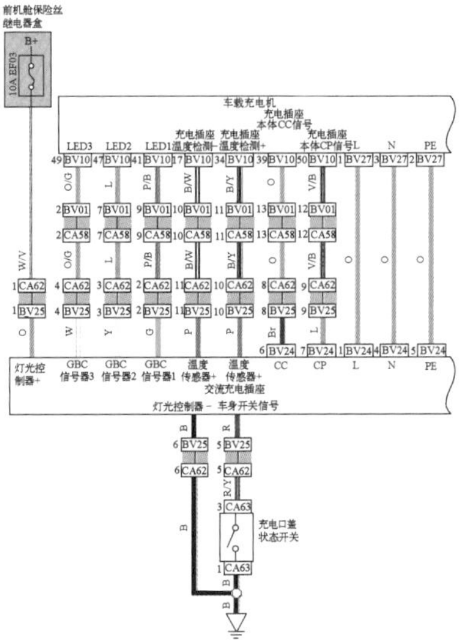	在电路图中找到交流充电系统电路图，并阅读分析所需内容信息
4	检测准备	(1) 高压防护，绝缘垫绝缘测试； (2) 检查并佩戴安全帽、绝缘手套、护目镜； (3) 测量蓄电池静态电压值	绝缘垫阻值大于20MΩ； 安全帽、绝缘手套、护目镜无开裂； 蓄电池电压值12V
5	诊断仪访问车载充电机读取数据流	(1) 检查诊断仪是否输出故障码； (2) 读取CC/CP信号数据流 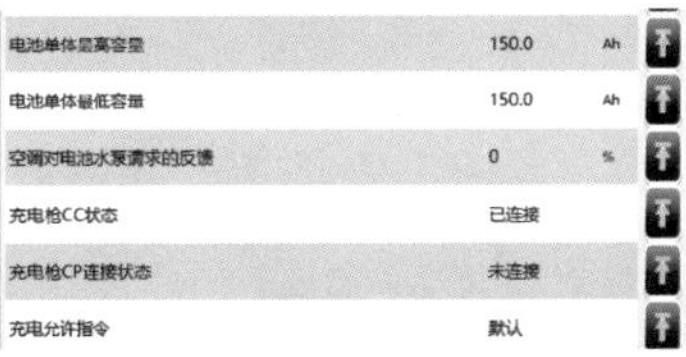 	记录故障码； 记录CC/CP数据流； 根据充电枪连接状况显示"已连接"或"未连接"
6	检查蓄电池	用万用表电压挡测量蓄电池电压 	标准电压：11～14V
7	检测CC与PE端子电压	(1) 操作启动开关，使电源模式置于ON状态； (2) 用万用表电压挡测量CC端子与PE端子电压 	标准电压：10～13V

序号	操作步骤	操作方法及说明	操作标准
8	检测 CC 与车载充电机线束连接器端子电阻	如 CC 与 PE 端子电压为 0V，则进行下列操作： （1）操作启动开关，使电源模式置于 OFF 状态； （2）断开蓄电池负极； （3）断开车载充电机低压线束连接器 BV10； （4）用万用表电阻挡测量 CC 端子与车载充电机低压线束连接器 BV10-39 端子之间的电阻值 BV10车载充电机低压线束连接器	标准电阻：小于 1Ω
9	检测 CP 与 PE 端子的二极管压降	（1）操作启动开关，使电源模式置于 ON 状态； （2）用万用表电压挡测量 CP 端子与 PE 端子的二极管压降 	标准压降：1～2V

序号	操作步骤	操作方法及说明	操作标准
10	检测 CP 与车载充电机线束连接器端子电阻	如 CP 与 PE 端子电压为 0V，则进行下列操作： （1）操作启动开关，使电源模式置于 OFF 状态； （2）断开蓄电池负极； （3）断开车载充电机低压线束连接器 BV10； （4）用万用表电阻挡测量 CP 端子与车载充电机低压线束连接器 BV10-50 端子之间的电阻值 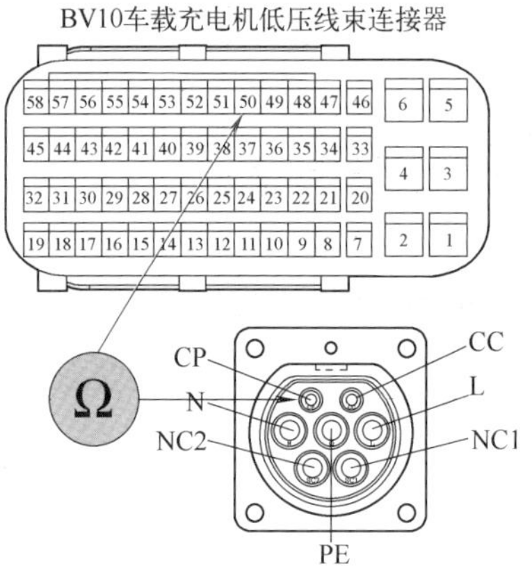 BV10车载充电机低压线束连接器 	标准电阻：小于 1Ω
11	复位整理	（1）连接各断开的连接器； （2）车辆、工具、仪器复位； （3）清洁车辆、地面、操作台	连接器卡扣卡到位； 蓄电池负极端转矩：9N·m； 整洁、整齐

第七章 高压配电系统检测诊断

第一节 高压配电系统基础知识

一、高压配电系统的作用

纯电动车有两套高压充电系统：一套直流快充充电系统和一套交流慢充充电系统，为动力电池充电，提供能量。

纯电动车还有一套高压供电系统，动力电池为电机控制器、驱动电机、电动压缩机、PTC加热器等高压部件提供能量。这些所有的高压部件都由高压配电系统连接，传送电能。

二、高压配电系统的构成

如图7-1所示为吉利帝豪EV450的高压配电系统电路原理图。高压配电系统主要包

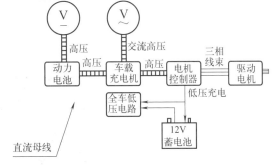

图7-1 高压配电系统电路原理图

括：车载充电机分线盒（集成在车载充电机内部）、直流充电接口、交流充电接口、直流母线、三相线束等。其中，车载充电机分线盒一般又称为高压配电盒，在有些品牌的纯电动汽车上与车载充电机分开，例如北汽EV200纯电动汽车，如图7-2所示。

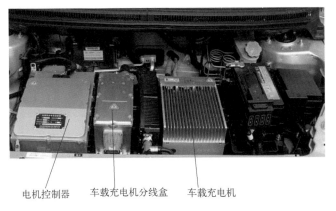

电机控制器　车载充电机分线盒　车载充电机

图7-2 北汽EV200高压部件示意图

1.车载充电机分线盒（高压配电盒）

车载充电机分线盒又称为高压配电盒，其作用类似于低压供电系统中的熔丝盒，内部装有高压继电器、进行高压电能保护的熔断器，外围连接至各高压部件，可实现高压电能分配、高压回路的过载及短路保护。

高压电能分配：将动力电池输送的电能分配给电机控制器、空调压缩机、PTC 加热器等高压部件。图 7-3 为电能从充电接口至高压部件的传递路线。

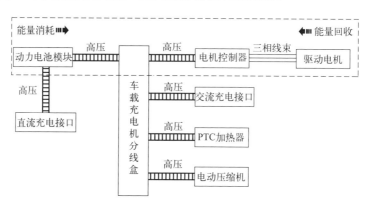

图 7-3　电能从充电接口至高压部件的传递路线

高压回路的过载及短路保护：车载充电机分线盒内对电动压缩机回路、PTC 加热器回路、交流慢充回路各设有一个 40A 的熔断器。其内部结构如图 7-4 所示。

图 7-4　北汽 EV200 的车载充电机分线盒内部结构

当上述回路电流超过 90A 时，熔断器会在 15s 内熔断；当回路电流超过 150A 时，熔断器会在 1s 内熔断，起到回路保护作用。其原理如图 7-5 所示。

2.直流充电接口

直流充电接口能接收直流充电桩的电能，并通过高压线束将电能直接输送给动力电池总成为其充电。

3.交流充电接口及直流母线

交流充电接口能接收交流充电桩的电能，并通过高压线束将电能输送给车载充电机，车载充电机将交流电转化为直流电后，再传递给分线盒，分线盒经过直流母线，将直流电传递到动力电池为其充电。图 7-6 为交流慢充电能传递路线。

4.电机三相线

驱动电机及三相线如图 7-7 所示。车辆行驶时，电流从动力电池依次经过直流母线—分线盒—电机控制器高压线—电机控制器—电机三相线，到达驱动电机，产生驱动力。图7-8为电能从动力电池至驱动电机的传递路线图（能量回收时，传递路线相反）。

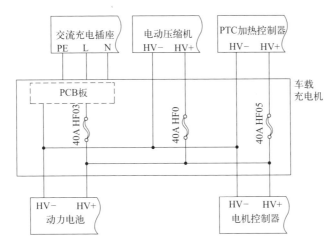

图 7-5　高压回路的过载及短路保护原理

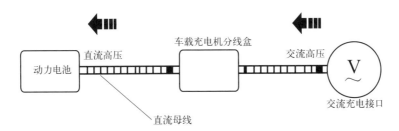

图 7-6　交流慢充电能传递路线

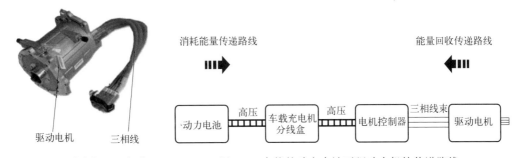

图 7-7　驱动电机及三相线　　　　图 7-8　电能从动力电池至驱动电机的传递路线

三、高压电缆的识别

颜色识别：高压电缆有着橙色的编织护套，以便于辨认，如图7-9所示。

符号识别：在维修手册、电路图中，HV 为高压电（High Voltage）的缩写。

交 / 直流识别：

（1）连接动力电池总成的高压电缆输送直流电；

图 7-9　高压电缆示意图

（2）连接电机控制器和驱动电机的电缆输送交流电；

（3）空调压缩机有交流电驱动和直流电驱动两种，若为两条电缆，则是直流电驱动；若为三条电缆，则是交流电驱动。

第二节　高压绝缘系统故障诊断

一、高压绝缘系统基本知识

1. 高压绝缘系统

高压绝缘系统的主要作用是保护人身安全及车载高压用电设备的运行安全。高压配电系统有专门的绝缘检测单元，能实时检测车辆高压配电系统的动态，并迅速作出判断，确保高压电路安全、可靠。

各控制单元通过内部绝缘检测电路及单元对高压部件电路绝缘状态实时监测，如果这些状态发生异常，各控制单元会根据检测到的信号状态产生一个相对应的故障码，同时会将这个信息通过原车 CAN 总线发送至组合仪表控制单元，组合仪表控制单元通过文字提醒警告驾驶人系统异常，注意行车安全。分析故障码就可以基本确定故障部位。

2. 高压绝缘系统的监测

以北汽纯电动汽车为例，其动力电池的输出电压大部分都在 DC336V 左右甚至更高。根据国家安全电压标准的要求，人体的安全电压一般是指不使人直接致死或致残的电压，一般环境条件下允许持续接触的"安全特低电压"是 DC36V。电动汽车动力电池输出的直流电压区间已远远超过了该安全电压，因此，国家的电动汽车安全标准对人员的触电防护提出了明确的要求，其中包括对绝缘电阻值的最低要求。根据国家标准的规定，动力系统的检测阶段最小瞬间绝缘电阻为 0.5kΩ/V。各车厂开发的纯电动汽车，则应根据各自设定的电压等级来确定动力系统的绝缘电阻警告阈值。

绝缘电阻警告阈值分为两类，一类设定为 50 ～ 350kΩ，定义为 3 级的一般绝缘故障，即整车进入跛行工况 / 降功率，系统故障灯亮且提示绝缘故障；另一类设定为小于 50kΩ，定义为 1 级的致命绝缘故障，即动力电池总正、负继电器断开，动力电池不上电，电机零转矩，系统故障灯亮且提示绝缘故障。

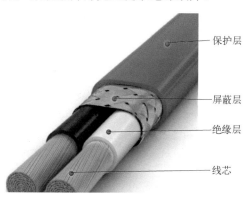

图 7-10　高压母线结构

高压绝缘状态由 BMS 检测，当检测到的绝缘电阻值低于以上某值时，BMS 将对应的绝缘故障码上报给上位机，整车上则由组合仪表来进行故障码显示和故障灯警告。当组合仪表上显示了故障码或警告灯时，表示此时车辆出现了绝缘故障，必须马上进行故障排查，以免出现人身安全事故。

3. 高压母线的结构

高压母线：从外到内由保护层、屏蔽层、绝缘层、线芯组成，如图 7-10 所示。

保护层

屏蔽层

绝缘层

线芯

保护层：作用是保护电力电缆免受外界杂质和水分的侵入，以及防止外力直接损坏电力电缆。

屏蔽层：在保护层内、绝缘层外，作用是限制电场和电磁干扰。

绝缘层：包覆在线芯外，其作用是隔绝导体，承受相应的电压，防止电流泄漏。绝缘层是将线芯与大地以及不同相的线芯间在电气上彼此隔离，保证电能输送。

线芯：是电力电缆的导体部分，用来输送电能，是电力电缆的主要部分。

4. 高压母线的特点

纯电动汽车高压母线的特点包括：

高电压：和常规汽车电缆的基本差异是结构需要按额定电压600V设计，而如果在商用车和公共汽车上使用，额定电压可高达1000V。

高电流：由于电动汽车高压线是电池、逆变器和电动机的连接脉络，需要传输高电流，电流可达到250～450A。

耐高温：高压、高电流导致的结果是组件的发热情况更严重，因此普通电缆的额定温度70℃、90℃或105℃已经不适用了。目前电动汽车高压线的耐高温主要为125℃和150℃。有特殊要求的部分电动汽车厂家，会提出更高的耐高温要求，如排气管、电机、电池背面等位置附近。

更严苛的工作寿命：汽车行业通常在指定温度等级基础上，将电缆的使用寿命设计为3000h。

屏蔽效果：高压电缆本身并不需要屏蔽，因为它不像同轴电缆那样传输数据，但是需要防止或减少系统中开关电源产生的高频辐射，并通过电缆诱导到周边部件。

柔韧性：由于汽车空间的局限性，需要具有高柔韧性的电缆来满足布线的需要。

耐弯曲：由于靠近纯电动汽车运动部位（如电机），这些地方的高压线会连续振动，因此高压线被设计成能承受高的循环弯曲，以确保良好的弯曲耐力。

颜色标识：由于纯电动汽车高压线具有高压的性质，因此在标准中明确规定统一使用橙色，以示和普通汽车电缆的区别。

5. 高压绝缘检测设备

兆欧表是用来测量绝缘电阻阻值大小的专业测量工具，因此又叫"绝缘电阻表"。兆欧表有手摇式、电动式、数字式、智能化、专业型等类型。

兆欧表的功用：兆欧表是电力、邮电、通信、机电安装维修及用电作为工业动力或能源的工业企业中常用的、不可缺少的仪表。适用于测量各种绝缘材料的电阻和变压器、电机、电缆及电气设置的绝缘电阻。

兆欧表的组成：兆欧表主要由主机、检测线组成。

兆欧表的原理：由机内电池作为电源，经DC-DC转换产生的直流高压由E极出，经被测试品到达L极，从而产生一个从E极到L极的电流，经过I/V变换及除法器完成运算，直接将被测的绝缘电阻值由LCD显示出来。

兆欧表的选择：选择电压等级和测量范围。

电压等级：额定电压在100V以下的电气设备或回路，选用250V兆欧表；100V以上、500V以下的电气设备或回路，选用500V高压兆欧表；额定电压在500V以上、3kV以下的电气设备或回路，选用1000V高压兆欧表；额定电压在3kV以上、10kV以下的电气设备或回路，选用2500V高压兆欧表；10kV及以上的电气设备或回路，选用2500V或5000V高压兆欧表。

测量范围：量程范围的选择一般不要过多地超出所测量的电阻值。

兆欧表的使用注意事项：使用前必须切断低压电源，即关闭点火开关，切断蓄电池的正极、负极，并对正极、负极进行绝缘防护，不允许在设备带电的情况下进行检测；测量完成后要立即放电，按下"TEST"，继续将表笔留在检测电路上，等待兆欧表对被测电路放电，直到兆欧表显示正常后，拿开表笔；测量中若表针指零，应立即停表，否则会损坏兆欧表。

二、故障诊断操作

1. 操作条件

（1）设备：吉利帝豪 EV450 纯电动汽车、诊断仪、万用表、低阻表、兆欧表。

（2）工具：吉利帝豪 EV450 维修手册，扭力扳手。

2. 安全及注意事项

（1）在作业过程中佩戴好个人防护用品；

（2）兆欧表使用时脚下垫上绝缘橡胶垫，并戴上绝缘手套，防止高压电击造成生命危险；

（3）断开高压连接器后，保护好高压互锁接头，防止意外损坏；

（4）当打开车辆前机舱盖或进入车辆底部时，不要盲目碰触高压导线及设备，避免触电危险；

（5）对所使用的纸质维修手册、电脑、车辆或举升机要及时规整复位，并对场地进行5S 管理工作。

3. 操作过程（表 7-1 所示）

表 7-1　检查高压绝缘系统的操作过程

序号	操作步骤	操作方法及说明	操作标准
1	准备工作	（1）准备方向盘套、座椅套和地板垫、车轮挡块； （2）查看车辆信息，选取维修手册，本次任务选用吉利帝豪 EV450 纯电动汽车； （3）准备诊断仪，本次任务选用道通 MS908S 通用诊断仪，准备万用表、兆欧表； （4）本次任务以电机控制器回路故障为例进行介绍	能够根据车辆的型号、生产年份、配置等信息选取维修手册
2	车辆防护	（1）安装车轮挡块； （2）铺设方向盘套、座椅套、地板垫 	挡块、方向盘套、座椅套、地板垫安装铺设到位

序号	操作步骤	操作方法及说明	操作标准
3	确认车辆故障现象	根据客户反映，确认车辆存在的故障现象	仪表显示车辆无法上高压电
4	查阅维修手册	（1）翻阅维修手册目录，查找"电机控制器回路故障"所在目录； （2）根据目录翻阅查找电机控制器回路电路图 	
5	检测准备	（1）高压防护：绝缘垫绝缘测试；检查并佩戴安全帽、绝缘手套、护目镜； （2）操作启动开关，使电源模式置于 OFF 状态； （3）断开蓄电池负极电缆 	绝缘垫阻值大于 20MΩ；安全帽、绝缘手套、护目镜无开裂；操作的步骤顺序正确；蓄电池负极电缆用绝缘胶带包裹
6	断开高压回路	（1）断开直流母线； （2）断开动力电池高压线束连接器 BV16； （3）等待 5min； （4）确定高压回路是否断开，用万用表电压挡检测 BV16 端子 1 与端子 2 之间的电压	标准电压：小于或等于 5V

序号	操作步骤	操作方法及说明	操作标准
6	断开高压回路	BV16动力电池 	标准电压：小于或等于5V
7	断开高压插头	断开电机控制器线束连接器BV28。 （1）用手或旋具轻撬助力手柄锁扣； （2）将助力手柄脱出锁头，然后缓慢向上抬高助力手柄，接插件会慢慢退出； （3）当助力手柄由水平位置变到垂直位置时，接插件已处于全部拔出状态	完全分开高压插头和高压插座
8	高压母线接插件的包裹	检修高压线时，对拆下的任何裸露出的高压部位，应立刻用绝缘胶带包扎绝缘	高压母线插头包裹完好，无裸露
9	高压母线外观检查	（1）检查高压母线连接器接口处是否有异物、烧蚀等情况； （2）高压母线外观是否有破损	外观无异物、无烧灼、无破损
10	兆欧表校表	（1）红色表笔插入兆欧表"+"极插孔内，黑色表笔插入"-"极插孔内； （2）兆欧表开路试验，将E、L两端开路，按下"TEST"按钮； （3）兆欧表短路试验，将E、L两端短接，按下"TEST"按钮； （4）经检查完好才能使用	开路试验，电阻无穷大；短路试验，电阻小于1Ω
11	绝缘性检测	（1）兆欧表挡位调至"1000V"； （2）用兆欧表测量电机控制器线束连接器BV28端子1和分线盒壳体之间的电阻； （3）用兆欧表测量电机控制器线束连接器BV28端子2和分线盒壳体之间的电阻； （4）结束测量时，进行放电	标准电阻：大于或等于20MΩ
12	万用表校表	数字万用表的电阻量程选为200Ω，且黑红表笔短接，读数	标准电阻：小于1Ω

続表

序号	操作步骤	操作方法及说明	操作标准
13	检查回路断路故障	（1）用万用表电阻挡测量直流母线线束连接器 BV16 端子 1 和电机控制器线束连接器 BV28 端子 1 之间的电阻； （2）用万用表"电阻挡"测量直流母线线束连接器 BV16 端子 2 和电机控制器线束连接器 BV28 端子 2 之间的电阻 	标准电阻：小于 1Ω
14	检查回路相互短路故障	（1）断开分线盒其他所有高压线束连接器； （2）用万用表电阻挡测量电机控制器线束连接器 BV28 端子 2 与端子 1 之间的电阻 	标准电阻：大于或等于 20MΩ
15	导通性检测	用万用表电阻挡测量高压母线两端的电阻值。 （1）测量直流母线线束连接器 BV16 端子 1 和接 OBC 分线盒线束连接器 BV17 端子 1 之间的电阻； （2）测量直流母线线束连接器 BV16 端子 2 和接 OBC 分线盒线束连接器 BV17 端子 2 之间的电阻 BV17接OBC分线盒线束连接器　　BV16动力电池 	标准电阻：小于 1Ω
16	测量高压母线屏蔽层接地情况	用万用表电阻挡测量高压母线屏蔽层与车身测量电阻	标准电阻：小于 1Ω
17	复位整理	把高压母线包裹的绝缘胶布去除	确认车辆能够上高压电

第三节　高压互锁故障诊断

一、高压互锁基本知识

1. 高压互锁的定义

在国际标准 ISO 6469-3—2011《电动道路车辆安全规范》第 3 部分人身防电击保护中规定，车上的高压部件应具有高压互锁装置。

高压互锁：也指危险电压互锁回路（HVIL，Hazardous Voltage Interlock Loop），即通过电气信号来检查整个高压产品、导线、连接器及护盖的电气完整性（连续性），识别到回路异常断开时，及时断开高压电。

2. 高压互锁的作用

高压互锁的作用：整车在高压上电前确保整个高压系统的完整性，使高压处在一个封闭环境下工作，从而提高安全性；当车辆在运行过程中，高压系统回路断开或完整性受到破坏时，可启动安全防护，如使高压动力电池禁止向外供电；防止带电插拔高压连接器给高压端子造成拉弧损坏。

3. 高压互锁电路的组成

高压互锁电路的组成：以北汽新能源汽车 EV200 为例，其高压互锁回路由 VCU、空调压缩机、车载充电机、高压控制盒、动力电池、快充接口、DC-DC 转换器、PTC 加热控制器、电机控制器组成，通过高压互锁电缆将这些高压部件的连接器串联，最后通过 PTC 加热连接器端搭铁，如图 7-11 所示。

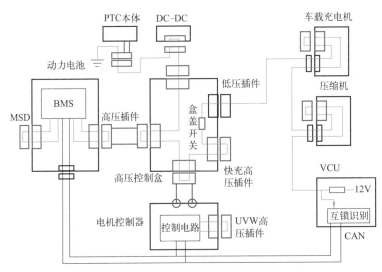

图 7-11　高压互锁回路组成

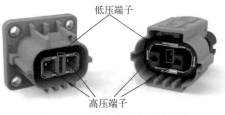

图 7-12　高压互锁连接器结构

高压互锁连接器结构：如图 7-12 所示，由低压端子（又称互锁端子）和高压端子（又称主回路端子）共同组成。

当高压互锁连接器插合后，两个低压端子呈短路状态；当高压互锁连接器断开后，两个低压端子呈开路状态，即通过低压端子和高压端子的长度和位置差异，可实现连接时，先连接高压端子，再连接低压端子；断开时，先断开低压端子，再断开高压端子，高压互锁内部结构如图 7-13 所示。

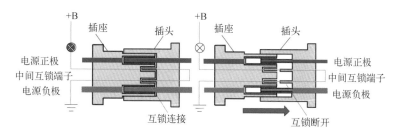

图 7-13　高压互锁连接器内部结构

4. 高压互锁的原理

所有与动力电池相连的高压部件内部都有一个高压互锁连接器，该高压互锁连接器集成在电缆中或部件外壳中，各部件的互锁回路串联，一旦其中任意一个部件的高压互锁连接器断开，整个互锁回路将断开，继而切断高压回路。

以北汽新能源 EV200 为例，其高压互锁回路如图 7-11 所示，VCU 通过限流电阻输出一个 +12V 电源电压，通过高压部件连接器构成的高压互锁回路传输至 PTC 加热连接器端搭铁。

若 VCU 检测点的电压值为 0V，则判断高压连接器及元件连接正常，无断开现象，回路的完整性没有被破坏；若 VCU 检测点的电压值为 12V，则判断高压回路没有完整的连接，且被破坏，即连接器断开或电路有开路，此时动力电池总正、负继电器立即断开，动力电池停止上电。

因此，高压互锁回路可用于检测高压线束的连接情况。检修时，使用万用表逐段检测线束导通情况，对连接器导通情况排查。视情况更换或维修线束、连接器或元件。

5. 高压安全策略

高压互锁系统在识别到危险时，整个控制器应根据危险时的行车状态及故障危险程度运用合理的安全策略，这些策略包括以下几点。

故障报警：无论纯电动汽车处于何种状态，只要高压互锁系统监测到危险，车辆应该对危险发出警告，如使仪表警告灯点亮或发出警告声提醒驾驶人员及时处理。

切断高压源：当电动车在停止状态，高压互锁系统识别到危险时，除了发出警告，还应告知相应控制器断开高压继电器，切断高压源，避免发生高压危险。

降功率运行：电动汽车在高速行驶时，高压互锁系统在监测到危险情况后，不能马上切断高压源，首先应发出警告，然后让控制器降低电机运行的功率，让高压系统在小负荷下运行，降低发生高压危险的可能性。

二、故障诊断操作

1. 操作条件

（1）设备：吉利帝豪 EV450 纯电动汽车。

（2）工具：吉利帝豪 EV450 维修手册、万用表。

2. 安全及注意事项

（1）断开高压连接器前根据手册规范切断高压电；

（2）做好个人高压安全防护；

（3）断开高压连接器后，保护好高压互锁接头，防止意外损坏；

（4）当打开车辆前机舱盖或进入车辆底部时，不要盲目碰触高压导线及设备，避免触电危险；

（5）对所使用的纸质维修手册、电脑、车辆或举升机要及时规整复位，并对场地进行5S管理工作。

3. 操作过程（表7-2所示）

表7-2　高压互锁故障诊断操作过程

序号	操作步骤	操作方法及说明	操作标准
1	准备工作	（1）准备方向盘套、座椅套和地板垫、车轮挡块； （2）查看车辆信息，选取维修手册，本次任务选用吉利帝豪EV450纯电动汽车； （3）准备诊断仪，本次任务选用道通MS908S通用诊断仪，准备万用表	能够根据车辆的型号、生产年份、配置等信息选取维修手册
2	车辆防护	（1）安装车轮挡块； （2）铺设方向盘套、座椅套、地板垫 	挡块、方向盘套、座椅套、地板垫安装铺设到位
3	确认车辆故障现象	根据客户反映，启动车辆，确认车辆存在的故障现象 	仪表显示：车辆无法上高压电
4	读取故障信息	连接诊断仪，读取故障码 	读取故障码为P1C4096高压互锁故障

新能源汽车维护及故障诊断（全彩图解版）

序号	操作步骤	操作方法及说明	操作标准
5	查阅维修手册	（1）翻阅电路图手册目录，查找"高压互锁"所在目录； 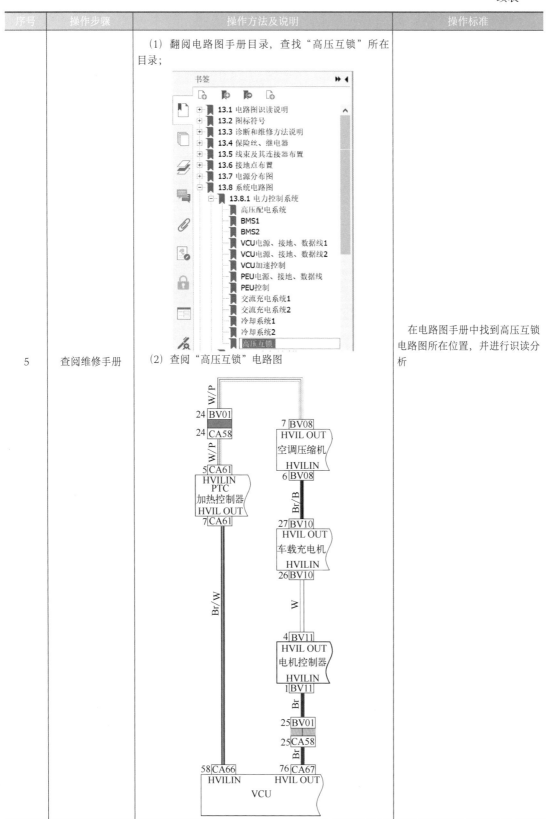 （2）查阅"高压互锁"电路图	在电路图手册中找到高压互锁电路图所在位置，并进行识读分析

序号	操作步骤	操作方法及说明	操作标准
6	检测准备	（1）高压防护：绝缘垫绝缘测试；检查并佩戴安全帽、绝缘手套、护目镜； （2）操作启动开关，使电源模式置于 OFF 状态； （3）断开蓄电池负极电缆，并用绝缘胶带包裹	绝缘垫阻值：大于 20MΩ； 安全帽、绝缘手套、护目镜无开裂； 操作的步骤顺序正确
7	检测高压互锁线路	（1）根据高压互锁电路图，找到需断开的相关的高压连接器：CA66、CA67、BV11、BV10、BV08、CA61 连接器； （2）用万用表电阻挡判断 VCU 连接器与电机控制器连接器之间的高压互锁线路； 《线路断路状况判断表》 测量点 A：CA67-76　测量点 B：BV11-1 《线路断路状况判断表》 测量点 A：CA67-76 或 BV11-1　测量点 B：车身接地 CA67 VCU模块线束连接器B （3）用万用表电阻挡判断电机控制器连接器与车载充电机之间的高压互锁线路； 《线路断路状况判断表》 测量点 A：BV11-4　测量点 B：BV10-26	线路断路状况判断标准电阻：小于 1Ω； 线路短路状况判断标准电阻：10kΩ 或更高

序号	操作步骤	操作方法及说明	操作标准
7	检测高压互锁线路	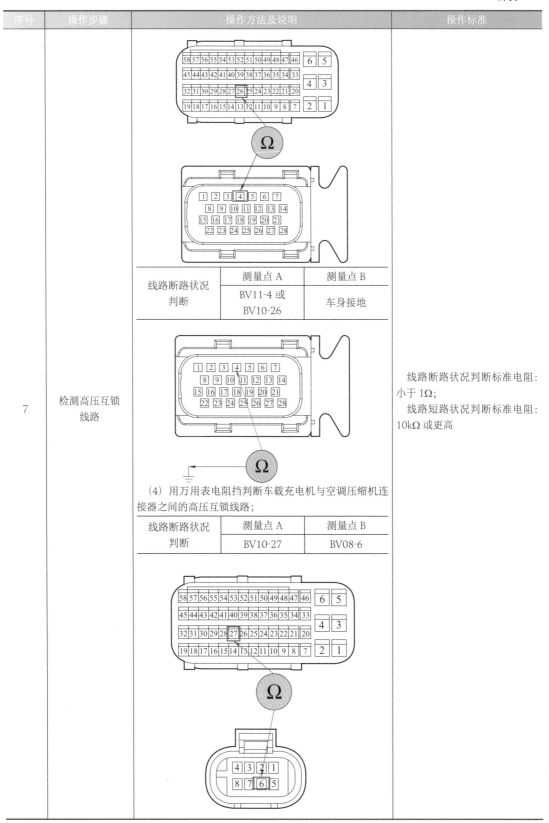 （4）用万用表电阻挡判断车载充电机与空调压缩机连接器之间的高压互锁线路；	线路断路状况判断标准电阻：小于 1Ω； 线路短路状况判断标准电阻：10kΩ 或更高

线路断路状况判断

	测量点 A	测量点 B
线路断路状况判断	BV11-4 或 BV10-26	车身接地

线路断路状况判断	测量点 A	测量点 B
	BV10-27	BV08-6

序号	操作步骤	操作方法及说明	操作标准
7	检测高压互锁线路	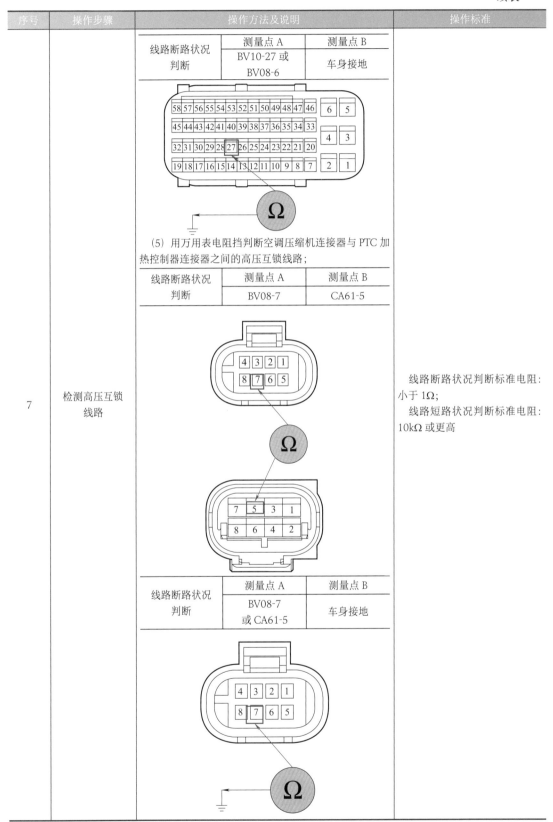	线路断路状况判断标准电阻：小于 1Ω； 线路短路状况判断标准电阻：10kΩ 或更高

序号	操作步骤	操作方法及说明	操作标准
7	检测高压互锁线路	(6) 用万用表电阻挡判断 PTC 加热控制器连接器与 VCU 连接器之间的高压互锁线路 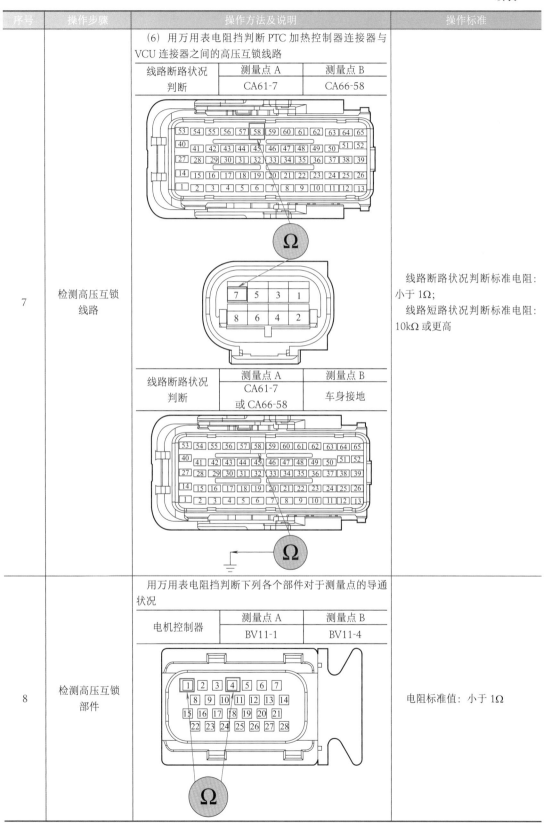	线路断路状况判断标准电阻: 小于 1Ω; 线路短路状况判断标准电阻: 10kΩ 或更高
8	检测高压互锁部件	用万用表电阻挡判断下列各个部件对于测量点的导通状况	电阻标准值: 小于 1Ω

线路断路状况判断:
线路断路状况判断	测量点 A	测量点 B
	CA61-7	CA66-58

线路断路状况判断	测量点 A	测量点 B
	CA61-7 或 CA66-58	车身接地

电机控制器	测量点 A	测量点 B
	BV11-1	BV11-4

序号	操作步骤	操作方法及说明	操作标准
8	检测高压互锁部件	<table><tr><td>车载充电机</td><td>测量点 A</td><td>测量点 B</td></tr><tr><td></td><td>BV10-26</td><td>BV10-27</td></tr></table> 58 57 56 55 54 53 52 51 50 49 48 47 46　6 5 45 44 43 42 41 40 39 38 37 36 35 34 33　4 3 32 31 30 29 28 27 26 25 24 23 22 21 20 19 18 17 16 15 14 13 12 11 10 9 8 7　2 1 Ω <table><tr><td>空调压缩机</td><td>测量点 A</td><td>测量点 B</td></tr><tr><td></td><td>BV08-6</td><td>BV08-7</td></tr></table> 4 3 2 1 8 7 6 5 Ω <table><tr><td>PTC 加热控制器</td><td>测量点 A</td><td>测量点 B</td></tr><tr><td></td><td>CA61-5</td><td>CA61-7</td></tr></table> 7 5 3 1 8 6 4 2 Ω	电阻标准值：小于 1Ω
9	检查高压互锁电压	用万用表电压挡测量 VCU 线束连接器 CA66 端子 12、50 对车身接地的电压 <table><tr><td rowspan="4">VCU 线束连接器</td><td>测量点 A</td><td>测量点 B</td></tr><tr><td>CA66-12</td><td>车身接地</td></tr><tr><td>测量点 A</td><td>测量点 B</td></tr><tr><td>CA66-50</td><td>车身接地</td></tr></table>	电压标准值：11 ～ 14V

序号	操作步骤	操作方法及说明	操作标准
9	检查高压互锁电压		电压标准值：11 ~ 14V
10	检查高压互锁接地电阻	用万用表电阻挡测量 VCU 线束连接器 CA66 端子 1、2、26、54 与车身接地之间的电阻值 VCU 线束连接器 <table><tr><td>测量点 A</td><td>测量点 B</td></tr><tr><td>CA66-1</td><td>车身接地</td></tr><tr><td>测量点 A</td><td>测量点 B</td></tr><tr><td>CA66-2</td><td>车身接地</td></tr><tr><td>测量点 A</td><td>测量点 B</td></tr><tr><td>CA66-26</td><td>车身接地</td></tr><tr><td>测量点 A</td><td>测量点 B</td></tr><tr><td>CA66-54</td><td>车身接地</td></tr></table> 	电阻标准值：小于 1Ω
11	复位整理	(1) 连接断开的连接器，连接蓄电池负极端； (2) 车辆、工具、仪器复位； (3) 清洁车辆、地面、操作台	蓄电池负极端转矩：9N·m

第八章 电机控制系统检测诊断

第一节 驱动电机及性能检测

一、电机控制系统组成

电机控制系统主要由电机控制器、电机、传感器组成。

电机控制器用于控制动力电池与电机之间的能量传输，如图 8-1 所示，既能将动力电池中的直流电转换成交流电驱动电机，又能将车轮旋转产生的交流电转换成直流电给动力电池充电。

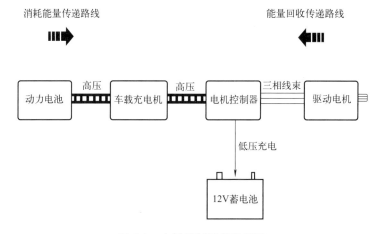

图 8-1 电机控制器能量控制

电机是纯电动汽车的"发动机"，将电机控制器提供的电能转换成机械能，驱动汽车行驶前进。另外，在车辆制动过程中，电机可起到"发电机"的作用，将制动产生的能量转换成电能给动力电池充电。

传感器主要包括加速踏板传感器、制动踏板传感器、挡位信号传感器、电流传感器、电压传感器、温度传感器、旋变传感器等，它们用于检测驾驶员意图或电机工作状态，最终实现对车辆安全有效控制。

二、驱动电机结构及参数

1. 驱动电机结构

驱动电机一般由定子、转子、电机外壳、电机控制器、变速箱/差速器组成，如图8-2所示。

纯电动汽车的驱动电机大多数采用永磁同步电机和笼型感应电机，它们之间定子结构原理相同，区别在于转子产生磁场的途径不同，永磁同步电机利用永磁铁产生转子磁场，笼型感应电机利用转子线圈通电感应产生磁场。

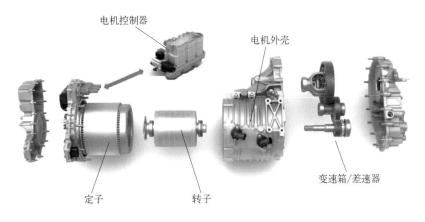

图 8-2　驱动电机结构

电机定子是电机静止不动的部分，主要作用是将电能转化成旋转的磁场，由定子绕组（线圈）和定子铁芯（带槽的叠压金属板，槽内装有绝缘保护套）组成，如图 8-3 所示。多组定子绕组通有不同方向的电流后，形成多组不同磁性的磁场，定子绕组电流方向变化，磁场变化，形成旋转的磁场。定子铁芯能够增强磁场的导磁性。

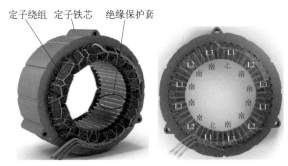

图 8-3　定子结构示意图

电机转子是电机的旋转部件，主要作用是产生磁场，产生的磁场与定子磁场相互作用，将电能转换为机械能，驱动汽车行驶。

永磁同步电机的转子结构示意图如图 8-4 所示。

笼型感应电机的转子结构示意图如图 8-5 所示，主要由导电条、短路环和导磁叠片组成。转子中每两根导电条通过短路环形成一个线圈，假如示意图中有 24 根导电条，则形成 12 组线圈，线圈在定子旋转磁场作用下产生感应电流，从而产生磁场。导磁叠片能够增强磁场的导磁性。

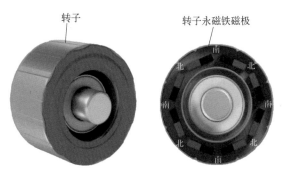

图 8-4　永磁同步电机转子结构示意图

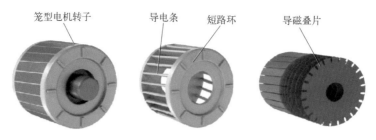

笼型电机转子　　导电条　　短路环　　　导磁叠片

图 8-5　笼型感应电机转子结构示意图

2. 电机参数

防护等级：IP 防护等级标准，分为防尘和防水两个方面，一般用 IPXX 来表示某产品的防护性能，第一位数字表示防尘等级，第二位数字表示防水等级，例如户外灯具的常见标准 IP65/IP66 等。当某产品无防尘测试，只做防水等级测试时，将第一位数字用 X 表示，如 IPX4/IPX6，防尘防水等级标准如图 8-6 所示。

组成	数字或字母	对设备防护的含义	对人员防护的含义
代码字母	IP	—	—
第一位 特征数字	0 1 2 3 4 5 6	防止固体异物进入 无防护 ≥直径50mm ≥直径12.5mm ≥直径2.5mm ≥直径1.0mm 防尘 尘密	防止接近危险部件 无防护 手　背 手　指 工　具 金属线 金属线 金属线
第二位 特征数字	0 1 2 3 4 5 6 7 8 9	防止进水造成有害影响 无防护 垂直滴水 15°滴水 淋　水 溅　水 喷　水 猛烈喷水 短时间浸水 连续浸水 高温/高压喷水	—

图 8-6　防尘防水等级标准

绝缘等级：是指其所用绝缘材料的耐热等级，分 A、E、B、F、H 级，绝缘等级与使用的绝缘材料密切相关，绝缘材料越好，绝缘等级就越高。每一绝缘等级的绝缘材料都有相应的极限允许工作温度（电机绕组最热点的温度）。电机运行时，绕组最热点的温度不得超过规定值，否则会使绝缘材料加速老化，缩短电机使用寿命，如果温度超过允许值很多，绝缘材料会损坏，导致电机烧毁。允许温升是指电机的温度与周围环境温度相比升高的限度。绝缘等级与温度对应关系如表 8-1 所示。

表 8-1　绝缘温度等级表　　　　　　　　　　　　　　　　　　　　　　　单位：℃

绝缘的温度等级	最高允许温度	绕组温升限值	性能参考温度
A 级	105	60	80
E 级	120	75	95
B 级	130	80	100
F 级	155	100	120
H 级	180	125	145

额定功率：在额定条件下的输出功率。

峰值功率：在规定的持续时间内，电机允许的最大输出功率。

额定转速：额定功率下电机的转速。

最高工作转速：对应车辆最高设计车速的电机转速。

额定转矩：电机在额定功率和额定转速下的输出转矩。

峰值转矩：电机在规定的持续时间内允许输出的最大转矩。

堵转转矩：转子在所在角位堵住时所产生的转矩最小测得值。

三、性能检测（以比亚迪 E5 纯电动汽车驱动电机为例）

1. 操作条件

（1）设备：比亚迪 E5 驱动电机（已从整车上拆下）。

（2）工具：接地电阻测试仪、兆欧表、万用表、比亚迪 E5 维修手册、气压表。

2. 安全及注意事项

（1）拆卸驱动电机总成减速器时，必须相互配合提醒，并穿好工作鞋，戴好手套，避免零部件掉落或挤压受伤；

（2）兆欧表在使用过程，需要做好触电防护，防止被兆欧表释放的高压电所伤；

（3）对所使用的纸质维修手册、电脑、检测仪器、常用拆装工具要及时规整复位，并对场地进行 5s 管理工作。

3. 操作过程（表 8-2 所示）

表 8-2　检查汽车电力系统操作过程

序号	操作步骤	操作方法及说明	操作标准
1	利用维修手册查找电机铭牌，获取信息	（1）查阅动力电池信息，本次操作选取比亚迪 E5 维修手册； （2）翻阅手册，确认驱动电机在车辆上的安装位置，同时确认电机铭牌在电机上的安装位置后，读取记录电机信息。 说明：由铭牌可知，该电机为永磁同步电机，因此以下步骤的检查，均以永磁同步电机的检查要求展开	正确查询读取驱动电机最大功率、最高转速、最大转矩、工作电压、绝缘等级、防护等级等信息
2	电机冷却回路密封性检查	（1）选择气压表，并连接气源； 	保压压力不低于 200kPa

序号	操作步骤	操作方法及说明	操作标准
2	电机冷却回路密封性检查	（2）将软管与驱动电机进出水口连接； （3）检查密封性，施加不低于 200kPa 的气压，保压时间不低于 15min 	保压压力不低于 200kPa
3	冷态绝缘电阻检查	（1）选用 8# 套筒及棘轮扳手，拆卸电机盖板； （2）选用兆欧表，检测驱动电机 U、V、W 三相线束连接点对壳体的绝缘电阻值 	绝缘电阻值大于 20MΩ

序号	操作步骤	操作方法及说明	操作标准
4	电机定子绕组短路检查	（1）选用接地电阻测试仪（毫欧表），选择20Ω量程挡，连接两测量夹，按"测试"键，进行校零测试；  （2）将测量夹分别夹在U—V、U—W、V—W之间，检测定子绕组短路值 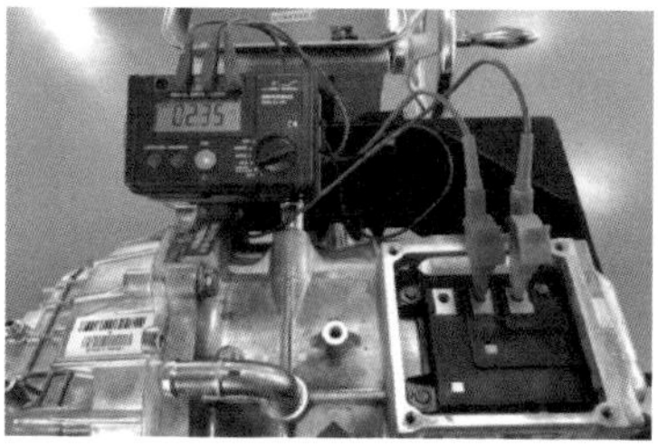 	校零值为0.00Ω； 定子绕组间电阻： U—V：（1.9±0.8）Ω V—W：（1.9±0.8）Ω W—U：（1.9±0.8）Ω
5	电机定子绕组断路检查	（1）选择万用表，选择200Ω量程挡进行校零；  （2）拆卸驱动电机总成减速器；  （3）万用表选择交流电压挡，检测表棒分别连接驱动电机U、V、W三相线束连接点，转动电机转子，读取万用表电压值 	交流电压标准： 有交流电压值变化

第二节　电机控制系统故障诊断

一、驱动电机三相线束故障诊断

1. 定子磁场

如图 8-7 所示，磁铁 A1 和磁铁 A2 形成一对相互作用的磁场，如果磁铁 A1 与 A2 相对

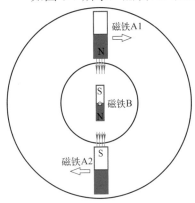

位置不变，且能够在圆环内顺时针旋转，那么将形成一个同速同方向的旋转磁场。假设磁铁 B 能够绕中心点转动，根据磁铁南极（S）和北极（N）相吸，相同磁极互相排斥的特性，磁铁 B 会随旋转磁场一起转动。驱动电机定子的作用是产生一个旋转磁场。

如图 8-8 所示，根据我们所学的右手螺旋定则，可以确定线圈通电后形成的磁场方向，如果电流方向改变，线圈感应的磁场方向也呈相反状态。

如图 8-9 所示为一个线圈通一个周期的交流电。当交流电处于图示"状态 1"位置（大于 0°小于 90°），电流为正，线圈感应的磁场方向为上 N（北极）下 S（南极）；

图 8-7　旋转磁场

当交流电处于图示"状态 2"位置（大于 90°小于 270°），电流为负，线圈感应的磁场方向为上 S（南极）下 N（北极）；当交流电处于图示"状态 3"位置（大于 270°小于 360°），电流为正，线圈感应的磁场方向同"状态 1"，为上 N（北极）下 S（南极）。磁场的强弱随电流大小变化，0°（360°）和 180°位置电流最大，磁场最强，90°和 270°位置电流为 0，磁场为 0。

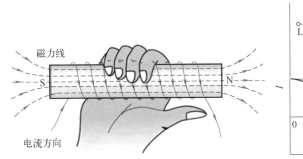

图 8-8　右手螺旋定则

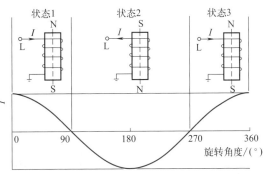

图 8-9　交流电与磁场方向

如图 8-10 所示，三相交流电分别连接控制一个线圈，电流方向及大小交替改变，使 L1、L2、L3 三个线圈的磁场方向循环交替改变，形成旋转磁场。图中三个线圈的磁场方向对应三相交流电处于 180°位置，面向转子的线圈磁极，L1 单独为 N 极，L2 和 L3 共同为 S 极。

2. 转子磁场

永磁同步电机转子的磁场是由永磁铁提供的，它由多个磁铁组成，共同形成多个圆周方向上交替布置的南极和北极，如图 8-11 所示。定子线圈在三相交流电作用下产生旋转磁场，与转子磁场相互作用，带动转子旋转，将电能转换成机械能，驱动汽车行驶。

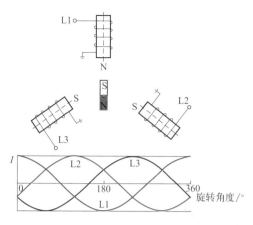

图 8-10　三相交流电与磁场方向

图 8-11　永磁同步电机转子磁场布置方式

　　笼型感应电机的转子线圈在定子旋转磁场作用下产生感应电流，从而产生磁场。如图 8-12（a）所示，当电机驱动汽车行驶时，旋转磁场的"转速"大于转子转速，笼型感应电机为电动机，对外输出驱动力，并且它们两者之间的转速差越大，转子线圈的感应电流越大，产生的电动机转矩越大；当旋转磁场的"转速"等于转子转速时，转子线圈感应电流为零，电动机不会产生转矩；如图 8-12（b）所示，当汽车减速时，汽车行驶惯性带动转子旋转，并且高于定子的"磁场转速"，笼型感应电机为发电机，定子线圈产生反向电流给动力电池充电，同时转子产生一个反向作用力，实现对汽车的制动。

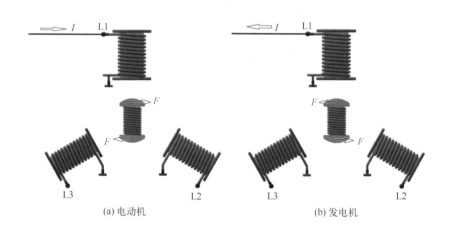

(a) 电动机　　　　　　　　　　　　　　(b) 发电机

图 8-12　笼型电机工作原理

3. 三相线束

　　电机控制器（逆变器）产生的三相交流电通过三相线束分别传递给定子 L1、L2、L3 线圈，三相线束为高压导线。

4. 故障诊断操作（以吉利帝豪 EV450 纯电动汽车为例）安全及注意事项

（1）断开三相线束连接器时必须对车辆进行下电操作；

（2）操作过程中必须做好高压防护工作；

（3）对所使用的纸质维修手册、电脑、车辆、常用工具、检测设备等要及时规整复位，并对场地进行 5S 管理工作。

5. 操作过程（表8-3所示）

表8-3　电机三相线束故障诊断的操作

序号	操作步骤	操作方法及说明	操作标准
1	准备工作	（1）准备方向盘套、座椅套和地板垫； （2）准备车轮挡块； （3）查看车辆信息，选取维修手册，本次任务选用吉利帝豪EV450纯电动汽车； （4）准备诊断仪，本次任务选用奇瑞新能源诊断仪； （5）准备万用表	能够根据车辆的型号、生产年份、配置等信息选取维修手册
2	车辆防护	（1）安装车轮挡块； （2）铺设方向盘套、座椅套、地板垫 	挡块、方向盘套、座椅套、地板垫安装铺设到位
3	读取故障码	连接诊断仪，读取故障码	驱动电机故障码：P0A9000
4	查阅维修手册	（1）翻阅维修手册目录，查找"故障码表"或"驱动电机三相线束故障"； 2.3.7.10 驱动电机三相线束故障 2.3.7.11 电机控制器DCDC故障 2.3.7.12 电机转子偏移角检查 2.3.8 拆卸与安装 2.4 驱动电机 （2）阅读分析故障码含义、电路图及诊断步骤	在手册中找到"驱动电机三相线束故障"所属目录，并阅读所需内容信息
5	检测准备	（1）高压防护：绝缘垫绝缘测试；检查并佩戴安全帽、绝缘手套、护目镜； （2）操作启动开关，使电源模式置于OFF状态； （3）断开蓄电池负极电缆 	绝缘垫阻值大于20MΩ； 安全帽、绝缘手套、护目镜无开裂； 操作的步骤顺序正确； 蓄电池负极电缆用绝缘胶带包裹

序号	操作步骤	操作方法及说明	操作标准
6	检测驱动电机三相线束短路状况	（1）拆卸电机控制器盖板； （2）断开驱动电机三相线束连接器 BV19； （3）断开 PEU 三相线束连接器 BV18； （4）选择万用表电阻挡，量程 20kΩ，测量驱动电机三相线束之间的短路状况： 表格： <table><tr><td>测量点 A</td><td>测量点 B</td></tr><tr><td>BV19-1</td><td>BV19-2</td></tr><tr><td>BV19-1</td><td>BV19-3</td></tr><tr><td>BV19-2</td><td>BV19-3</td></tr></table> 	标准电阻：20kΩ 或更高
7	检测驱动电机三相线束断路状况	（1）选择万用表电阻挡，量程 200Ω，测量驱动电机三相线束的断路状况： <table><tr><td>测量点 A</td><td>测量点 B</td></tr><tr><td>BV19-1</td><td>BV18-1</td></tr><tr><td>BV19-2</td><td>BV18-2</td></tr><tr><td>BV19-3</td><td>BV18-3</td></tr></table>	标准电阻：小于 1Ω

序号	操作步骤	操作方法及说明	操作标准
7	检测驱动电机三相线束断路状况	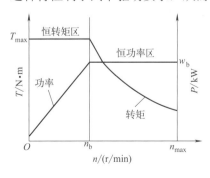	标准电阻：小于 1Ω
8	检测驱动电机三相线束对地短路状况	选择万用表电阻挡，量程 20kΩ，测量驱动电机三相线束对地的短路状况： 测量点 A ／ 测量点 B BV19-1 BV19-2 — 车上搭铁 BV19-3	标准电阻：20kΩ 或更高
9	复位整理	（1）连接驱动电机三相线束连接器 BV19 与 BV18，连接蓄电池负极端； （2）车辆、工具、仪器复位； （3）清洁车辆、地面、操作台	连接器卡扣卡到位； 电机控制器上盖固定螺钉转矩：4N·m； 电机控制器到驱动电机控制器的高压线束固定螺栓转矩：20～26N·m； 蓄电池负极端转矩：9N·m； 整洁、整齐

二、减速机构的拆装与检测

1. 减速机构

如图 8-13 所示为驱动电机转速转矩特性，当电机转速小于额定转速时，输出恒定转矩。这种特性利于汽车驱动要求，从而不再需要多挡位变化的变速器，驱动结构大幅简化。

吉利帝豪 EV450 纯电动汽车的减速机构由输入轴齿轮、中间轴输入齿轮、中间轴输出齿轮、输出轴齿轮及差速器组成。驱动电机的动力输出轴通过花键直接与减速机构输入轴齿轮连接，通过中间轴输入／输出齿轮两级减速后传递给输出轴齿轮及差速器，转动方向与驱动电机旋转方向相同，实现降低转速、增大转矩的作用。差速器壳体的动力经差速器传递给驱动半轴，使汽车转弯及在不平整路面行驶时，左右驱动轮以不同的转速旋转，保证车辆的平稳行驶，同时避免轮胎异常快速

图 8-13 驱动电机转速转矩特性

磨损。

2. 驻车锁止机构

汽车换挡杆置于 P 挡时，驻车锁止机构将减速器齿轮在旋转方向上与变速器壳体固定，防止汽车在停车状态溜车。

驻车锁止工作过程：驾驶员操作换挡杆进入 P 挡，电子换挡器将驻车请求信号发送给控制单元，控制单元结合当前驱动电机转速及车轮转速判断是否符合驻车条件。当条件满足时，控制单元向驻车棘爪驱动电机发送指令使其工作，如图 8-14 所示，带动棘爪推片转动，使棘爪推片按压驻车棘爪，驻车棘爪嵌入锁止轮的齿槽，实现锁止固定。当驾驶员操作换挡杆退

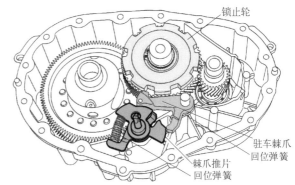

图 8-14　驻车锁止机构

出 P 挡时，电机工作复位，驻车棘爪和棘爪推片在复位弹簧作用下复位，驻车棘爪退出锁止轮齿槽。

3. 差速器

如图 8-15 所示，汽车绕圈行驶时，外侧轮胎行驶距离大于内侧轮胎，如果内外侧驱动轮不能独立转动，那么外侧轮胎会出现边滚边滑的情况，导致快速磨损。差速器的作用是保证汽车转弯行驶或在不平路面上行驶时，使左右车轮以不同转速滚动，保证两侧驱动车轮做纯滚动运动。

差速器由行星齿轮、行星架和太阳轮组成，如图 8-16 所示。行星架与变速器输出齿轮固定连接，行星齿轮通过行星轴与行星架连接，行星齿轮可以在行星轴上转动，两个太阳轮与驱动半轴连接，当变速器输出齿轮带动行星架转动时，动力会通过行星轴、行星齿轮传递给太阳轮，然后由两个太阳轮带动左右半轴旋转。

图 8-15　汽车环形行驶

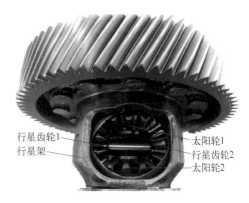

图 8-16　差速器结构

当汽车直线行驶时，左右驱动轮转速相同，行星齿轮只公转不自转，两个太阳轮之间不做相对转动；当汽车转弯时，左右驱动轮出现转速差，外侧轮速高于内侧轮速，行星齿轮开始绕着速度较慢的一个太阳轮旋转，使得与外侧车轮相连的太阳轮转动更快，此时行星齿轮

既做公转运动，也做自转运动，从而实现内外侧驱动轮的转速差。

4. 故障诊断操作（以吉利帝豪 EV450 纯电动汽车为例）安全及注意事项

（1）拆装螺栓时注意旋转方向及顺序，避免损坏工件；

（2）拆卸及安装减速机构齿轮轴时，注意对手的保护，防止夹手或轧手；

（3）对所使用的纸质维修手册、电脑、工具及时规整复位，并对场地进行 5S 管理工作。

5. 操作过程（表 8-4 所示）

表 8-4　检查减速机构的操作过程

序号	操作步骤	操作方法及说明	操作标准
1	选取维修手册	（1）查阅车辆信息，本次操作选取吉利帝豪 EV450 纯电动汽车； （2）根据车辆信息选取维修手册，维修手册有纸质稿形式和电子稿形式，本试验车辆手册采用电子稿形式 2018 帝豪EV350/450维修手册	正确选取维修手册
2	翻阅手册，查找减速机构的拆卸与安装步骤	（1）翻阅维修手册，在"减速器"目录下找到"拆卸与安装"子目录； （2）单击查阅减速机构的拆卸与安装步骤 ·3.2 减速器 　·3.2.1 规格 　·3.2.2 描述和操作 　·3.2.3 系统工作原理 　·3.2.4 部件位置 　·3.2.5 分解图 　·3.2.6 电气原理示意图 　·3.2.7 诊断信息和步骤 　·3.2.8 拆卸与安装	在手册中找到减速器机构"拆卸与安装"所属目录，并阅读所需内容信息
3	拆卸减速机构附件	（1）拆卸 TCU 控制模块 2 个固定螺栓 1，取下 TCU 控制模块； （2）拆卸电机 3 个固定螺栓 2 与 1 个支架固定螺栓 3，取下驻车电机	选用 10# 套筒工具

序号	操作步骤	操作方法及说明	操作标准
4	拆卸半轴油封	使用合适工具拆卸半轴油封 1 	旧油封拆卸后置于不可回收垃圾桶内
5	拆卸减速机构上盖	(1) 拆卸减速器上盖固定螺栓； (2) 使用一字旋具撬下减速机构上盖 	选用 12# 套筒工具； 螺栓多次均匀对角拆卸； 一字旋具用胶带等缠绕后使用
6	拆卸驻车锁止机构	(1) 拆卸棘爪推片 1； (2) 拆卸驻车棘爪 1 	按拆卸顺序整齐摆放

序号	操作步骤	操作方法及说明	操作标准
7	拆卸减速机构齿轮轴	（1）拆卸输入轴及齿轮1； 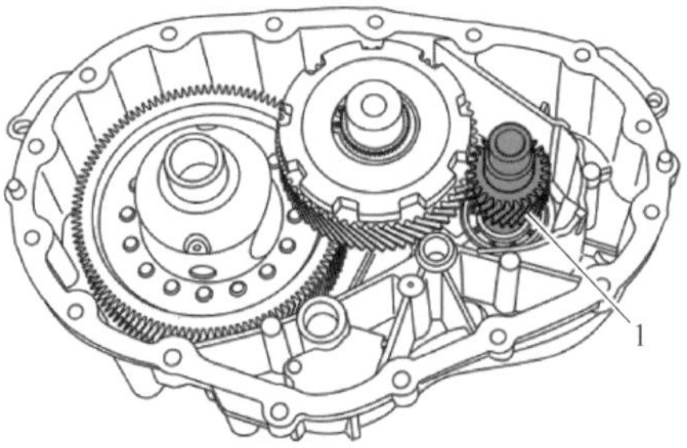 （2）拆卸中间轴及齿轮1、输出轴及齿轮2 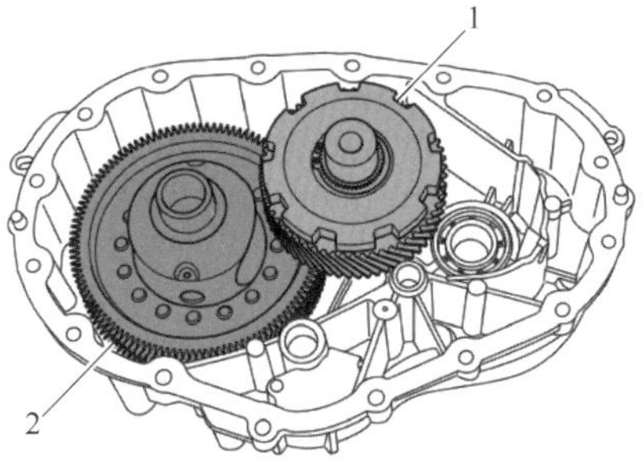 	采用橡胶锤敲击振动齿轮轴； 齿轮轴及其齿轮拆卸后放置在专用垫块上； 按拆卸顺序整齐摆放
8	拆卸锁止轮	拆卸锁止轮固定卡扣1后取下锁止轮 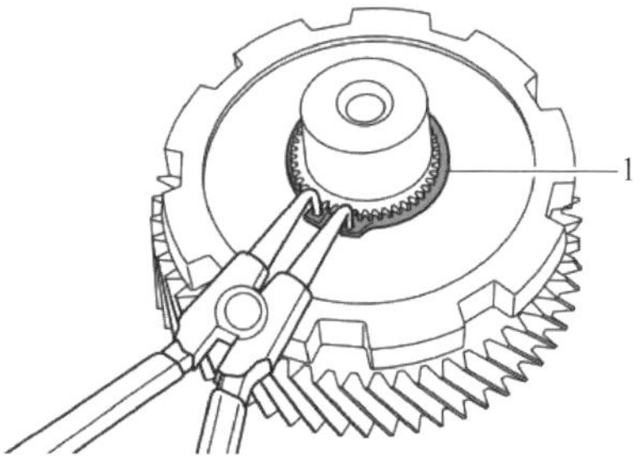 	按拆卸顺序整齐摆放
9	拆卸密封圈及油封	（1）拆卸输入轴密封圈1； 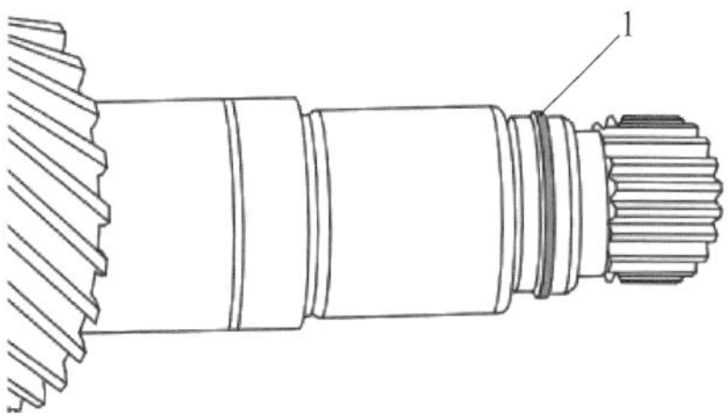 （2）拆卸输入轴油封1及半轴油封2 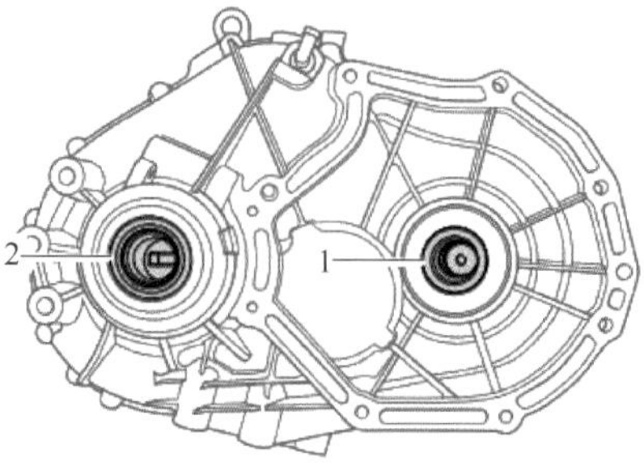 	旧油封拆卸后置于不可回收垃圾桶内

序号	操作步骤	操作方法及说明	操作标准
10	外观检查	(1) 检查传动齿轮； (2) 检查轴承	无异常磨损或裂纹； 转动灵活
11	安装密封圈及油封	(1) 更换输入轴新油封 1 并安装； (2) 更换半轴新油封 2 并安装； (3) 更换输入轴新密封圈 1 并安装 	油封及密封圈需要涂抹润滑脂安装； 油封及密封圈安装到固定槽内
12	安装锁止轮	(1) 安装锁止轮； (2) 利用合适工具安装锁止轮固定卡扣 1 	锁止轮固定卡扣安装到固定槽内
13	安装减速机构齿轮轴	(1) 安装输出轴及齿轮 2； (2) 安装中间轴及齿轮 1； (3) 安装输入轴及齿轮 1 	安装顺序：输出轴—中间轴—输入轴； 安装后齿轮啮合到位，转动灵活

序号	操作步骤	操作方法及说明	操作标准
14	安装驻车锁止机构	(1) 安装驻车棘爪 1； 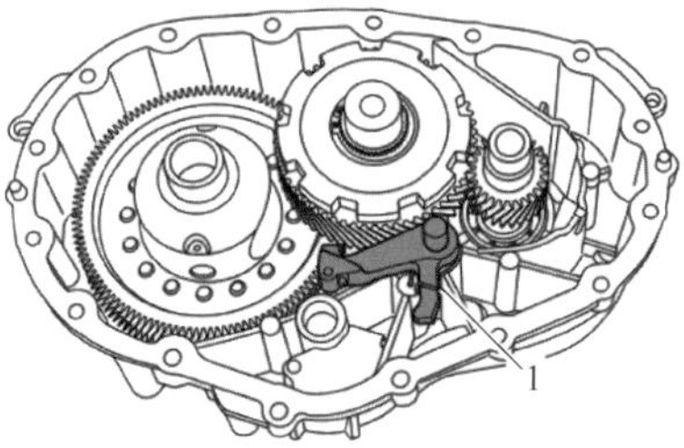 (2) 安装棘爪推片 1 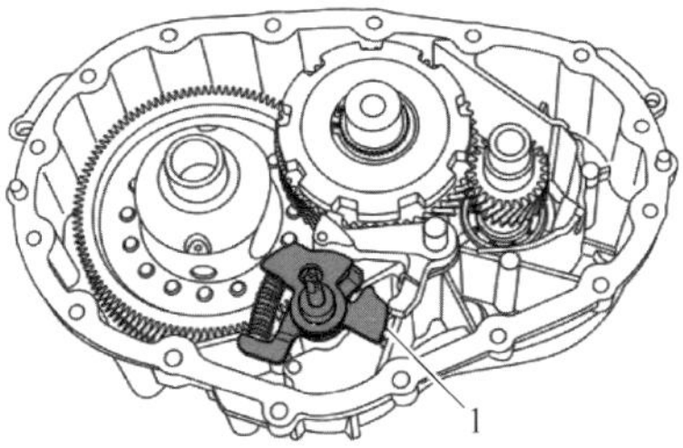 	安装后实现驻车锁止功能。驻车状态时，棘爪卡入锁止轮凹齿内；解除驻车状态，棘爪和推片在弹簧作用下复位
15	安装减速机构上盖	(1) 在减速机构壳体上涂抹密封胶，安装减速机构上盖； (2) 紧固减速机构上盖固定螺栓 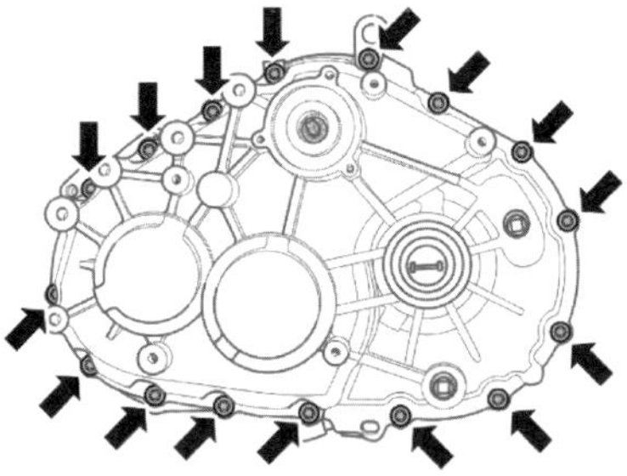 	均匀涂抹密封胶，不能断胶； 对角法紧固螺栓； 螺栓转矩：39N·m
16	安装半轴油封	使用专用工具安装半轴新油封 1 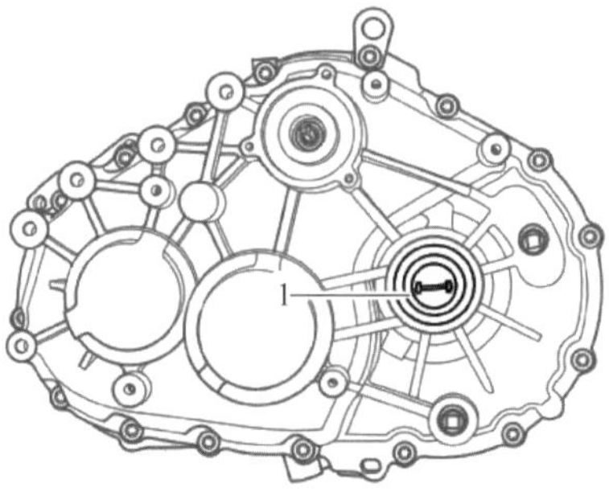	油封安装到位

序号	操作步骤	操作方法及说明	操作标准
17	安装减速机构附件	（1）安装 TCU 控制模块，紧固 TCU 控制模块两个固定螺栓 1； （2）安装电机，紧固电机 3 个固定螺栓 2 与 1 个支架固定螺栓 3	TCU 控制模块螺栓转矩：9N·m； 电机及支架固定螺栓转矩：9N·m

三、电机控制器电源故障诊断

1. 电机控制器的作用

电机控制器是控制电机按照设定方向、速度、相应时间进行工作的集成电路。在纯电动汽车中，电机控制器根据挡位、加速踏板、制动踏板等指令，将动力电池输出的直流电转化为驱动电机所需的三相交流电，控制车辆启动运行、行驶速度、爬坡力度等。

当车辆滑行或制动时，驱动电机起到发电机的作用，将车轮旋转的动能转换为电能，并由电机控制器将交流电转换成直流电后给动力电池充电。

如图 8-17 所示，电机控制器通过两根高压导线与动力电池连接，通过三根高压导线与驱动电机连接。

2. 电机控制器的组成

电机控制器根据厂家不同，结构组成也有所区别，但都包括 DC-AC（直流转交流）逆变器。如图 8-18 所示为吉利帝豪 EV450 纯电动汽车的电机控制器结构，它由 DC-AC 逆变器和 DC-DC 转换器两部分组成，DC-DC 转换器将另作介绍。

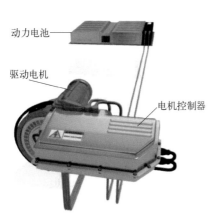

图 8-17　电机控制器连接关系

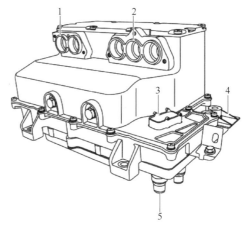

图 8-18　吉利帝豪 EV450 电机控制器结构

1—高压线束接口；2—驱动电机三相线束接口；3—低压信号接口；
4—低压充电（DC-DC）接口；5—冷却管口

如图 8-19 所示，逆变器由 IGBT、电容、线圈和控制电路板等组成。IGBT 是一种特殊类型的晶体管，可以快速切换大电流。如图 8-20 所示，它由集电极（C）、发射机（E）和栅极（G）三个端子控制电路板通过控制栅极使 IGBT 导通或断开。当车辆制动或滑行，驱动电机起发电作用时，图 8-20 中的二极管才导通。

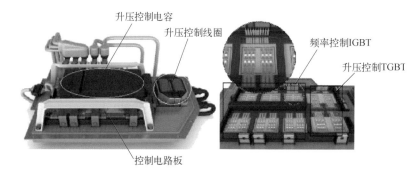

图 8-19　逆变器结构

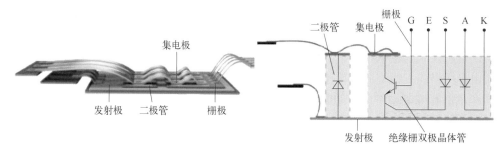

图 8-20　IGBT 结构

3. 逆变器的工作过程

通过脉冲宽度调制（PWM）信号可以控制驱动电机的转矩和频率。如图 8-21 所示，PWM 信号可以产生一个像正弦波的信号，该信号输出后可以控制驱动电机转动工作。正弦波信号的幅值可通过改变 PWM 信号的脉冲宽度实现，正弦波信号频率随 PWM 信号变化，从而改变电机旋转速度。

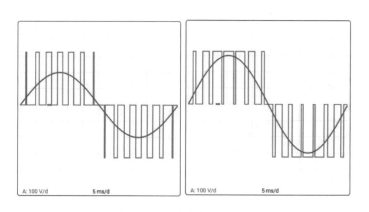

图 8-21　脉冲宽度调制信号

逆变器的工作过程如图 8-22 所示，该逆变器具有升压变压功能，动力电池输出的高压直流电经升压变压器升压后，由频率控制 IGBT 实现脉冲宽度调制，将直流电转换成近似正弦波的输出信号，用以控制驱动电机运转工作。

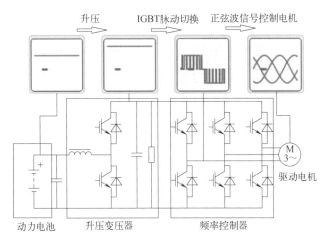

图 8-22　逆变器工作过程

4.故障诊断操作（以吉利帝豪 EV450 纯电动汽车为例）安全及注意事项

（1）断开电机控制器相关线束连接器时必须对车辆进行下电操作；

（2）涉及高压操作时必须做好高压防护工作；

（3）对所使用的纸质维修手册、电脑、车辆、常用工具、检测设备等要及时规整复位，并对场地进行 5S 管理工作。

5.操作过程（表 8-5 所示）

表 8-5　电机控制器电源故障诊断操作过程

序号	操作步骤	操作方法及说明	操作标准
1	准备工作	（1）准备方向盘套、座椅套和地板垫； （2）准备车轮挡块； （3）查看车辆信息，选取维修手册，本次任务选用吉利帝豪 EV450 纯电动汽车； （4）准备诊断仪，本次任务选用道通 MS908S 通用诊断仪； （5）准备万用表	能够根据车辆的型号、生产年份、配置等信息选取维修手册
2	车辆防护	（1）安装车轮挡块；	挡块、方向盘套、座椅套、地板垫安装铺设到位

序号	操作步骤	操作方法及说明	操作标准
2	车辆防护	（2）铺设方向盘套、座椅套、地板垫 	挡块、方向盘套、座椅套、地板垫安装铺设到位
3	读取故障码	连接诊断仪，读取故障码	驱动电机故障码： P056300 P056200 P113600
4	查阅维修手册	（1）翻阅维修手册目录，查找"故障代码表"或"电机控制器低压供电回路故障"； （2）阅读分析故障码含义、电路图及诊断步骤 	在手册中找到"电机控制器低压供电回路故障"所属目录，并阅读所需内容信息
5	检测准备	（1）高压防护：绝缘垫绝缘测试；检查并佩戴安全帽、绝缘手套、护目镜； （2）操作启动开关使电源模式置于 OFF 状态； （3）断开蓄电池负极电缆	绝缘垫阻值大于 20MΩ； 安全帽、绝缘手套、护目镜无开裂； 操作的步骤顺序正确； 蓄电池负极电缆用绝缘胶带包裹

序号	操作步骤	操作方法及说明	操作标准
6	检测蓄电池电压	用万用表直流电压挡测量蓄电池电压 	标准电压：11～14V
7	检测电机控制器熔丝 IF18、EF32 和蓄电池正极柱头熔丝是否熔断	（1）关闭点火开关，拔下熔丝 EF32，用万用表电阻挡检测熔丝是否熔断；  （2）拔下熔丝 IF18，用万用表电阻挡检测熔丝是否熔断； 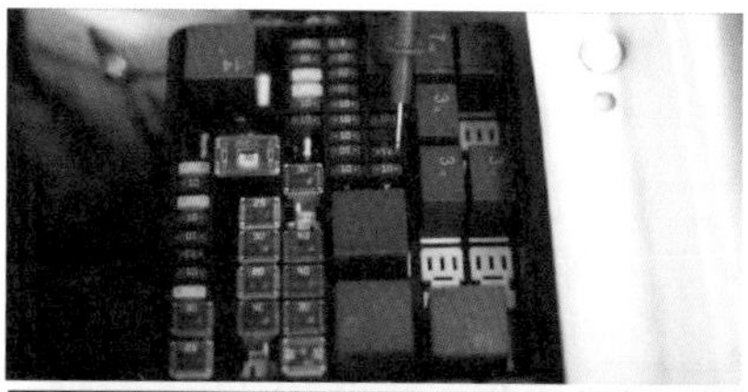  （3）拆下蓄电池正极柱头熔丝，用万用表电阻挡检测熔丝是否熔断 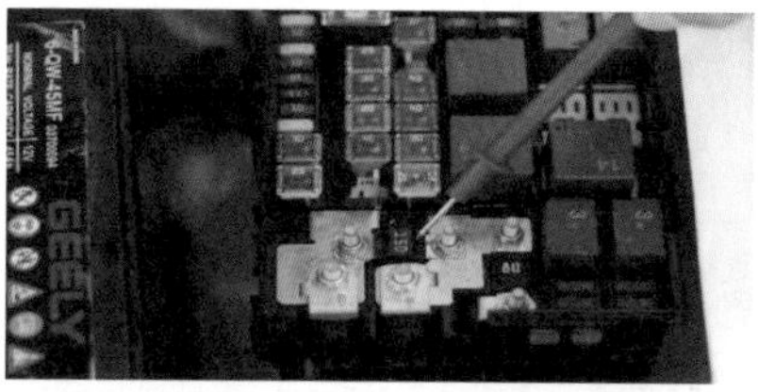 	熔丝电阻值：小于 1Ω

序号	操作步骤	操作方法及说明	操作标准
8	检测电机控制器电源电压	(1) 关闭点火开关，断开电机控制器线束连接器 BV11； 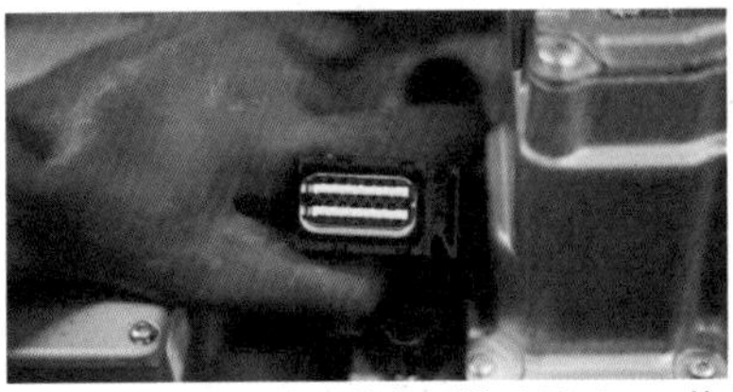 (2) 操作点火开关，使电源模式置于 ON 状态； (3) 用万用表电压挡测量电机控制器线束连接器 BV11-25 和车身接地之间的电压值； (4) 用万用表电压挡测量电机控制器线束连接器 BV11-26 和车身接地之间的电压值 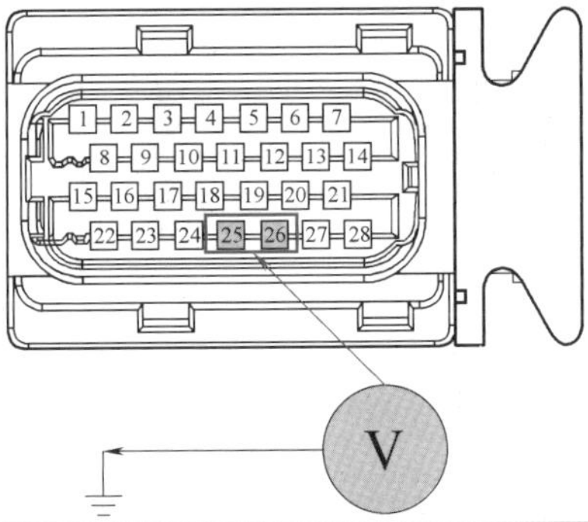 	标准电压：11 ~ 14V
9	检查电机控制器接地电阻	(1) 用万用表电阻挡测量电机控制器线束连接器 BV11-1 和车身接地之间的电阻； 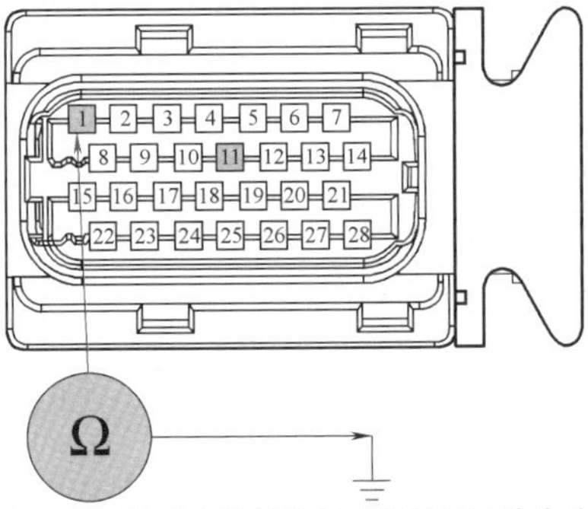 (2) 用万用表电阻挡测量电机控制器线束连接器 BV11-11 和车身接地之间的电阻 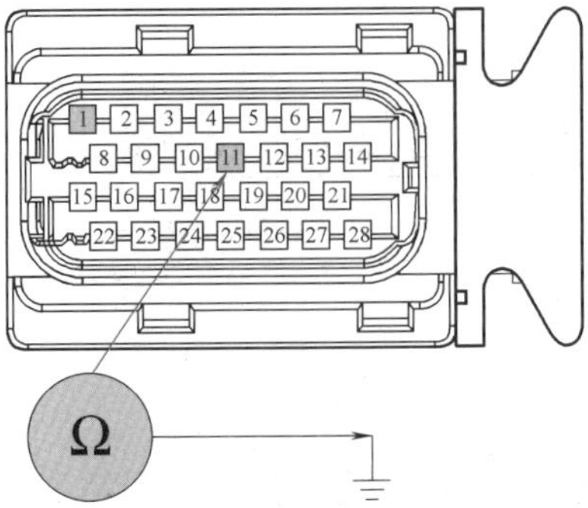 	电阻标准值：小于 1Ω

序号	操作步骤	操作方法及说明	操作标准
10	检测电机控制器与蓄电池之间的线路	（1）关闭点火开关，断开蓄电池负极电缆； （2）断开电机控制器线束连接器 BV12； （3）断开蓄电池正极电缆； （4）用万用表电阻挡测量电机控制器线束连接器 BV12 端子 1 和蓄电池正极电缆之间的电阻	电阻标准值：小于 1Ω
11	复位整理	（1）连接各断开的连接器，连接蓄电池负极端； （2）车辆、工具、仪器复位； （3）清洁车辆、地面、操作台	连接器卡扣卡到位； 蓄电池正极电缆固定螺母转矩：5～7N·m； 蓄电池负极端转矩：9N·m； 整洁、整齐

四、驱动电机旋变信号故障诊断

1. 旋变信号作用

旋变信号用于检测计算驱动电机当前转子位置和转速。该信号由安装在驱动电机上的旋转变压器（又称旋变传感器）提供，经过电机控制器内旋变解码器解码后，控制相应的 IGBT 功率管导通，按顺序给定子三个线圈通电，驱动电机旋转。旋转变压器安装位置如图 8-23 所示。

2. 旋转变压器结构

旋转变压器由定子、转子和线圈组成，如图 8-24 所示。定子与驱动电机壳体固定安装，并绕有线圈，转子安

旋转变压器

图 8-23　旋转变压器安装位置

装于驱动电机转轴上，与转轴一起转动。转子为导磁材料，制作成不规则形状，与定子间设有间隙，且因为转子的形状不规则，间隙大小会随着转子旋转位置发生改变。线圈包括励磁线圈、正弦线圈和余弦线圈三部分，其中励磁线圈与正弦线圈绕制方向相同，与余弦线圈绕制方向相反。图 8-25 为吉利帝豪 EV450 纯电动汽车旋转变压器的结构。

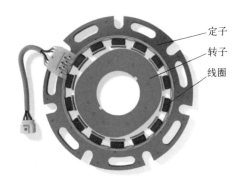

图 8-24　旋转变压器结构

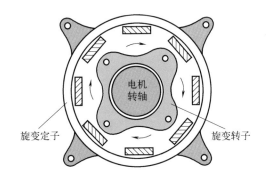

图 8-25　吉利帝豪 EV450 纯电动汽车旋转变压器

3. 旋转变压器原理

如图 8-26 所示，信号输入端输入一个正弦信号，交流电压从励磁线圈经过铁芯转变为正弦线圈或余弦线圈中的交流电压。由于转子转动过程中间隙大小变化，使输出电压的幅值发生改变，幅值随间隙增大而降低，当间隙最小时，输出电压的幅值接近输入电压幅值，当转子转动至间隙最大时，输出电压的幅值为 0。

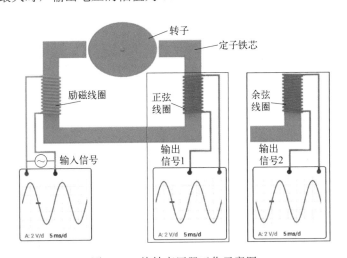

图 8-26　旋转变压器工作示意图

正弦线圈与励磁线圈绕制方向相同，输入与输出信号方向相同；余弦线圈与励磁线圈绕制方向相反，输入与输出信号方向相反。

如图 8-27（a）所示为旋转变压器励磁线圈提供一个固定频率的正弦信号，转子的转速随驱动电机转轴变化，当转子转速上升，输出信号的频率增加时，控制模块通过采集计算信号频率的变化，判断驱动电机的转速。如图 8-27（b）所示，控制模块通过对比正弦信号和余弦信号的位置关系，确定旋转变压器转子位置，从而判断驱动电机转轴 / 转子的位置。

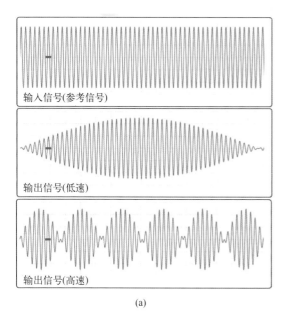
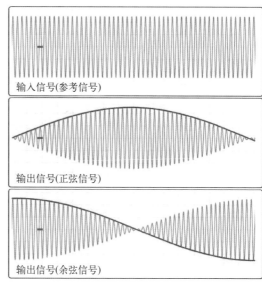

(a)	(b)

图 8-27　旋转变压器位置判断

4. 故障诊断操作（以吉利帝豪 EV450 纯电动汽车为例）安全及注意事项

（1）断开驱动电机线束连接器 BV13 与电机控制器线束连接器 BV11 时必须对车辆进行下电操作；

（2）涉及高压操作必须做好高压防护工作；

（3）对所使用的纸质维修手册、电脑、车辆、常用工具、检测设备等要及时规整复位，并对场地进行 5S 管理工作。

5. 操作过程（表 8-6 所示）

表 8-6　旋变信号故障诊断操作过程

序号	操作步骤	操作方法及说明	操作标准
1	准备工作	（1）准备方向盘套、座椅套和地板垫； （2）准备车轮挡块； （3）查看车辆信息，选取维修手册，本次任务选用吉利帝豪 EV450 纯电动汽车； （4）准备诊断仪，本次任务选用奇瑞新能源诊断仪； （5）准备万用表	能够根据车辆的型号、生产年份、配置等信息选取维修手册
2	车辆防护	（1）安装车轮挡块； 	挡块、方向盘套、座椅套、地板垫安装铺设到位

序号	操作步骤	操作方法及说明	操作标准
2	车辆防护	(2) 铺设方向盘套、座椅套、地板垫 	挡块、方向盘套、座椅套、地板垫安装铺设到位
3	读取故障码	连接诊断仪，读取故障码	驱动电机故障码有P0C5300、P0C511C、P0C5200 等
4	查阅维修手册	(1) 翻阅维修手册目录，查找"故障代码表"或"驱动电机旋变信号故障"； ▲ 2.3.7 诊断信息和步骤 　　2.3.7.1 诊断说明 　　2.3.7.2 目视检查 　　2.3.7.3 电机控制系统端子列表 　　2.3.7.4 故障代码表 　　2.3.7.5 电机控制器低压供电回路故障 　　2.3.7.6 电机控制器高压供电回路故障 　　2.3.7.7 电机控制器通讯故障 　　2.3.7.8 驱动电机旋变信号故障 (2) 阅读分析故障码含义、电路图及诊断步骤 	在手册中找到"驱动电机旋变信号故障"所属目录，并阅读所需内容信息
5	检测准备	(1) 高压防护：绝缘垫绝缘测试；检查并佩戴安全帽、绝缘手套、护目镜； (2) 操作启动开关，使电源模式置于 OFF 状态； (3) 断开蓄电池负极电缆	绝缘垫阻值大于20MΩ； 安全帽、绝缘手套、护目镜无开裂； 操作的步骤顺序正确； 蓄电池负极电缆用绝缘胶带包裹

序号	操作步骤	操作方法及说明		操作标准
6	检测驱动电机旋转变压器的正弦、余弦、励磁电阻值	（1）举升车辆至合适位置，并断开驱动电机线束连接器 BV13，准备对旋转变压器部件插座相关引脚进行测量； （2）用万用表电阻挡检测正弦线圈电阻； （3）用万用表电阻挡检测余弦线圈电阻； （4）用万用表电阻挡检测励磁线圈电阻		标准电阻： 余弦线圈为（14.5±1.5）Ω； 正弦线圈为（13.5±1.5）Ω； 励磁线圈为（9.5±1.5）Ω

正弦线圈电阻：

测量点 A	测量点 B
BV13-9	BV13-10

余弦线圈电阻：

测量点 A	测量点 B
BV13-7	BV13-8

励磁线圈电阻：

测量点 A	测量点 B
BV13-11	BV13-12

序号	操作步骤	操作方法及说明	操作标准
7	检测驱动电机信号屏蔽线路	（1）确认启动开关，使电源模式处于 OFF 状态； （2）断开车载充电机直流母线； （3）断开电机控制器线束连接器 BV11； （4）用万用表电阻挡测量电机控制器线束连接器 BV11-1 和车身接地之间的电阻； 	标准电阻：小于 1Ω

序号	操作步骤	操作方法及说明	操作标准
7	检测驱动电机信号屏蔽线路	（5）用万用表电阻挡测量电机控制器线束连接器BV11-11和车身接地之间的电阻 	标准电阻：小于1Ω
8	检测驱动电机旋转变压器余弦信号线路	（1）断开驱动电机线束连接器BV13与电机控制器线束连接器BV11； （2）用万用表电阻挡，200Ω量程，判断线路断路状况； | 测量点	测量点B
---	---
BV13-7	BV13-16
BV13-8	BV11-23	 	断路判断标准电阻：小于1Ω； 短路判断标准电阻：10kΩ或更高； 标准电压：0V

序号	操作步骤	操作方法及说明	操作标准
8	检测驱动电机旋转变压器余弦信号线路	（3）用万用表电阻挡，20kΩ量程，判断线路短路状况； 测量点A / 测量点B BV13-7 / BV13-8 BV13-7 / 车身接地 BV13-8 / 车身接地 （4）连接蓄电池负极电缆； （5）操作启动开关，使电源模式置于ON状态； （6）用万用表电压挡判断线路对地电压短路状况 测量点A / 测量点B BV13-7 / 车身接地 BV13-8 / 车身接地 	断路判断标准电阻：小于1Ω； 短路判断标准电阻：10kΩ或更高； 标准电压：0V
9	检测驱动电机旋转变压器正弦信号线路	（1）操作启动开关，使电源模式置于OFF状态； （2）断开蓄电池负极电缆； （3）断开驱动电机线束连接器BV13与电机控制器线束连接器BV11； （4）用万用表电阻挡判断线路断路状况； 测量点A / 测量点B BV13-9 / BV11-17 BV13-10 / BV11-24	断路判断标准电阻：小于1Ω； 短路判断标准电阻：10kΩ或更高； 标准电压：0V

序号	操作步骤	操作方法及说明	操作标准
9	检测驱动电机旋转变压器正弦信号线路	 (5) 用万用表电阻挡判断线路短路状况； (6) 连接蓄电池负极电缆； (7) 操作启动开关，使电源模式置于 ON 状态； (8) 用万用表电压挡判断线路对地电压短路状况	断路判断标准电阻：小于 1Ω； 短路判断标准电阻：10kΩ 或更高； 标准电压：0V

(5) 用万用表电阻挡判断线路短路状况；

测量点 A	测量点 B
BV13-9	BV13-10
BV13-9	车身接地
BV13-10	车身接地

(6) 连接蓄电池负极电缆；
(7) 操作启动开关，使电源模式置于 ON 状态；
(8) 用万用表电压挡判断线路对地电压短路状况

测量点 A	测量点 B
BV13-9	车身接地
BV13-10	车身接地

序号	操作步骤	操作方法及说明	操作标准
10	检测驱动电机旋转变压器励磁信号线路	（1）操作启动开关，使电源模式置于 OFF 状态； （2）断开蓄电池负极电缆； （3）断开驱动电机线束连接器 BV13 与电机控制器线束连接器 BV11； （4）用万用表电阻挡判断线路断路状况； 　测量点 A 　／　测量点 B 　BV13-11 　／　BV11-22 　BV13-12 　／　BV11-15 （5）用万用表电阻挡判断线路短路状况； 　测量点 A 　／　测量点 B 　BV13-11 　／　BV13-12 　BV13-11 　／　车身接地 　BV13-12 　／　车身接地 （6）连接蓄电池负极电缆； （7）操作启动开关，使电源模式置于 ON 状态； （8）用万用表电压挡判断线路对地电压短路状况	断路判断标准电阻：小于 1Ω； 短路判断标准电阻：10kΩ 或更高； 标准电压：0V

序号	操作步骤	操作方法及说明		操作标准
10	检测驱动电机旋转变压器励磁信号线路	测量点 A	测量点 B	断路判断标准电阻: 小于 1Ω; 短路判断标准电阻: 10kΩ 或更高; 标准电压: 0V
		BV13-11	车身接地	
		BV13-12	车身接地	
11	复位整理	(1) 连接各断开的连接器,连接蓄电池负极端; (2) 车辆、工具、仪器复位; (3) 清洁车辆、地面、操作台		连接器卡扣卡到位; 蓄电池正极电缆固定螺母转矩: 5～7N·m; 蓄电池负极端转矩: 9N·m; 整洁、整齐

五、驱动电机过温故障诊断

1. 驱动电机过温控制

驱动电机转子在高速旋转过程中会产生高温,热量通过机体传递,如果不进行散热控制,驱动电机将无法正常工作。因此需要利用温度传感器进行监测,当机体温度达到散热要求时,通过控制驱动电机内冷却液循环流动,将产生的热量与外界进行交换,从而将驱动电机的工作温度控制在一定范围内,防止过热。

2. 温度传感器

温度传感器是一种热敏电阻器,包括负温度系数电阻器(NTC)和正温度系数电阻器(PTC)两种。

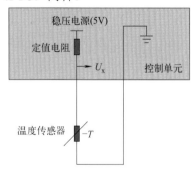

图 8-28 负温度系数温度传感器电路

热敏电阻器是电阻值随温度变化而变化的电阻器。负温度系数电阻器的电阻值随温度的升高而减小,正温度系数电阻器的电阻值随温度的升高而增大。

温度传感器将驱动电机的温度值转换为电阻值,但电机控制器的控制单元无法直接读取电阻值,如图 8-28 所示为负温度系数温度传感器电路。

在控制单元内部设有一个定值电阻,并与温度传感器串联。控制单元向定值电阻施加一个稳压电源(一般为 5V)。在稳压电源的串联电路中,电流的大小取决于温度传感器电阻值变化,由此将驱动电机的温度变化转换成控制单元内部 U_x 值的变化。当驱动电机温度升高,温度传感器电阻值减小,串联电路电流增大,控制单元内部 U_x 值增大,反之 U_x 值减小。控制单元通过监测 U_x 值的变化,判断驱动电机的温度,并控制冷却系统工作,将驱动电机温度控制在一定范围内。

3. 故障诊断(以吉利帝豪 EV450 纯电动汽车为例)安全及注意事项

(1) 断开驱动电机线束连接器 BV13 与电机控制器线束连接器 BV11 时必须对车辆进行

下电操作；

（2）涉及高压操作时必须做好高压防护工作；

（3）对所使用的纸质维修手册、电脑、车辆、常用工具、检测设备等要及时规整复位，并对场地进行 5S 管理工作。

4. 操作过程（表 8-7 所示）

表 8-7　电机过温故障诊断操作过程

序号	操作步骤	操作方法及说明	操作标准
1	准备工作	（1）准备方向盘套、座椅套和地板垫； （2）准备车轮挡块； （3）查看车辆信息，选取维修手册，本次任务选用吉利帝豪 EV450 纯电动汽车； （4）准备诊断仪，本次任务选用奇瑞新能源诊断仪； （5）准备万用表	能够根据车辆的型号、生产年份、配置等信息选取维修手册
2	车辆防护	（1）安装车轮挡块； （2）铺设方向盘套、座椅套、地板垫 	挡块、方向盘套、座椅套、地板垫安装铺设到位
3	读取故障码	连接诊断仪，读取故障码	驱动电机故障码： P0A9300 P0A2C00 P0A2D00
4	查阅维修手册	（1）翻阅维修手册目录，查找"故障代码表"或"电机过温故障"； 	在手册中找到"电机过温故障"所属目录，并阅读所需内容信息

序号	操作步骤	操作方法及说明	操作标准
4	查阅维修手册	(2) 阅读分析故障码含义、电路图及诊断步骤 电机控制器 B− GND R1+ R1− R2+ R2− 1 BV11 11 BV11 7 BV11 6 BV11 5 BV11 13 BV11 1 BV13 2 BV13 3 BV13 4 BV13 R1+ R1− R2+ R2− 电机	在手册中找到"电机过温故障"所属目录，并阅读所需内容信息
5	检测准备	(1) 高压防护：绝缘垫绝缘测试；检查并佩戴安全帽、绝缘手套、护目镜； (2) 操作启动开关，使电源模式置于 OFF 状态； (3) 断开蓄电池负极电缆	绝缘垫阻值大于 20MΩ； 安全帽、绝缘手套、护目镜无开裂； 操作的步骤顺序正确； 蓄电池负极电缆用绝缘胶带包裹
6	检查冷却液	(1) 打开前机舱盖； (2) 检查冷却管路； 冷却管路 冷却管路 (3) 检查膨胀罐内冷却液位置 F — L —	管路检查：无弯曲、折叠或漏水； 冷却液液位：位于 L 与 F 刻度之间

序号	操作步骤	操作方法及说明	操作标准
7	检测驱动电机信号屏蔽线路	（1）确认启动开关，使电源模式处于 OFF 状态； （2）断开车载充电机直流母线； （3）断开电机控制器线束连接器 BV11； （4）用万用表电阻挡测量电机控制器线束连接器 BV11-1 和车身接地之间的电阻； （5）用万用表电阻挡测量电机控制器线束连接器 BV11-11 和车身接地之间的电阻 	标准电阻：小于 1Ω

序号	操作步骤	操作方法及说明	操作标准
8	检测电机温度传感器1、电机温度传感器2的元件阻值	（1）利用万用表电阻挡检测电机温度传感器1元件电阻； B13电机线束插座 （2）利用万用表电阻挡检测电机温度传感器2元件电阻 B13电机线束插座 	标准电阻 -40℃: 221～261Ω； 20℃: 12.8～14.4Ω； 85℃: 1.5～1.7Ω
9	检测电机温度传感器1的信号线路	（1）断开驱动电机线束连接器BV13与电机控制器线束连接器BV11； （2）用万用表电阻挡判断线路断路状况； | 测量点A	测量点B | |---|---| | BV13-1 | BV11-7 | | BV13-2 | BV11-6 | （3）用万用表电阻挡判断线路短路状况； | 测量点A | 测量点B | |---|---| | BV13-1 | BV13-2 | | BV13-1 | 车身接地 | | BV13-2 | 车身接地 |	断路判断标准电阻：小于1Ω； 短路判断标准电阻：10kΩ或更高； 标准电压：0V

序号	操作步骤	操作方法及说明	操作标准
9	检测电机温度传感器 1 的信号线路	 （4）连接蓄电池负极电缆； （5）操作启动开关，使电源模式置于 ON 状态； （6）用万用表电压挡判断线路对地电压短路状况 测量点 A / 测量点 B BV13-1 / 车身接地 BV13-2 / 车身接地 	断路判断标准电阻：小于 1Ω； 短路判断标准电阻：10kΩ 或更高； 标准电压：0V
10	检测电机温度传感器 2 的信号线路	（1）操作启动开关，使电源模式置于 OFF 状态； （2）断开蓄电池负极电缆； （3）断开驱动电机线束连接器 BV13 与电机控制器线束连接器 BV11； （4）用万用表电阻挡判断线路断路状况； 测量点 A / 测量点 B BV13-3 / BV11-5 BV13-4 / BV11-13	短路判断标准电阻：10kΩ 或更高； 断路判断标准电阻：小于 1Ω； 标准电压：0V

序号	操作步骤	操作方法及说明	操作标准
10	检测电机温度传感器 2 的信号线路	 (5) 用万用表电阻挡判断线路短路状况； 下表： 测量点 A / 测量点 B BV13-3 / BV13-4 BV13-3 / 车身接地 BV13-4 / 车身接地 (6) 连接蓄电池负极电缆； (7) 操作启动开关，使电源模式置于 ON 状态； (8) 用万用表电压挡判断线路对地电压短路状况； 测量点 A / 测量点 B BV13-3 / 车身接地 BV13-4 / 车身接地	短路判断标准电阻：10kΩ 或更高； 断路判断标准电阻：小于 1Ω； 标准电压：0V

序号	操作步骤	操作方法及说明	操作标准
10	检测电机温度传感器2的信号线路	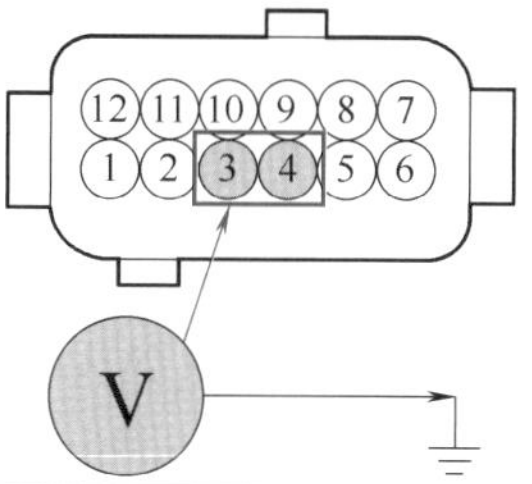 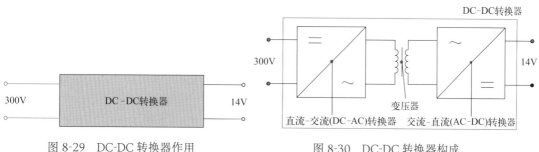	短路判断标准电阻：10kΩ 或更高； 断路判断标准电阻：小于 1Ω； 标准电压：0V
11	复位整理	（1）连接各断开的连接器，连接蓄电池负极端； （2）车辆、工具、仪器复位； （3）清洁车辆、地面、操作台	连接器卡扣卡到位； 蓄电池正极电缆固定螺母转矩：5 ～ 7N·m； 蓄电池负极端转矩：9N·m； 整洁、整齐

六、DC-DC 故障诊断

1.直流 - 直流转换器的作用

直流 - 直流转换器又称 DC-DC 转换器，是将动力电池的高压电转换成车辆电气系统适用的低压直流电的控制装置。

内燃机汽车由发动机驱动发电机产生电能，给蓄电池充电，并为车辆电气系统提供能量。纯电动汽车虽然由驱动电池直接提供能量，但并不能够直接将高压电能提供给车辆电气系统使用，需要利用直流 - 直流转换器（DC-DC 转换器）将驱动电池的直流高压电转换成车辆电气系统适用的 12 ～ 14V 直流低压电，如图 8-29 所示。

2.直流 - 直流转换器的组成

如图 8-30 所示，直流 - 直流转换器主要由直流 - 交流（DC-AC）转换器、变压器、交流 - 直流（AC-DC）转换器三部分构成。

图 8-29　DC-DC 转换器作用

图 8-30　DC-DC 转换器构成

直流 - 交流转换器主要包括四个晶体管，将动力电池提供的直流高压转换成脉冲宽度调制（PWM）电压，如图 8-31 所示。

变压器由初级线圈、次级线圈和铁芯组成。初级线圈为输入端，由 DC-AC 转换器输入脉冲宽度调制电压，次级线圈为输出端，为了将输入电压降低后输出，次级线圈匝数小于初级线圈匝数。DC-AC 转换器中的变压器除了降压作用外，还起到隔离高压与低压两个系统电流的作用。

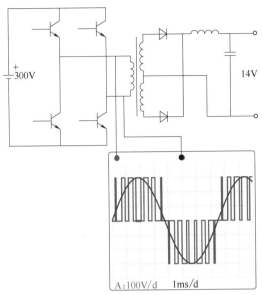

图 8-31　脉冲宽度调制（PWM）电压

交流 - 直流转换器主要由二极管、线圈和电容组成。二极管构成整流器，将次级线圈提供的交流电压处理后输出，如图 8-32 所示。

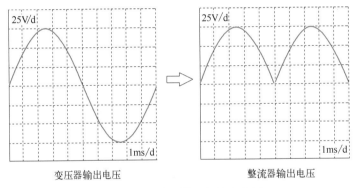

变压器输出电压　　　　　　　　　整流器输出电压

图 8-32　整流器输入与输出电压

3.直流 - 直流转换器的工作过程

（1）直流 - 交流转换。直流 - 交流转换即为电机控制器中的逆变器，都是将直流电转换成近似正弦波的电压，因此有些汽车将两者整合为一体。

如图 8-33 所示，4 个晶体管相当于控制电路的"开关"。如图 8-33（a）所示，当①④晶体管控制电路"导通"，动力电池的直流电"由上向下"流经变压器初级线圈；如图 8-33（b）所示，当②③晶体管控制电路"导通"，动力电池的直流"由下向上"流经变压器初级线圈。驱动电池直流电方向不变，经由 4 个晶体管控制后，作用于变压器初级线圈的电流方向发生"正负"交替变化，并由脉冲宽度调制（PWM），将直流电转换成脉冲宽度调制电压，类似于交流电压。

（2）降压隔离。变压器是利用电磁感应的原理来改变交流电电压的装置。当变压器的初级线圈接在交流电源上时，铁芯中便产生交变磁通 ϕ，初级线圈与次级线圈中的交变磁通 ϕ 相同，根据电磁感应定律，且不考虑线圈电阻，可知线圈匝数与电压成正比，即次级线圈匝数小于初级线圈匝数时，输出电压小于输入电压，实现降压作用。

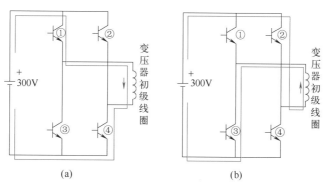

(a)　　　　　　　　　　(b)

图 8-33　直流 - 交流转换过程

如图 8-34 所示为初级线圈与次级线圈的能量转换方式。初级
线圈是由逆变器提供的高电压，次级线圈是经降压后输出的安全
低电压，高低电压之间通过变压器实现电流隔离，保证安全性。

（3）整流滤波。经变压器降压的交流电需转换成直流电后再
输出给车辆电气系统。图 8-35 为整流器的整流过程，当变压器

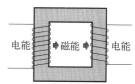

图 8-34　变压器能量转换

初级线圈电压正向输入时，由于二极管单向导通作用，流经负载 R_L 的电流方向为"自上而
下"；当变压器初级线圈电压反向输入时，流经负载 R_L 的电流方向仍为"自上而下"。正负
交替变化的交流电压经过二极管整流后，均以正向电压输出，但幅值仍周期性变化。

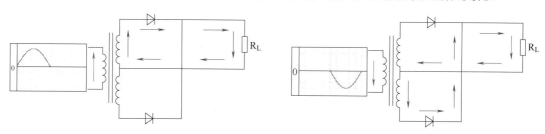

图 8-35　整流器整流过程

在实际工作过程中，由晶体管的高频率切换引起线圈中的干扰，经过整流后输出的电压
并非光滑连续的，如图 8-36 所示存在很多干扰"杂波"，利用线圈可以过滤干扰电压，使电
压变得连续光滑。

为了实现输出稳定直流电压，需要利用电容对过滤后的电压进行平滑处理，从而为车辆
上的 12V 电源提供能量，如图 8-37 所示。

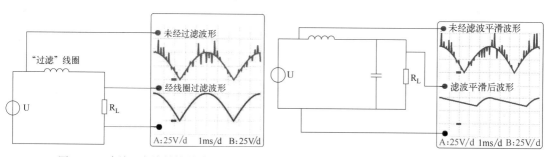

图 8-36　直流 - 交流转换滤波　　　　　图 8-37　平滑处理后的电压

（4）电压调节。动力电池电压的变化以及车辆电气系统负载变化，会引起直流 - 直流转

换器输出电压值的波动，为了能够提供稳定的 12V 直流电压，直流 - 直流转换器利用脉冲宽度调制（PWM）控制变压器初级线圈电压大小，从而输出稳定电压。

4. 故障诊断（以吉利帝豪 EV450 纯电动汽车为例）安全及注意事项

（1）断开电机控制器线束连接器 BV11、电机控制器高压线束连接器 BV28、直流母线线束连接器 BV29、电机控制器线束连接器 BV12 时必须对车辆进行下电操作；

（2）涉及高压操作时必须做好高压防护工作；

（3）对所使用的纸质维修手册、电脑、车辆、常用工具、检测设备等要及时规整复位，并对场地进行 5S 管理工作。

5. 操作过程（表 8-8 所示）

表 8-8　直流 - 直流故障诊断操作过程

序号	操作步骤	操作方法及说明	操作标准
1	准备工作	（1）准备方向盘套、座椅套和地板垫； （2）准备车轮挡块； （3）查看车辆信息，选取维修手册，本次任务选用吉利帝豪 EV450 纯电动汽车； （4）准备诊断仪，本次任务选用奇瑞新能源诊断仪； （5）准备万用表	能够根据车辆的型号、生产年份、配置等信息选取维修手册
2	车辆防护	（1）安装车轮挡块； （2）铺设方向盘套、座椅套、地板垫 	挡块、方向盘套、座椅套、地板垫安装铺设到位
3	查阅维修手册	（1）翻阅维修手册目录，查找"电机控制器 DCDC 故障"； （2）阅读分析故障码含义、电路图及诊断步骤	在手册中找到"电机控制器 DCDC 故障"所属目录，并阅读所需内容信息

序号	操作步骤	操作方法及说明	操作标准
4	检测准备	（1）高压防护：绝缘垫绝缘测试；检查并佩戴安全帽、绝缘手套、护目镜； （2）操作启动开关，使电源模式置于 OFF 状态； （3）断开蓄电池负极电缆	绝缘垫阻值大于 20MΩ； 安全帽、绝缘手套、护目镜无开裂； 操作的步骤顺序正确； 蓄电池负极电缆用绝缘胶带包裹
5	检查蓄电池电压	利用万用表直流电压挡检测蓄电池电压 	蓄电池电压值：11～14V
6	检测电机控制器熔丝 IF18、EF32 和蓄电池正极柱头熔丝是否熔断	（1）关闭点火开关，拔下熔丝 EF32，用万用表电阻挡检测熔丝是否熔断； （2）拔下熔丝 IF18，用万用表电阻挡检测熔丝是否熔断； 	熔丝电阻值：小于 1Ω

序号	操作步骤	操作方法及说明	操作标准
6	检测电机控制器熔丝 IF18、EF32 和蓄电池正极柱头熔丝是否熔断	（3）拆下蓄电池正极柱头熔丝，用万用表电阻挡检测熔丝是否熔断 	熔丝电阻值：小于 1Ω
7	检测电机控制器电源电压	（1）关闭点火开关，断开电机控制器线束连接器 BV11； （2）操作点火开关，使电源模式置于 ON 状态； （3）用万用表电压挡测量电机控制器线束连接器 BV11-25 和车身接地之间的电压值； （4）用万用表电压挡测量电机控制器线束连接器 BV11-26 和车身接地之间的电压值 	标准电压：11 ～ 14V

序号	操作步骤	操作方法及说明	操作标准
8	检查电机控制器接地电阻	（1）用万用表电阻挡测量电机控制器线束连接器 BV11-1 和车身接地之间的电阻； （2）用万用表电阻挡测量电机控制器线束连接器 BV11-11 和车身接地之间的电阻 	标准电阻：小于 1Ω
9	检测分线盒线束	（1）确认启动开关，使电源模式置于 OFF 状态，并且蓄电池负极电缆处于断开状态； （2）拆卸电机控制器盖板； （3）断开电机控制器高压线束连接器 BV28； （4）断开直流母线线束连接器 BV29（分线盒侧）； 	标准电阻：小于 1Ω

序号	操作步骤	操作方法及说明	操作标准
9	检测分线盒线束	（5）用万用表电阻挡测量连接器 BV28 端子 1 和连接器 BV29 端子 1 之间的电阻； （6）用万用表电阻挡测量连接器 BV28 端子 2 和连接器 BV29 端子 2 之间的电阻 	标准电阻：小于 1Ω
10	检测电机控制器与蓄电池之间的线路	（1）断开电机控制器线束连接器 BV12； （2）用万用表电阻挡测量连接器 BV12 端子 1 和蓄电池正极电缆之间的电阻 	标准电阻：小于 1Ω
11	复位整理	（1）连接各断开的连接器，连接蓄电池负极端； （2）车辆、工具、仪器复位； （3）清洁车辆、地面、操作台	连接器卡扣卡到位； 蓄电池正极电缆固定螺母转矩：5～7N·m； 蓄电池负极端转矩：9N·m； 整洁、整齐

冷却系统检测诊断

第一节 冷却系统及性能测试

一、冷却系统基础知识

1.冷却系统的作用

车载充电机将高压交流电转换为高压直流电时，会产生大量热量；电机控制器控制驱动电机的高压三相供电，将动力电池的高压电转成低压直流电时，会产生热量；驱动电机转子高速旋转时，会产生高温；高压电池的电流较大，且处于相对密封的环境，使得电池的温度上升，同样会产生大量热量。而当温度过高时，部件将无法正常工作，冷却系统的作用则是通过冷却液循环将车载充电机、电机控制器、驱动电机和动力电池进行散热，保证其工作温度在正常范围内。

2.冷却系统的组成

冷却系统由电机控制器、车载充电机、驱动电机、高压电池、驱动电机冷却水泵、高压电池冷却水泵、膨胀罐、散热器、散热器风扇（冷却风扇）、整车控制器、热管理控制模块及相关管路组成。

（1）膨胀罐。膨胀罐是一个与散热器相连的透明塑料罐，其位置高于散热器，一般装有淡粉色或淡蓝色的冷却液，如图 9-1 所示。为给冷却液的膨胀和收缩留出空间，冷却液液面既不能过高也不能过低，应在膨胀罐的 L 和 F 标记之间。当车辆启动时，冷却液温度逐渐升高并膨胀，多余的冷却液流入膨胀罐内。当车辆停止时，冷却液冷却收缩，从散热器流入到膨胀罐的冷却液又回到散热器。

（2）散热器。一般装于车辆的前方。散热器也称为水箱，流经水箱的空气带走冷却液的热量，并散发到空气中。散热器主要由散热器芯和水室组成，散热器芯又由一系列小管构成，以供冷却液流过。散热器有纵流式和横流式两种类型，冷却液沿垂直方向流动的称为纵流式，如图 9-2 所示；沿水平方向流动的称为横流式，如图 9-3 所示。

图 9-1　冷却系统膨胀罐

图 9-2　纵流式散热器

图 9-3　横流式散热器

图 9-4　冷却风扇

（3）冷却风扇。一般装于散热器的前端或后端，如图 9-4 所示。当冷却不充分时，冷却风扇就会打开，通过冷却风扇提供气流，提高汽车的冷却速度。冷却风扇有两种驱动形式，分别为蛇形带驱动和电动机驱动，冷却系统温度过高时会自动开启。

（4）冷却液。采用冰点 ≤ -40℃ 的乙二醇型电机冷却液，与空调系统的暖风冷却液采用一致材质。

3. 冷却方式的分类

按热管理方式可分四类，即自然冷却、风冷、直冷和液冷。自然冷却属于被动式，其余属于主动式热管理方式，目前液冷技术最为主流。

4. 冷却系统工作原理

以吉利帝豪 EV450 纯电动汽车为例，冷却系统工作过程如图 9-5 所示。

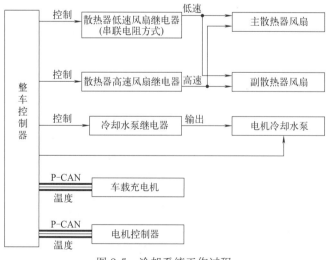

图 9-5　冷却系统工作过程

整车控制器控制散热器高低速风扇继电器，通过两个不同的电机高低速控制模式直接驱动风扇。在低速电路中，采用串联电阻方式改变风扇转速。

整车控制器控制冷却水泵继电器吸合，冷却水泵继电器提供蓄电池电源，输出给电机冷却水泵，且由整车控制器控制电机冷却水泵转速。

整车控制器通过 P-CAN 总线接收车载充电机和电机控制器的温度信息，适时开启水泵和散热器双风扇进行散热。

5. 冰点检测仪

如图 9-6 所示，冰点检测仪有三列标尺：左边标尺数据用于读取电池液密度，1.15 ～ 1.20 表示需充电，1.20 ～ 1.25 表示电量够用，1.25 ～ 1.30 表示电量充足；中间标尺数据用于读取乙二醇型冷却液冰点；右侧标尺数据用于读取玻璃水冰点（上部为白色，下部为蓝色，分界线对应刻度即为测量值。）

图 9-6　冰点检测仪

二、性能测试（以吉利帝豪 EV450 纯电动汽车为例）

1. 安全及注意事项

（1）按规范操作举升机，做必要的安全防护，不能盲目举车或进入车底；

（2）当打开车辆发动机舱盖或进入车辆底部时，不要盲目碰触高压导线及设备，避免触电危险；

（3）当检查各管路时，需做好必要的安全防护，不要盲目查看或用手直接触摸管路；

（4）仪器使用前、后注意清洁，使用完要及时规整复位；

（5）对所使用的纸质维修手册、电脑、车辆或举升机要及时规整复位，并对场地进行 5S 管理工作。

2. 操作过程（表 9-1 所示）

表 9-1　冷却系统的检查过程

序号	操作步骤	操作方法及说明	操作标准
1	准备工作	（1）准备方向盘套、座椅套和地板垫； （2）准备车轮挡块； （3）查看车辆信息，选取维修手册，本次任务选用吉利帝豪 EV450 纯电动汽车； （4）准备诊断仪，本次任务选用奇瑞新能源诊断仪； （5）准备万用表	能够根据车辆的型号、生产年份、配置等信息选取维修手册
2	车辆防护	（1）安装车轮挡块；	挡块、方向盘套、座椅套、地板垫安装铺设到位

序号	操作步骤	操作方法及说明	操作标准
2	车辆防护	（2）铺设方向盘套、座椅套、地板垫 	挡块、方向盘套、座椅套、地板垫安装铺设到位
3	查找冷却系统位置	（1）翻阅维修手册目录，查找冷却系统位置所在目录； （2）根据维修手册提示，在车辆上确认冷却系统位置	在手册中找到冷却系统安装位置所属目录，并确认在车辆上的实际位置
4	查阅目视检查内容	（1）翻阅维修手册目录，查找"描述和操作"所在目录； （2）根据目录翻阅查找目视检查的具体项目 **2.5.7.2 目视检查** 1 检查可能影响冷却系统性能的售后加装装置。 2 检查易于接触或能够看到的冷却系统部件、线路，以查明其是否有明显损坏或存在可能导致故障的情况。 3 检查易于看到或能够看到的冷却系统管路，以查明是否有冷却液泄漏现象。 4 可以使用故障诊断仪中的"功能测试"，强制驱动冷却风扇继电器吸合，查看风扇是否能正常工作，以快速判断故障。	在手册中准确找到"描述和操作"所属目录，并阅读所需内容信息

序号	操作步骤	操作方法及说明	操作标准
5	作业准备	（1）高压防护：绝缘垫绝缘测试；检查并佩戴安全帽、酸碱手套、护目镜； （2）操作启动开关，使电源模式置于 OFF 状态； （3）断开蓄电池负极电缆	绝缘垫阻值大于 20MΩ； 安全帽、绝缘手套、护目镜无开裂； 操作的步骤顺序正确； 蓄电池负极电缆用绝缘胶带包裹
6	检查冷却液液位	检查冷却液液位 	冷却液液位：位于膨胀罐的 L 和 F 刻度线之间
7	检查冷却液冰点	（1）选取冰点检测仪，打开盖板，用柔软绒布擦拭盖板及镜面； （2）吸取 2 ～ 3 滴冷却液放至冰点检测仪镜面上； （3）盖上盖板，轻轻压平且内部不留有气泡； （4）平视检查并读取观察口中的测量值； （5）用绒布擦拭干净盖板及镜面上的附着物	标准：≤ -40℃

序号	操作步骤	操作方法及说明	操作标准
8	冷却管路外观检查	(1) 检查各冷却系统软管的安装、连接情况及有无裂纹、损伤和泄漏; (2) 目视检查散热器有无泄漏、变形等; (3) 检查冷却液排液管路有无泄漏	管路无裂纹、损伤和泄漏
9	复位整理	(1) 连接各断开的连接器,连接蓄电池负极端; (2) 车辆、工具、仪器复位; (3) 清洁车辆、地面、操作台	连接器卡扣卡到位; 蓄电池正极电缆固定螺母转矩: 5 ~ 7N·m; 蓄电池负极端转矩: 9N·m; 整洁、整齐

第二节 冷却系统故障诊断

一、冷却水泵不工作故障诊断

1. 冷却水泵组成及应用

液体从旋转叶片的泵中间流过,离心力作用使旋转叶片又将冷却液迅速地抛送出去,所以冷却水泵也是离心泵。离心泵有结构简单、尺寸小等优点,它的作用是使冷却液流动,从散热器的底部抽取冷的冷却液,经过发热部件,流出热的冷却液再回到散热器。

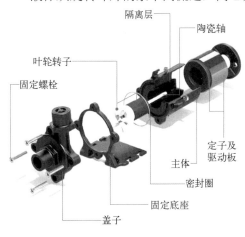

图 9-7 电子冷却水泵组成

（1）冷却水泵组成。电子冷却水泵一般由叶轮转子、定子及驱动板、陶瓷轴、隔离层、固定底座、密封圈、主体等部件组成,如图 9-7 所示。

叶轮转子:驱动泵的转子为永磁铁,一般与叶轮制成一体。

定子及驱动板:定子上的线圈通电后产生磁场带动转子工作运转。

陶瓷轴:用来固定转子,转子中间配有注塑成型的轴套。

隔离层:可以将转子部分和定子线圈部分完全隔离,转子与轴均可接触水,起到润滑和散热的作用,定子与控制板部分在后腔体部分灌封,从而完全防水。

（2）水泵应用。以吉利帝豪 EV450 纯电动汽车为例,设有 3 个水泵,分别为:电池水泵、电机水泵及加热水泵。

电池水泵:如图 9-8 所示,一般置于高压电池包前端,电池水泵通过冷却液循环回路输送被热交换器降温后的冷却液,使电池模块的温度保持在预期范围内。

电机水泵:如图 9-9 所示,一般置于电机正前方,电机内设有水套管路,电机水泵在驱动电机工作过程中提供强制冷却液循环的动力,带走电机工作时的热量,送至水箱,由冷却风扇进行散热。

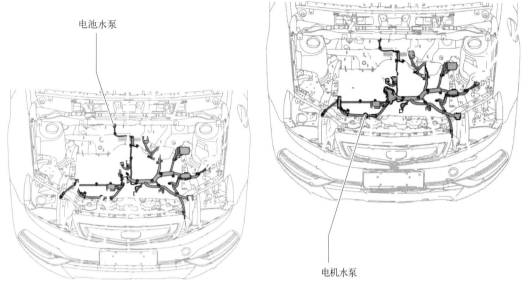

图 9-8　电池水泵　　　　　　　　　图 9-9　电机水泵

加热水泵：如图 9-10 所示，一般置于加热器右前方，加热器（也称 PTC）用的是热敏电阻作为热源，鼓风机使空气经过加热器，加热后的空气再通过加热水泵促进热循环。

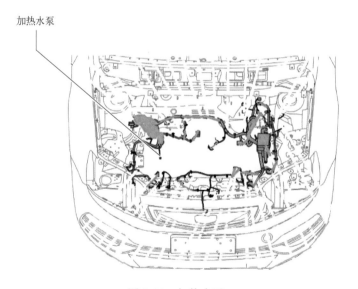

图 9-10　加热水泵

2.电机水泵电路分析

以吉利帝豪 EV450 纯电动汽车为例。如图 9-11 所示，电机水泵电路是由蓄电池、VCU（电动汽车整车控制器）、电机水泵、冷却水泵继电器、主继电器、保险丝和导线等组成。

（1）继电器作用。继电器是一种电子控制器件，是用较小电流去控制较大电流的一种"自动开关"，在电路中起着自动调节、安全保护、转换电路等作用。

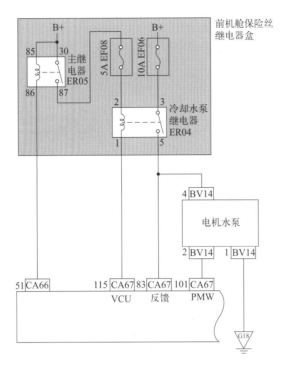

图 9-11　电机水泵电路

（2）继电器原理。如图 9-12 所示，继电器由线圈、软铁芯、杠杆和开关组成，是利用电磁效应来控制机械触点达到通断目的。当线圈通电，线圈电流产生磁场，磁场吸附衔铁动作，吸合触点；当线圈断电，电磁吸力消失，衔铁在弹簧作用下回至原位，触点断开。

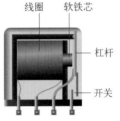

图 9-12　继电器

（3）电路分析。电机水泵电源正极端 BV14/4 由冷却水泵继电器提供，负极端 BV14/1 通过车身搭铁，电机水泵转速由 VCU 通过 BV14/2 信号端子进行控制。

当 VCU 通过 CA66/51 端子控制搭铁，ER05 主继电器线圈通电，负载开关闭合，电源由蓄电池→主继电器负载开关→ EF08 熔丝→冷却水泵继电器控制线圈→ VCU。

当 VCU 通过 CA67/115 端子控制搭铁，ER04 冷却水泵继电器线圈通电，负载开关闭合，电源由蓄电池→ EF06 熔丝→冷却水泵继电器负载开关→电机水泵。

冷却水泵同时通过 CA67/83 端子将工作电源提供给 VCU，作为反馈信号判断电机水泵控制电路的工作状况。

3. 冷却水泵工作原理

以吉利帝豪 EV450 纯电动汽车为例，冷却系统有两个电动水泵，电动水泵由低压电路驱动，为冷却液的循环提供压力。冷却液在管路中的流向见图 2-15。

当电池包温度低时，三通阀 WV1 和 WV2 均关闭，冷却液由电动水泵→电机控制器→车载充电机→驱动电机→ WV2 ①→ WV2 ②→散热器→膨胀罐。

当电池包温度较高时，三通阀 WV1 和 WV2 均打开，冷却液由电动水泵→电机控制器→

车载充电机→驱动电机→ WV2 ①→ WV2 ③→电动水泵→高压电池→ WV1 ①→ WV1 ③→膨胀罐。

当电池包温度过高时，将通过热交换器进行强制冷却；当电池包温度过低时，将通过热交换器进行强制加热。

4. 故障诊断（以吉利帝豪 EV450 纯电动汽车为例）安全及注意事项

（1）断开继电器及冷却水泵相关线束连接器时必须对车辆进行下电操作；

（2）当打开车辆前机舱盖时，不要盲目碰触高压导线及设备，避免触电危险；

（3）线圈加电压测试时，注意不要正负极触碰在一起，避免出现短路；

（4）对所使用的纸质维修手册、电脑、车辆、常用工具、检测设备等要及时规整复位，并对场地进行 5S 管理工作。

5. 操作过程（表9-2 所示）

表 9-2　冷却水泵故障诊断操作过程

序号	操作步骤	操作方法及说明	操作标准
1	准备工作	（1）准备方向盘套、座椅套和地板垫； （2）准备车轮挡块； （3）查看车辆信息，选取维修手册，本次任务选用吉利帝豪 EV450 纯电动汽车； （4）准备诊断仪，本次任务选用奇瑞新能源诊断仪； （5）准备万用表	能够根据车辆的型号、生产年份、配置等信息选取维修手册
2	车辆防护	（1）安装车轮挡块； （2）铺设方向盘套、座椅套、地板垫	挡块、方向盘套、座椅套、地板垫安装铺设到位
3	读取故障码	连接诊断仪，读取故障码	冷却水泵故障码： B11907B B119097 B119098
4	查阅维修手册	（1）翻阅维修手册目录，查找"故障代码表"； 📑 8.2.7.20 DTC： B11907B,B119097…… 📑 8.2.7.21 DTC： B11917B,B119197…… 📑 8.2.7.22 DTC： B11927B,B119297…… 📑 8.2.7.23 DTC： B119501,B119601…… 📑 8.2.7.24 DTC： B119411,B119415…… ∨ 📑 8.2.8 拆卸与安装 （2）阅读分析故障码含义、电路图及诊断步骤	找到"故障码表"所属目录，并阅读所需内容信息
5	检测准备	（1）高压防护：绝缘垫绝缘测试；检查并佩戴安全帽、绝缘手套、护目镜； （2）操作启动开关，使电源模式置于 OFF 状态； （3）断开蓄电池负极电缆	绝缘垫阻值大于 20MΩ； 安全帽、绝缘手套、护目镜无开裂； 操作的步骤顺序正确； 蓄电池负极电缆用绝缘胶带包裹
6	检测蓄电池电压	用万用表直流电压挡测量蓄电池电压	标准电压：11～14V
7	检查电机水泵熔丝 EF06	（1）关闭点火开关，拔下熔丝 EF06，用万用表电阻挡检测熔丝是否熔断； （2）如熔丝熔断，检查熔丝 EF06 线路是否有短路故障，用万用表电阻挡测量继电器 ER04 的 3 号和 5 号端对搭铁电阻	熔丝电阻值：小于 1Ω； ER04/3—搭铁电阻：无穷大； ER04/5—搭铁电阻：无穷大

序号	操作步骤	操作方法及说明	操作标准
8	检查冷却水泵继电器 ER04	（1）关闭点火开关，拔下继电器 ER04，用万用表电阻挡检测继电器线圈是否有断路故障； （2）关闭点火开关，拔下继电器 ER04，用万用表电阻挡检测继电器开关是否有短路故障； （3）继电器 ER04 线圈一端接 B+，一端接地，用万用表电阻挡检测继电器开关的电阻值 	继电器线圈电阻值：约 80Ω； 继电器开关电阻值：无穷大； 继电器通电，其开关电阻值：小于 1Ω
9	检查电机水泵电源线路	（1）关闭点火开关，断开蓄电池负极电缆，并等待至少 90s； （2）断开电机水泵线束连接器 BV14； （3）断开前机舱熔丝盒线束连接器； （4）用万用表电阻挡测量电机水泵线束连接器端子与前机舱熔丝盒线束连接器端子之间的电阻值	标准电阻：小于 1Ω
10	检查电机水泵与 VCU 之间的线束	（1）关闭点火开关，断开蓄电池负极电缆，并等待至少 90s； （2）断开 VCU 线束连接器 CA67； （3）断开电机水泵线束连接器 BV14。 用万用表电阻挡测量 BV14 端子 2 与 CA67 端子 101 之间的电阻值 BV14电机水泵线束连接器 	标准电阻：小于 1Ω

序号	操作步骤	操作方法及说明	操作标准
11	检查电机水泵接地线路	（1）关闭点火开关，断开蓄电池负极电缆，并等待至少90s； （2）断开 VCU 线束连接器 CA67； （3）断开电机水泵线束连接器 BV14； （4）用万用表电阻挡测量 BV14 端子 1 与车身接地之间的电阻值 BV14电机水泵线束连接器	标准电阻：小于 1Ω
12	复位整理	（1）连接各断开的连接器，连接蓄电池负极端； （2）车辆、工具、仪器复位； （3）清洁车辆、地面、操作台	连接器卡扣卡到位； 蓄电池负极端转矩：9N·m； 整洁、整齐

二、冷却风扇高低速故障诊断

1. 冷却风扇组成

风扇的作用是提高通过散热器芯的空气流速，增加散热器和空调冷凝器的通风量，从而加快车辆低速行驶的冷却速度，增加散热效果。

冷却风扇一般装于机舱内散热器后部，如图 9-13 所示。冷却风扇由电机、扇叶和壳体组成，如图 9-14 所示。冷却风扇采用双风扇、高低速的控制模式，通过两个不同的电机驱动扇叶。冷却风扇由整车控制模块（VCU）利用低速风扇继电器和高速风扇继电器直接控制，在低速电路中，采用串联调速电阻的方式来改变风扇的转速。

2. 驱动测试

作用：汽车电子控制单元（ECU）接收传感器信号，经计算判断后，根据控制要求向执行器发送控制指令，实现车辆某个功能的控制。驱动测试是通过解码仪与电子控制单元连接通信，实现对执行器的控制，如图 9-15 所示。维修技术人员通过解码仪控制执行器"工作"或"不工作"，同时观察执行器元件的控制效果，可以判断执行器及其控制电路的性能。

图 9-13 冷却风扇位置

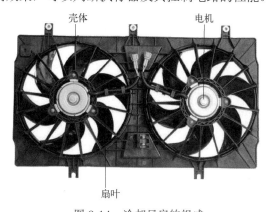

图 9-14 冷却风扇的组成

方法：以吉利帝豪 EV450 为例，将解码仪诊断口与车辆相连；进入解码仪，选择吉利帝豪 EV450 车型；进入整车控制系统（VCU），点击元件测试；选择低速（或高速）风扇使

图 9-15 驱动测试

能信号，点击使能风扇工作。

判断：驱动后，观察执行器是否工作，若不工作，检查执行器及其相关线路。

3.冷却风扇工作原理

以吉利帝豪 EV450 为例，如图 9-16 所示，冷却风扇由 VCU 利用继电器低速风扇和高速风扇继电器直接控制，通常是两个冷却风扇一起转，通过采用串联调速电阻的方式来改变风扇转速，当散热器温度达到一定温度时风扇工作，温度越高，转速越快。

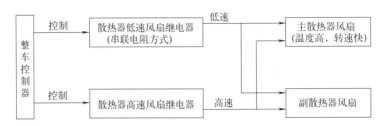

图 9-16 冷却风扇工作过程

如图 9-17 所示，冷却风扇电源正极 CA30b/1 和 CA31/1 由低速风扇继电器提供，冷却风扇正极 CA30b/2 和 CA31/2 由高速风扇继电器提供。

当 VCU 通过 CA66/51 端子控制搭铁，ER05 主继电器线圈通电，负载开关闭合，电源由蓄电池→主继电器负载开关→ EF09 熔丝→高速或低速风扇继电器控制线圈→ VCU。

当 VCU 控制 CA67/127 端子搭铁，高速风扇继电器线圈通电，负载开关闭合，电源由蓄电池→ SF08 熔丝→高速风扇继电器负载开关→冷却风扇 1 电机→ G10 搭铁。

当 VCU 控制 CA67/128 端子搭铁，低速风扇继电器线圈通电，负载开关闭合，电源由蓄电池→ SF08 熔丝→低速风扇继电器负载开关→冷却风扇 1 电阻→冷却风扇 1 电机→ G10 搭铁。

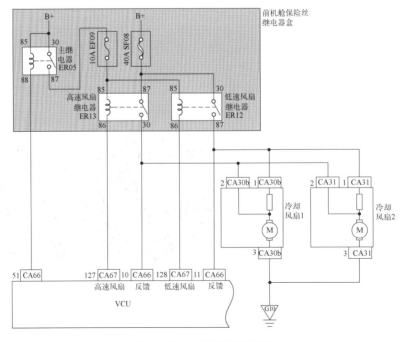

图 9-17 冷却风扇电路图

4. 故障诊断（以吉利帝豪 EV450 纯电动汽车为例）安全及注意事项

（1）断开继电器及冷却风扇相关线束连接器时必须将车辆置于 OFF 状态；

（2）当打开车辆前机舱盖时，不要盲目碰触高压导线及设备，避免触电危险；

（3）在车辆运行时，机舱下的冷却风扇也会启动而伤人，保持手、衣服和工具远离机舱下的冷却风扇；

（4）对所使用的纸质维修手册、电脑、车辆或举升机要及时规整复位，并对场地进行 5S 管理工作。

5. 操作过程（表 9-3 所示）

表 9-3　冷却风扇故障诊断操作过程

序号	操作步骤	操作方法及说明	操作标准
1	准备工作	（1）准备方向盘套、座椅套和地板垫； （2）准备车轮挡块； （3）查看车辆信息，选取维修手册，本次任务选用吉利帝豪 EV450 纯电动汽车； （4）准备诊断仪，本次任务选用奇瑞新能源诊断仪； （5）准备万用表	能够根据车辆的型号、生产年份、配置等信息选取维修手册
2	车辆防护	（1）安装车轮挡块； （2）铺设方向盘套、座椅套、地板垫 	挡块、方向盘套、座椅套、地板垫安装铺设到位
3	查阅维修手册	（1）翻阅维修手册目录，查找"冷却风扇低速挡不运转"； （2）阅读分析故障码含义、电路图及诊断步骤	在手册中找到"冷却风扇低速挡不运转"所属目录，并阅读所需内容信息

序号	操作步骤	操作方法及说明	操作标准
4	检测准备	操作启动开关，使电源模式置于 ON 状态	操作的步骤顺序正确
5	检测蓄电池电压	用万用表直流电压挡测量蓄电池电压	标准电压：11～14V
6	冷却风扇驱动测试	（1）连接解码仪，选择诊断，进入"帝豪汽车"，点击"帝豪 EV 系列"； （2）进入"EV450 车型"，点击"诊断"； （3）进入"控制单元"，点击"整车控制系统（VCU）"； 	低速风扇（或高速）使能信号为使能，风扇正常运转

序号	操作步骤	操作方法及说明	操作标准
6	冷却风扇驱动测试	 （4）进入"动作测试"，点击"低速（或高速）风扇使能信号"，观察风扇是否正常运转 	低速风扇（或高速）使能信号为使能，风扇正常运转
7	检查整车控制器熔丝 EF09、SF08	（1）关闭点火开关，拔下熔丝 EF09，用万用表电阻挡检测熔丝是否熔断； （2）拔下熔丝 SF08，用万用表电阻挡检测熔丝是否熔断	熔丝电阻值：小于 1Ω
8	检查冷却风扇低速继电器	（1）冷却风扇驱动测试，低速风扇使能信号为使能，风扇不转。关闭点火开关，拔下冷却风扇高速继电器，用相同型号的继电器取代冷却风扇低速继电器； （2）确认故障是否排除	继电器线圈电阻值：约 80Ω； 继电器开关电阻值：无穷大； 继电器通电，其开关电阻值：小于 1Ω
9	检查整车控制器电源接地的电压	（1）关闭点火开关，断开整车控制器线束连接器 CA67； （2）操作点火开关，使电源模式置于 ON 状态； （3）用万用表测量整车控制器线束连接器 CA67 的 128 号端子与可靠接地之间的电压 CA67 VCU模块线束连接器B 	电压标准值：11～14V

序号	操作步骤	操作方法及说明	操作标准
10	检查冷却风扇接地电路	（1）关闭点火开关，断开主冷却风扇 1 线束连接器 CA30b； （2）断开主冷却风扇 2 线束连接器 CA31； （3）用万用表测量主冷却风扇 1 线束连接器 CA30b 的 3 号端子和车身可靠接地之间的电阻； （4）用万用表测量主冷却风扇 2 线束连接器 CA31 的 3 号端子和车身可靠接地之间的电阻 CA30b 冷却风扇 1 线束连接器 CA31 冷却风扇 2 线束连接器 	标准电阻：小于 1Ω
11	检查冷却风扇电源、接地之间的电压	（1）关闭点火开关，断开主冷却风扇线束连接器 CA30b； （2）断开主冷却风扇线束连接器 CA31； （3）操作启动开关，使电源模式置于 ON 状态； （4）连接诊断仪，执行冷却风扇低速转动作测试，或用引线将整车控制器线束连接器 CA67 的 128 号端子与车身可靠接地连接； （5）同时用万用表测量主冷却风扇线束连接器 CA30b 的 1 号端子和 3 号之间的电压值； （6）同时用万用表测量主冷却风扇线束连接器 CA31 的 1 号端子和 3 号之间的电压值 CA30b 冷却风扇 1 线束连接器 CA31 冷却风扇 2 线束连接器 	电压标准值：11～14V

序号	操作步骤	操作方法及说明	操作标准
12	检查低速风扇继电器与冷却风扇之间的电路	（1）当检查冷却风扇电源与接地之间的电压为 0 时，关闭点火开关； （2）拆卸低速风扇继电器 ER12； （3）用万用表测量主冷却风扇线束连接器 CA30b 的 1 号端子和低速风扇继电器 ER12 的 87 号端子（线束端）之间的电阻； （4）用万用表测量主冷却风扇线束连接器 CA31 的 1 号端子和低速风扇继电器 ER12 的 87 号端子（线束端）之间的电阻 CA31 冷却风扇 2 线束连接器 CA30b 冷却风扇 1 线束连接器	标准电阻：小于 1Ω
13	检查低速风扇继电器与整车控制器之间的电路	（1）关闭点火开关，断开整车控制器线束连接器 CA66； （2）拆卸冷却低速风扇继电器 ER12； （3）用万用表测量整车控制器线束连接器 CA66 的 11 号端子和低速风扇继电器 ER12 的 87 号端子（线束端）之间的电阻 CA66 VCU 模块线束连接器 A	标准电阻：小于 1Ω
14	更换整车控制器	（1）关闭点火开关，断开蓄电池负极电缆； （2）更换整车控制器	
15	复位整理	（1）连接各断开的连接器，连接蓄电池负极端； （2）车辆、工具、仪器复位； （3）清洁车辆、地面、操作台	连接器卡扣卡到位； 蓄电池负极端转矩：9N·m。 整洁、整齐

空调系统检测诊断

第一节　空调系统及性能测试

一、汽车空调基础知识

1. 空调系统的功能

空调（AirCondition，缩写为 A/C）即空气调节，是指在封闭的空间内，对空气温度、湿度、流速及空气的清洁度进行部分或全部调节的过程。汽车空调可以将车内空间的环境调整到人体最适宜的状态，为司乘人员创造良好的劳动条件和工作环境，以提高行车安全。汽车空调一般由制冷系统、取暖系统、配气系统、电子控制系统、通风与净化系统组成。

汽车空调的主要功能是调节车内的温度、湿度、气流速度和空气洁净度等，从而为乘员创造清新舒适的车内的环境。

（1）调节车内的温度。汽车空调在冬季利用其采暖装置升高车内的温度，在夏季利用其制冷装置降低车内的温度。

（2）调节车内的湿度。普通汽车空调一般不具备这种功能，只有冷暖一体化空调才能对车内的湿度进行适量调节。它通过制冷装置冷却、去除空气中的水分，再由取暖装置升温以降低空气的相对湿度。目前汽车上还没有安装加湿装置，只能通过打开车窗或通风设施，靠车外新风来调节。

（3）调节车内的空气流速。空气的流速和方向对人体舒适性影响很大。夏季，气流速度稍大，有利于人体散热降温，但过大的风速直接吹到人体上，也会使人感到不舒服。冬季，风速大了会影响人体保温，因而冬季采暖时气流速度应尽量小一些。根据人体生理特点，头部对冷比较敏感，脚部对热比较敏感，因此，在布置空调出风口时，应采取上冷下暖的方式，即让冷风吹到乘员的头部，暖风吹到乘员的脚部。

（4）过滤、净化车内的空气。由于车内空间小，乘员密度大，车内极易出现缺氧和二氧化碳浓度过高的情况。汽车发动机废气中的一氧化碳、道路上的粉尘、野外有毒的花粉都容易进入车内，造成车内空气污浊。因此汽车空调必须具有向车内补充车外新鲜空气、过滤和净化车内空气的功能。一般汽车空调装置上都设有进风门、排风门、空气过滤装置和空气净化装置。

图 10-1 为汽车空调制冷循环系统示意图，图 10-2 为吉利帝豪 EV450 纯电动汽车空调系统控制面板。

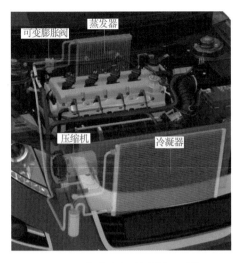
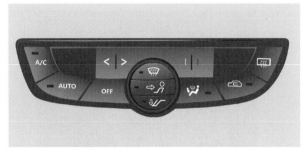

图 10-1　汽车空调制冷循环系统　　图 10-2　吉利帝豪 EV450 纯电动汽车空调系统控制面板

2. 干湿计

干湿计（图 10-3）主要由温度和湿度传感器、热电偶、红外线发射窗、显示屏、主机、键盘等组成。温度和湿度传感器可以用来测量车内外环境温度和湿度；热电偶可测量汽车空调系统中的部件温度；当需要测量高低压管路、冷凝器等部件表面温度时，则可使用红外线来进行精准测量。

3. 风速计

风速计（图 10-4）主要由风扇传感器总成（内置转速传感器和温度传感器）、插头、红外线发射窗、显示屏、主机、键盘等组成。风扇传感器总成可以用来测量汽车空调出风口空气流速、流量和温度，也可用来测量冷凝器入口处冷却风扇空气流速和流量，以此判断汽车空调系统中风道、空调滤芯、鼓风机、冷却风扇等部件的工作状况。

图 10-3　干湿计　　　　　　　图 10-4　风速计

4. 空调性能诊断仪

空调性能诊断仪（以下简称空调诊断仪）能够完成对车辆空调制冷系统性能的测量、诊断、控制等操作，如图 10-5 所示。空调诊断仪的测量功能能够以图形或文字显示测量值；控制功能能够监测空调电路的某个组件或某种功能；自诊断功能能够对空调进行完整诊断并得到对诊断结果的最终解释。

空调诊断仪控制面板如图 10-6 所示。空调诊断仪连接说明如图 10-7 所示。

图 10-5　空调性能诊断仪

图 10-6　空调诊断仪控制面板
1—打开 / 关闭按钮；2—导航模块（方向键）；
3—Led 状态显示灯；4—快速进入菜单；
5—确认按钮；6—返回键

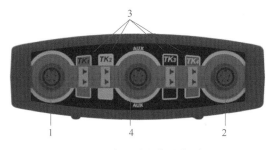

图 10-7　空调诊断仪连接说明
1—高压输入接口（可接受最大压力：40bar）；2—低压输入接口（可接受最大压力：16bar）；3—热偶温度探针输入 TK1 到 TK4；4—辅助输入（使用可选的传感器保留）

二、性能测试（以吉利帝豪 EV450 纯电动汽车为例）

1. 操作条件

设备：吉利帝豪 EV450 纯电动汽车、TIF3110 风速计、TIF3220 干湿计、RA007PLUS 汽车空调诊断仪。

工具：吉利帝豪 EV450 维修手册。

2. 安全及注意事项

（1）在观察车辆动力电池时，需按规范操作举升机，并做必要的安全防护，不能盲目举车或进入车底；

（2）当打开车辆前机舱盖或进入车辆底部时，不要盲目碰触高压导线及设备，避免触电危险；

（3）当接触工作中的制冷系统部件时，需佩戴防护手套和护目镜，防止与制冷剂接触造成冻伤或失明；

（4）不要在有明火或灼热表面附近进行操作，因为制冷剂会在高温下分解并释放出对操作者和环境有害的具有腐蚀性的气体；

（5）规范使用检测仪器；

（6）对所使用的纸质维修手册、电脑、车辆或举升机要及时规整复位，并对场地进行 5S 管理工作。

3. 操作过程（表 10-1 所示）

表 10-1 空调系统的检查

序号	操作步骤	操作方法及说明	操作标准
1	取出主机，挂在前机舱盖上	空调诊断仪不能用铁钩直接挂在前盖上，需要用自带的绑带缠绕，防止掉落损伤设备 	空调诊断仪缠绕牢固
2	旋出高、低压维修阀口的阀帽	佩戴防护手套和护目镜，以免高、低压维修阀口泄漏而造成伤害	能够安全旋出阀帽
3	连接高压传感器，并与高压维修阀口相连接		能够准确连接高压传感器和高压维修阀口
4	连接低压传感器，并与低压维修阀口相连接		能够准确连接低压传感器和低压维修阀口

序号	操作步骤	操作方法及说明	操作标准
5	打开传感器	同时旋开高、低压传感器	
6	连接 T1、T2、T3、T4 传感器。依次夹在冷凝器入口、冷凝器出口、蒸发器入口、蒸发器出口处	在离冷凝器入口、出口、离蒸发器入口、出口约 5cm 处正确连接传感器，注意不能接错；传感器接头注意要与金属管路紧密接触，防止脱落或测量数据不准确 	能正确连接并整理线束，确保高、低压传感器线束与 T1、T2、T3、T4 传感器线束都安全可靠连接
7	开启空调诊断仪	（1）选择空调自动诊断菜单，按确认键； （2）配置空调系统参数，按确认键 	能够正确按照车辆空调系统配置进行设置
8	启动车辆空调系统	（1）车辆停放在阴凉处，将干湿球温度计放置在空调进风口位置； （2）打开车窗、车门； （3）打开所有空调出风口，调节到全开； （4）设置空调控制器：外循环位置，强冷，A/C 开，鼓风机转速最高，若是自动空调，应设为手动并将温度设定为最低值； （5）将温度计探头放置在空调出风口内 50mm 处； （6）启动空调，运行 3 ～ 5min，使压力表指针稳定	能够正确按照车辆空调系统配置进行设置
9	安放 THR 传感器	（1）在距离车辆 2m 处打开 THR 传感器，以免影响测量结果； （2）将 THR 传感器放置在中央出风口处 	能够正确设置并安放 THR 传感器

序号	操作步骤	操作方法及说明	操作标准
10	空调系统性能检测	（1）按下确认键开始性能检测； （2）性能检测完毕后，再次按下确认键读取检测数据 	
11	对空调性能进行分析	将测量参数与图标上参数相比较 吸气压力与环境温度 空调出风温度与环境温度	能根据测量参数对空调性能进行判断分析，给出正确分析结果
12	复位整理	（1）关闭鼓风机、关闭 AC 开关、升起所有车窗，关闭点火开关； （2）关闭空调诊断仪高、低压传感器，拆卸 T1、T2、T3、T4 传感器，车辆、工具、仪器复位； （3）清洁车辆、地面、操作台	能安全拆卸空调诊断仪，清洁高、低压传感器和高、低压维修阀口

第二节　空调制冷剂进行回收加注

一、空调制冷系统的组成

制冷系统主要由压缩机、冷凝器、蒸发器、节流装置、过滤装置、空调管路等组成，如图 10-8 所示。制冷系统中还需要一种工作介质，即制冷剂。它通过自身物态的变化来实现热交换，从而达到制冷的目的。常用的制冷剂有 R12 和 R134a 两种。

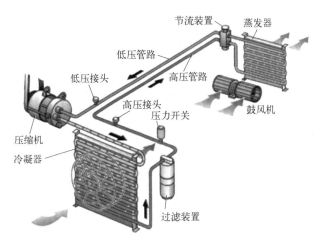

图 10-8　制冷系统组成

压缩机：压缩机是汽车空调制冷装置的心脏、动力元件，用来压缩和输送制冷剂。压缩机分为定排量压缩机和变排量压缩机。

冷凝器：冷凝器是一种热交换器，把来自压缩机的高温高压气体通过管壁和翅片将其中的热量传递给冷凝器周围的空气。

蒸发器：蒸发器也是一种热交换器，利用从节流装置来的低温低压的液态制冷剂蒸发时吸收周围空气中的大量热量，从而达到给车厢内降温的目的。

节流装置：节流装置是汽车制冷系统中的重要部件，起到节流降压、调节流量、防止"液击"和防止异常过热的控制作用。常用的节流装置有膨胀阀和节流管两种类型。

过滤装置：过滤装置起到存储制冷剂，并对系统中的水分和杂质进行干燥和过滤的作用。常用的过滤装置有储液干燥器和集液器两种类型。

空调管路：空调管路起到将制冷系统各部件连接在一起的作用。为了维持系统的相似流速，空调管路的直径会有所不同，以适应两种压力和温度状况。

二、空调系统的制冷原理

汽车空调制冷系统的工作原理如图 10-9 所示。它主要通过四个过程完成，即压缩过程、冷凝过程、节流过程和蒸发过程。

压缩过程：压缩机吸入从蒸发器出来的低温低压的气态制冷剂，把其压缩成为高温高压的气态制冷剂送入冷凝器，此过程的主要目的是提高制冷剂的沸点，为下一个过程做好准备。

冷凝过程：高温高压气态制冷剂进入冷凝器，通过冷却风扇和汽车行驶过程中的空气流动对冷凝器进行散热，使高温高压气态制冷剂冷凝成为中温高压的液态制冷剂，然后进入储液干燥器过滤杂质和干燥水分。

节流过程：经过过滤之后的中温高压的液态制冷剂经过膨胀阀进行节流降压之后变成低温低压的雾状制冷剂。

蒸发过程：低温低压的雾状制冷剂进入蒸发器，吸收鼓风机送进来的热空气的热量，变成气态制冷剂，进入压缩机进行下一轮循环。在此过程中，鼓风机送进来的热空气的热量被蒸发器内的制冷剂吸收变为冷空气，从而达到给车厢内的空气降温和除湿的目的。

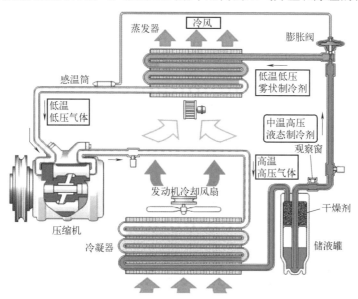

图 10-9　空调制冷系统工作原理

三、制冷剂回收加注仪器设备

1. 制冷剂鉴别仪

主流产品型号：ROBINAIR 16910。

作用：检验制冷剂的类型、纯度、非凝性气体以及其他杂质。

适用范围：能鉴别 5 种成分，R134a、R12、R22、HC、AIR（空气）。

产品图片及主要配件如图 10-10 所示。

制冷剂鉴别仪结构如图 10-11 所示。

注：纯度鉴别结果以百分比显示，精度为 0.1%。

2. 制冷剂回收加注机

主流产品型号：ROBINAIR AC350C。

作用：为大部分车型空调系统的制冷剂和冷冻机油回收、加注量提供准确参考数据，实现制冷剂的回收、净化、加注，对空调系统进行抽真空、保压检漏、补充冷冻机油。

产品如图 10-12 所示。

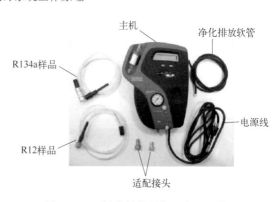

图 10-10　制冷剂鉴别仪及主要配件

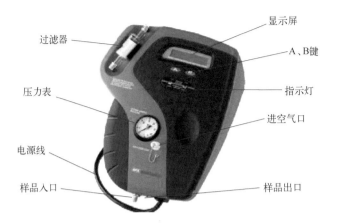

图 10-11 制冷剂鉴别仪结构

图 10-12 ROBINAIR AC350C 制冷剂
回收加注机

图 10-13 ROBINAIR AC350C 制冷剂
回收加注机操作控制界面

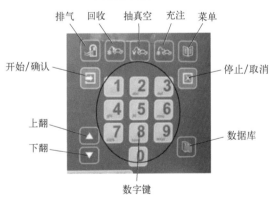

图 10-14 ROBINAIRAC350C 制冷剂回收加注机操
作控制面板

产品工作界面如图 10-13、图 10-14 所示。

四、制冷剂回收加注

1. 操作条件

（1）设备：吉利帝豪 EV450 纯电动汽车、ROBINAIR 16910 制冷剂鉴别仪、ROBINAIR AC350C 制冷剂回收加注机。

（2）工具：吉利帝豪 EV450 维修手册、ROBINAIR 16910 制冷剂鉴别仪使用说明书、ROBINAIR AC350C 制冷剂回收加注机使用说明书。

2. 安全及注意事项

（1）在对车辆进行制冷剂回收加注作业前，需按规范停稳车辆，并对车辆做必要的安全防护；

（2）在对车辆进行制冷剂回收加注作业前，需查阅车辆相关信息，确认车辆使用的制冷剂类型和数量；

（3）在对车辆进行制冷剂回收加注作业时，操作人员需按要求佩戴护目镜、防护手套以及做好其他必要安全防护；

（4）在对车辆进行制冷剂回收加注作业时，需严格按照规范使用专用设备对指定车辆实施操作；

（5）对所使用的纸质维修手册、电脑、车辆或举升机要及时规整复位，并对场地进行5S管理工作。

3. 操作过程（表10-2所示）

表10-2　空调制冷剂的回收与加注

序号	操作步骤	操作方法及说明	操作标准
1	确认并记录车辆状态及信息	（1）确认车辆停放状态，做好车内外防护； （2）登记车辆信息，确认制冷剂类型及添加数量，并记录	做好车内外防护用品铺设工作（铺设方向盘套、座椅套、地板垫，安装翼子板护垫，车轮挡块）。记录车辆型号等信息，检查发动机机油液位、冷却液液位、蓄电池电量及接线柱安装状况，确认制冷剂类型及需要添加的数量
2	制冷剂类型鉴别和纯度检测	（1）检查制冷剂鉴别仪状态并做好检测准备； （2）检测并记录结果，判断制冷剂回收作业可行性。 注意：单一制冷剂纯度低于96%或有两种及以上类型制冷剂的不可回收 	检查制冷剂鉴别仪状态并做好检测准备； 能根据结果判断制冷剂回收作业的可行性 • 冷剂纯度：大于96%； • 制冷剂类型：单一R134a制冷剂

序号	操作步骤	操作方法及说明	操作标准
3	空调系统制冷剂回收作业	（1）打开回收加注机的电源开关，显示屏上显示工作罐重量； （2）取下高、低压阀帽； （3）将高、低压管路接头与高、低压注入阀相连接，打开高、低压手动阀； （4）开启空调，运行空调系统 3～5min 后关闭空调； （5）打开高、低压阀门，按下"确认"键进入回收程序； （6）回收加注机进行制冷剂回收，在回收过程中，应不断地观察压力表指针。当低压压力到达 -10psi 时，继续回收 1min，随后按"取消"键，停止回收 	（1）采用双管同时回收； （2）回收过程中记录回收前废油瓶油量； （3）回收过程中低压表压力到达 -10psi 时，继续回收 1min，随后按"取消"键，停止回收

序号	操作步骤	操作方法及说明	操作标准
4	空调系统抽真空作业	（1）回收完成后，显示回收的制冷剂量，准备下一步进行排废油； （2）检查排油瓶的初始油面刻度并记录； （3）按下"确认"键，显示正在排废油； （4）等待一段时间，排油瓶无气泡后，检查排油瓶液面，并计算出冷冻机油的排出量。冷冻机油排出量＝回收后的排油瓶液面刻度－回收前的排油瓶液面刻度； （5）按下"取消"键，查看回收后工作罐重量并计算制冷剂的回收量。制冷剂回收量＝回收后的罐重－回收前的罐重； （6）按下"抽真空"键，为了更好地完成系统抽真空，充分排出制冷系统中的空气水分，抽真空时间应不少于15min； （7）打开高、低压阀门，按下"确认"键，开始第一次抽真空，抽真空至系统真空压力低于-90kPa；	（1）记录回收后的废油瓶油量，计算出实际排油量，完成排油工作； （2）采用双管同时抽真空，时间设定为5min排出制冷系统中的空气水分，完成初次抽真空工作； （3）实施单管（低压）抽真空，时间设定为10min，抽真空结束后保压1min，确定系统有无泄漏

序号	操作步骤	操作方法及说明	操作标准
4	空调系统抽真空作业	 （8）抽真空完成后，机器自动停止真空泵工作，准备下一步进行保压； （9）关闭高、低压阀门，按下"确认"键，对系统进行保压。保压的目的是对系统进行真空检漏，应注意观察高、低压表指针，指针应无回升，如有回升说明系统有泄漏，需对系统进行检漏 	（1）记录回收后的废油瓶油量，计算出实际排油量，完成排油工作； （2）采用双管同时抽真空，时间设定为 5min 排出制冷系统中的空气水分，完成初次抽真空工作； （3）实施单管（低压）抽真空，时间设定为 10min，抽真空结束后保压 1min，确定系统有无泄漏
5	空调系统制冷剂加注作业	（1）保压完成后，准备下一步进行加注冷冻机油。加注前应计算冷冻机油加注量，加注量＝冷冻机油排出量 +20mL； （2）按下"确认"键，加注冷冻机油； （3）关闭低压阀门（防止冷冻机油进入压缩机）、打开高压阀门，按下"确认"键，开始注油。在加注过程中，必须一直观察注油瓶液面刻度。达到加注量后及时按下"确认"键，暂停加注冷冻机油，确认加注量达到要求后，按下"取消"键结束加注冷冻机油； 	操作制冷剂回收加注机，设定加注量，实施单管（高压）注油（加注量＝冷冻机油排出 +20mL）

序号	操作步骤	操作方法及说明	操作标准
5	空调系统制冷剂加注作业	（4）按下"抽真空"键，按数字键设定抽真空时间为 10min； （5）关闭高压阀门、打开低压阀门，按下"确认"键，开始第二次抽真空。抽真空结束后，按下"取消"键，返回开机界面； （6）按下"充注"键，进入制冷剂充注界面； （7）设定制冷剂充注量。制冷剂充注量 = 车辆制冷剂充注量 +45g； （8）采用单管充注，关闭低压阀门、打开高压阀门，关闭低压管路接头手动阀，按下"确认"键，进行制冷剂充注； （9）充注完成后，根据界面显示，关闭高压管路接头手动阀，按下"确认"键； （10）关闭低压阀门、打开高压阀门，按下"确认"键，进入管路清理界面； （11）仪器对管路清理后，高、低压力表指示均在负压范围内，按下"确认"键退出； （12）取下高、低压管路接头，关闭高压阀门和电源开关，制冷剂回收、加注完成	操作制冷剂回收加注机，设定加注量，实施单管（高压）注油（加注量 = 冷冻机油排出 +20mL）

第三节　新能源汽车空调系统故障诊断

一、空调电子控制系统的故障诊断

空调电子自动控制系统是利用自动控制装置，保证某一特定空间内的空气环境状态参数达到期望值的控制系统。

空调系统元件布置图如图 10-15 所示，汽车空调电气原理示意图如图 10-16 所示。

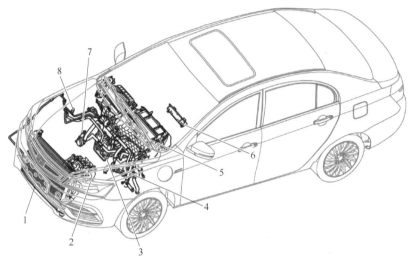

图 10-15　空调系统元件布置图

1—冷凝器；2—空调压缩机；3—PTC 加热器；4—热交换器总成；5—空调箱总成；6—空调控制面板；
7—PTC 电动水泵；8—空调压力开关

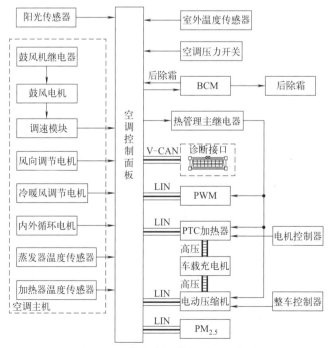

图 10-16　汽车空调电气原理示意图

1. 汽车空调工作原理

（1）制冷系统的工作原理。压缩机受高压电驱动，当压缩机工作时，压缩机吸入从蒸发器出来的低温低压的气态制冷剂，经压缩，制冷剂的温度和压力升高，并被送入冷凝器。在冷凝器内，高温高压的气态制冷剂把热量传递给经过冷凝器的车外空气而液化，变成液体。液态制冷剂流经膨胀阀时，温度和压力降低，并进入蒸发器。在蒸发器内，低温低压的液态制冷剂吸收经过蒸发器的车内空气的热量而蒸发，变成气体。气体又被压缩机吸入进行下一轮循环。这样，通过制冷剂在系统内的循环，不断吸收车内空气的热量并排到车外空气中，使车内空气的温度逐渐下降。

（2）制热系统的工作原理。制热系统包括鼓风机、电加热器（PTC）、加热器水泵、加热器芯体等。当自动空调系统处于加热模式时，加热器在高压电的作用下对冷却液进行加热，高温冷却液被加热器水泵抽入加热器芯。同时，冷暖温度控制电机旋转至采暖位置，气流在鼓风机的作用下流过加热器芯，产生热量传递。外部空气在进入乘客舱前，与加热后的空气混合，吹出舒适的暖风。

（3）通风控制系统工作原理。如图 10-17 所示，通风控制系统上的各种位置可使模式阀门通过风道混合或引入冷风、热风和外部空气通过空调系统，气流由风道系统和出风口将空气输送到乘客舱。

在"AUTO（自动）"模式中会自动选择相应的模式状态，使用"MODE（模式）"按钮可更改车辆的送风模式。如果当前显示一个送风模式，则按"MODE（模式）"按钮可选择下一送风模式。

空气流向按下列模式进行改变：

吹面，通过仪表板出风口送风。

双向，通过仪表板出风口、吹脚出风口送风。

吹脚，通过吹脚出风口送风。

混合，通过吹脚出风口、前窗出风口送风。

除霜，前窗出风口送风。

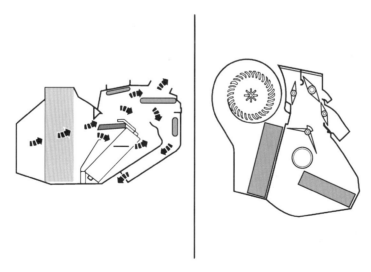

图 10-17　通风控制系统工作原理

2. 故障诊断代码（DTC）（见表10-3）

表10-3 故障诊断代码（DTC）

故障代码	说明	故障代码	说明
U007300	控制 CAN 总线关闭	B118C00	与 ION 通信丢失
U010087	与 EMS 通信丢失	B118C96	ION 硬件故障
U011087	与 IPU 通信丢失	B118D00	与 $PM_{2.5}$ 通信丢失
U011287	与 BMSH 通信丢失	B118D96	$PM_{2.5}$ 硬件故障
U012287	与 ESC 通信丢失	B118E96	PTC 故障
U014087	与 BCM 通信丢失	B118F96	压缩机故障
U015587	与 IPK（ICU）通信丢失	B11907B	电机电控冷却水泵空载
U015687	与 MMI 通信丢失	B119097	电机电控冷却水泵堵转 / 过流
U019887	与 TBOX 通信丢失	B119021	电机电控冷却水泵转速过低
U021487	与 PEPS 通信丢失	B119013	电机电控冷却水泵过温关闭
U040181	EMS 信号无效	B119098	电机电控冷却水泵开路
U041681	ESC 信号无效	B11917B	电加热水泵空载
U111487	与 VCU 通信丢失	B119197	电加热水泵堵转 / 过流
U111587	与 OBC 通信丢失	B119198S	电加热水泵过流关闭
U010187	与 TCU 通信丢失	B119121	电加热水泵转速过低
U300616	控制模块输入电压低	B119113	电加热水泵开路
U300617	控制模块输入电压高	B11927B	电池冷却液电子水泵空载
B118017	鼓风机电压反馈与目标值相差大	B119297	电池冷却液电子水泵堵转 / 过流
B118111	驾驶员侧温度调节电机对地短路	B119298	电池冷却液电子水泵过温关闭
B118115	驾驶员侧温度调节电机对电源短路或开路	B119221	电池冷却液电子水泵转速过低
B118171	驾驶员侧温度调节电机堵转	B119213	电池冷却液电子水泵开路
B118311	出风模式调节电机对地短路	B119501	水阀 1 故障
B118315	出风模式调节电机对电源短路或开路	B119601	水阀 2 故障
B118371	出风模式调节电机堵转	B119701	水阀 3 故障
B118411	循环风门电机对地短路	B119411	压力传感器对地短路
B118415	循环风门电机对电源短路或开路	B119415	压力传感器对电源短路或者开路
B118471	循环风门电机堵转	U111F87	与 PTC 通信丢失
B118511	车内温度传感器对地短路	U016B87	与 ACCM 通信丢失
B118515	车内温度传感器对电源短路或开路	U025987	与 VCU 通信丢失（LIN 总线）
B118611	蒸发器温度传感器对地短路	U111C87	与 WV1 通信丢失
B118615	蒸发器温度传感器对电源短路或开路	U111D87	与 WV2 通信丢失
B118711	车外温度传感器对地短路	U111E87	与 WV3 通信丢失
B118715	车外温度传感器对电源短路或开路	U016687	与 FCP 通信丢失

3. 故障诊断

设备：吉利帝豪 EV450 纯电动汽车、道通 MS908S 通用诊断仪。

工具：吉利帝豪 EV450 维修手册、常用拆装工具、万用表、车辆防护用品、高压防护用品。

4. 安全及注意事项

（1）应在通风良好的环境中进行制冷剂相关作业，不要吸入制冷剂蒸气。应避免吸入空调制冷剂 R134a（四氟乙烷）和润滑油蒸气或雾。接触它们后会刺激眼睛、鼻子和咽部。

（2）从空调系统中清除 R134a 时，应使用经认证的满足要求的维修设备（R134a 再生设备）。如果系统发生意外排放，在继续维修前，必须对工作区通风。

（3）维修电器系统前必须断开蓄电池的负极端子，并拆下车载充电机处直流母线。禁止在装有空调管路或部件的车辆上或在其附近进行焊接或蒸汽清洗作业。

5. 操作过程（表 10-4 所示）

表 10-4　空调系统的故障诊断

序号	操作步骤	操作方法及说明	操作标准
1	故障现象预检	（1）启动车辆，读取仪表信息； （2）开启空调系统，调节至制冷模式，直观感受空调系统故障； （3）根据直观现象预估故障可能性	由于空调制冷效果不佳，可能是空调压力不够、电源短路或开路所导致
2	使用故障诊断仪读取故障码	（1）操作启动开关使电源模式至 ON 状态； （2）连接故障诊断仪，读取系统故障码； （3）确认系统是否存在故障码	读取故障码结果为 B119415
3	检查空调压力开关熔丝 EF12	检查熔丝 EF12 是否熔断	若熔断，则检修熔丝 EF12 线路；若未熔断，则继续检查空调压力开关电源线路
4	检修熔丝 EF12 线路	（1）检查熔丝 EF12 线路是否有短路故障； （2）进行线路修理，确认没有线路短路现象； （3）更换额定电流的熔丝； （4）确认空调压力开关是否正常工作	若有故障，进行维修； 更换熔丝（EF12 熔丝额定电流值为 10A）； 复检空调压力开关是否正常
5	检查空调压力开关电源线路	（1）操作启动开关，使电源模式置于 OFF 状态； （2）断开蓄电池负极电缆，并等待至少 90s； （3）断开空调压力开关线束连接器 CA43； （4）断开前机舱保险丝盒线束连接器； （5）测量空调压力开关线束连接器端子与前机舱保险丝盒线束连接器端子之间的电阻值； （6）确认电阻值是否符合标准值	电阻标准值：小于 1Ω； 若电阻值符合标准值，则检查空调压力开关与 A/C 空调控制器之间的线束；若电阻值不符合标准值，则更换或维修线束或连接器
6	检查空调压力开关与 A/C 空调控制器之间的线束	（1）操作启动开关，使电源模式置于 OFF 状态； （2）断开蓄电池负极电缆，并等待至少 90s； （3）断开 A/C 空调控制器线束连接器 IP79 和 IP80； （4）断开空调压力开关线束连接器 CA43； （5）测量 CA43 端子 3 与 IP80 端子 23 之间的电阻值； （6）测量 CA43 端子 4 与 IP79 端子 33 之间的电阻值； （7）确认电阻值是否符合标准值 CA43空调压力开关线束连接器 IP80 A/C空调控制器线束连接器 IP79 A/C空调控制器线束连接器	电阻标准值：小于 1Ω； 若符合标准值，则检查空调压力开关接地线；若不符合标准值，则更换或维修线束或连接器

序号	操作步骤	操作方法及说明	操作标准
7	检查空调压力开关接地线路	（1）操作启动开关，使电源模式置于 OFF 状态； （2）断开蓄电池负极电缆，并等待至少 90s； （3）断开 A/C 空调控制器线束连接器 IP79； （4）断开空调压力开关线束连接器 CA43； （5）测量 CA43 端子 2 与车身接地之间的电阻值； （6）确认电阻值是否符合标准值 CA43空调压力开关线束连接器	电阻标准值：小于 1Ω； 若符合标准值，则更换空调压力开关；若不符合标准值，则更换或维修线束或连接器
8	更换空调压力开关	（1）操作启动开关，使电源模式置于 OFF 状态； （2）断开蓄电池负极电缆； （3）更换空调压力开关	若系统正常，则故障排除；若未显示系统正常，则更换 A/C 空调控制器
9	更换 A/C 空调控制器	（1）操作启动开关，使电源模式置于 OFF 状态； （2）断开蓄电池负极电缆； （3）更换 A/C 空调控制器	根据维修手册正确更换 A/C 空调控制器
10	复检	启动后再次操作，确认空调系统是否正常	若仪表未显示故障，并且空调运转正常，则故障全面排除

二、空调鼓风机不工作故障诊断

汽车空调鼓风机一般采用离心式结构，是利用装有许多叶片的工作旋轮所产生的离心力来挤压空气，以达到一定的风量和风压。

如图 10-18 所示，外部空气从车辆前部通过仪表板下方风道进入车内，汽车在关闭门窗后为一个密闭空间，且风道狭长弯曲，依靠自然风难以实现车内外空气的循环，需要施加外力将车外空气送入车内，这个提供外力的设备即为鼓风机。通过调节鼓风机转

图 10-18　汽车空调进入车内空气

速的高低，实现对风速大小的控制，与空调制冷系统和暖风系统配合工作，调节车内环境温度。

1. 鼓风机结构原理

汽车用鼓风机主要由永磁型电机、笼型风扇组成，如图 10-19 所示。鼓风机调速模块用于控制鼓风机的转速变化。

如图 10-20 为吉利帝豪 EV450 纯电动汽车鼓风机控制电路，主要由空调控制器、熔丝、鼓风机继电器及鼓风机组成。鼓风机由 IP77/1 端子接地，当空调控制器通过 IP80/26 接地时，鼓风机继电器线圈通电，常开触点开关吸合，电源由 B+ 经 SF10 熔丝和鼓风机继电器开关

后给鼓风机 IP77/10 端子供电，鼓风机的转速由空调控制器通过 IP79/24 至 IP77/17 导线实现调速，并由 IP79/23 至 IP77/18 导线将控制结果反馈给空调控制器。

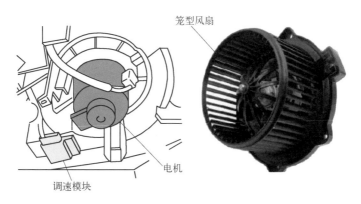

图 10-19　鼓风机结构

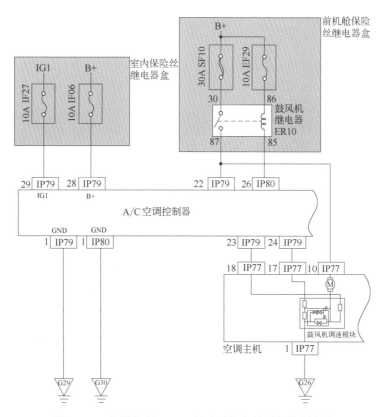

图 10-20　吉利帝豪 EV450 纯电动汽车鼓风机控制电路

2. 空调系统风道

汽车空调的送风系统包括蒸发器、加热器和风道。如图 10-21 所示，风道是车外空气进入车内或车内空气循环的流通路径，通过模式风门可以实现空气内外循环控制，通过空气混合风门可以实现车内温度调节控制，通过出风口位置风门可以实现不同出风位置的控制。

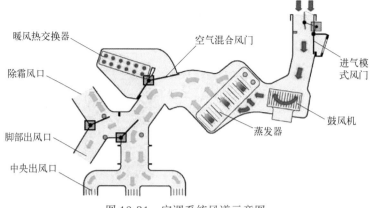

图 10-21　空调系统风道示意图

（图中标注：暖风热交换器、空气混合风门、进气模式风门、除霜风口、鼓风机、脚部出风口、蒸发器、中央出风口）

3. 故障诊断操作条件

设备：吉利帝豪 EV450 纯电动汽车、道通 MS908S 通用诊断仪。

工具：吉利帝豪 EV450 维修手册、常用拆装工具、万用表、车辆防护用品、高压防护用品。

4. 安全及注意事项

（1）需按规范操作举升机，并做必要的安全防护，不能盲目举车或进入车底；

（2）当打开车辆发动机舱盖或进入车辆底部时，不要盲目碰触高压导线及设备，避免触电危险；

（3）规范使用检测仪器；

（4）对所使用的纸质维修手册、电脑、车辆或举升机要及时规整复位，并对场地进行 5S 管理工作。

5. 操作过程（表 10-5 所示）

表 10-5　鼓风机的故障诊断

序号	操作步骤	操作方法及说明	操作标准
1	准备工作	（1）准备方向盘套、座椅套、地板垫、车轮挡块； （2）查看车辆信息，选取维修手册，本次任务选用吉利帝豪 EV450 纯电动汽车； （3）准备诊断仪，本次任务选用道通 MS908S 通用诊断仪，准备万用表	能够根据车辆的型号、生产年份、配置等信息选取维修手册
2	车辆防护	（1）安装车轮挡块； （2）铺设方向盘套、座椅套、地板垫	挡块、方向盘套、座椅套、地板垫安装铺设到位
3	确认车辆故障现象	确认车辆存在的故障现象	鼓风机不运转，空调系统不出风
4	读取故障信息	连接诊断仪，读取故障码	故障码：B118017
5	查阅维修手册	（1）根据故障现象"空调鼓风机不工作"症状或"B118017"故障码翻阅维修手册； 　　8.2.7.7 电源故障 　　8.2.7.8 通讯故障 　　8.2.7.9 空调鼓风机不工作 　　8.2.7.10 空调压缩机不工作 　　8.2.7.11 DTC：B118111,B118115…… （2）阅读分析故障码含义、电路图及诊断步骤	在手册中找到"空调鼓风机不工作"所属目录，并阅读所需内容信息

序号	操作步骤	操作方法及说明	操作标准
6	检测鼓风机熔丝 EF29、SF10 是否熔断	(1) 操作启动开关，使电源模式置于 OFF 状态； (2) 拔下熔丝 EF29、熔丝 SF10； (3) 利用万用表电阻挡测量判断熔丝 EF29 和 SF10 是否熔断	标准电阻：小于 1Ω
7	拆卸鼓风机并检查	(1) 断开蓄电池负极电缆； (2) 断开鼓风电机线束连接器 1，拆卸鼓风电机 3 个固定螺栓 2，取下鼓风电机； (3) 检查鼓风机是否有叶轮损坏、异物、卡滞等现象； (4) 如鼓风机正常或更换新的鼓风机后，安装鼓风机，紧固鼓风电机 3 个固定螺栓 2； (5) 连接鼓风电机线束连接器 1 	目视检查标准：叶轮无损坏、异物和卡滞； 鼓风机固定螺栓转矩：3N·m
8	检测鼓风机继电器 ER10	(1) 拔下鼓风机继电器 ER10； (2) 使用相同型号的继电器替换鼓风机继电器； (3) 连接蓄电池负极电缆，操作启动开关使电源模式置于 ON 状态	替换标准：替换正常继电器后故障消失，说明原继电器损坏，反之正常
9	检查 A/C 空调控制器与鼓风机继电器之间的线束	(1) 操作启动开关，使电源模式置于 OFF 状态； (2) 断开 A/C 空调控制器线束连接器 IP79； (3) 断开 A/C 空调控制器线束连接器 IP80； (4) 利用万用表电阻挡测量判断线路断路状况 测量点 A | 测量点 B IP79/22 | 继电器 ER10/87 IP80/26 | 继电器 ER10/85 	标准电阻：小于 1Ω

序号	操作步骤	操作方法及说明	操作标准
9	检查 A/C 空调控制器与鼓风机继电器之间的线束	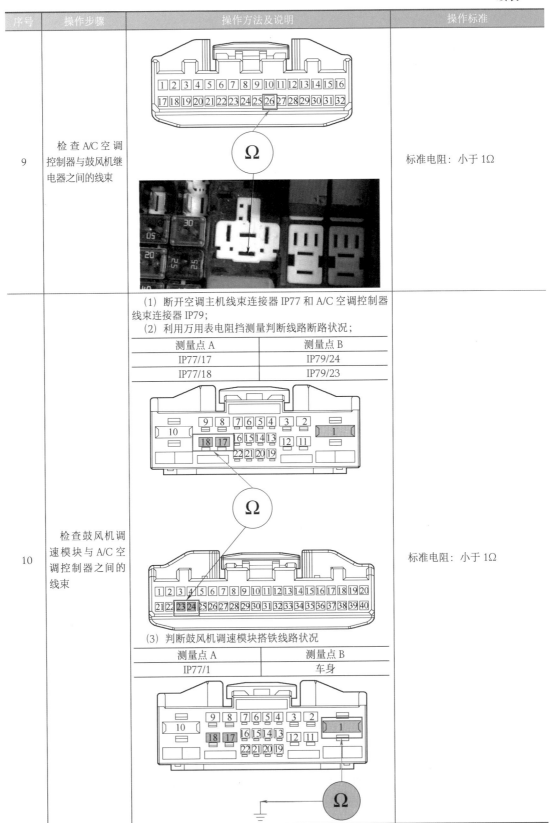	标准电阻：小于 1Ω
10	检查鼓风机调速模块与 A/C 空调控制器之间的线束	（1）断开空调主机线束连接器 IP77 和 A/C 空调控制器线束连接器 IP79； （2）利用万用表电阻挡测量判断线路断路状况； 测量点 A / 测量点 B 表格见下 （3）判断鼓风机调速模块搭铁线路状况 测量点 A / 测量点 B 表格见下	标准电阻：小于 1Ω

测量点 A	测量点 B
IP77/17	IP79/24
IP77/18	IP79/23

测量点 A	测量点 B
IP77/1	车身

序号	操作步骤	操作方法及说明	操作标准
11	更换鼓风机调速模块	（1）断开蓄电池负极电缆； （2）断开鼓风机调速模块线束连接器 1，拆卸鼓风机调速模块两个固定螺栓 2，取下鼓风机调速模块； （3）更换新的鼓风机调速模块，连接蓄电池负极电缆，操作启动开关，使电源模式置于 ON 状态，开启鼓风机，观察鼓风机工作状况	替换正常鼓风机调速模块后故障消失，说明模块损坏；反之正常； 鼓风机调速模块固定螺栓转矩：3N·m
12	更换 A/C 空调控制器	（1）操作启动开关，使电源模式置于 OFF 状态； （2）断开蓄电池负极电缆； （3）更换正常 A/C 空调控制器，连接蓄电池负极电缆，操作启动开关，使电源模式置于 ON 状态，开启鼓风机，观察鼓风机工作状况	替换正常 A/C 空调控制器后故障消失，说明控制器损坏；反之正常
13	复位整理	（1）连接各断开的连接器，连接蓄电池负极端； （2）车辆、工具、仪器复位； （3）清洁车辆、地面、操作台	连接器卡扣卡到位； 蓄电池负极端转矩：9N·m； 整洁、整齐

通信系统检测诊断

第一节 CAN 总线完整性诊断

CAN 总线是控制器局域网络（Controller Area Network）的缩写，是国际标准化的串行通信协议，在汽车上用于各个控制单元之间的数据通信。

一、CAN 总线基础知识

1. CAN 总线作用

汽车上每一个控制单元均作为一个信号接收或发送的"节点"，当各个节点之间需要信息交换时，如果采用各个节点之间连接通信线路，将是一种复杂混乱的状况，如图 11-1 所示。

当汽车控制单元之间的信息交换采用控制器局域网络（CAN）方式时，如图 11-2 所示，各个节点将数据信息以标准协议方式传送给 CAN 总线。各个节点之间通过"公共桥梁"CAN 总线实现彼此之间的信息交换，从而实现资源共享，减少通信线路的数量，节约空间，降低成本，提高车辆系统工作的可靠性。

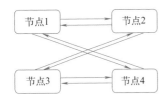

图 11-1 传统布线方式

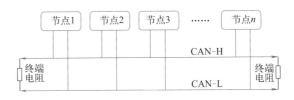

图 11-2 CAN 总线布线方式

2. CAN 总线分类

CAN 总线根据传输速率，分为低速 CAN 总线和高速 CAN 总线。低速 CAN 总线的位速率在 10 ~ 125kbit/s 之间，主要应用于车身电子舒适性模块、仪表显示等系统；高速 CAN 总线的位速率在 125kbit/s ~ 1Mbit/s 之间，主要应用于动力驱动、安全控制等系统。如图 11-3 所示为吉利帝豪 EV450 纯电动汽车的 CAN 总线网络，分为 P-CAN 总线和 V-CAN 总线，均为高速 CAN 总线。

3. CAN 总线组成

CAN 节点：一般集成在控制单元内部，主要由微控制器、CAN 控制器、CAN 收发器组成。微控制器可以接收传感器信号或向执行器发送指令信号，并且可以将信号通过 CAN 通信网络与其他节点进行交换。

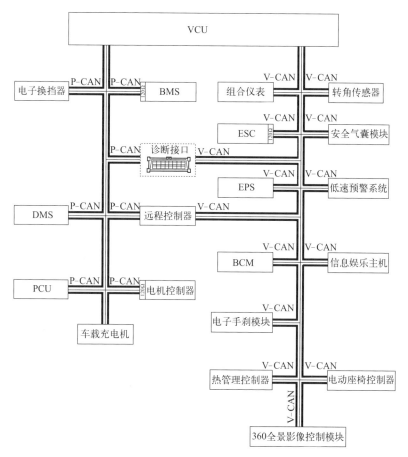

图 11-3　吉利帝豪 EV450 纯电动汽车 CAN 总线结构

双绞线：是连接各个节点的两条数据传输线，包括 CAN-H 线和 CAN-L 线，为了防止数据传输中的电磁波干扰，CAN-H 和 CAN-L 两条数据线缠绕在一起，如图 11-4 所示。

图 11-4　双绞线

终端电阻：如图 11-2 所示，高速 CAN 总线会在前端和末端各配置一个 120Ω 的终端电阻，其目的是利用终端电阻吸收信号的反射及回波，减少对传输信号的干扰。低速 CAN 总线是由于波长相对较长，反射和回波较弱，不在 CAN-H 导线与 CAN-L 导线之间设置终端电阻，但低速 CAN 总线的控制单元会有自己独立的终端电阻，它连接在每根导线与搭铁或电源之间。

4. CAN 总线信号特点

高速 CAN 总线信号：如图 11-5 所示，高速 CAN 总线在空闲状态下电压均为 2.5V，此时 CAN-H 线和 CAN-L 线的电压差为 0，该状态为隐性状态。当高速 CAN 总线在非空闲状态时，CAN-H 线电压上升 1V 至 3.5V，CAN-L 线电压下降 1V 至 1.5V 时，两根导线之间的电压差为 2V，该状态为显性状态。

低速 CAN 总线信号：如图 11-6 所示，低速 CAN 总线在空闲状态时，CAN-H 线电压为 0V，CAN-L 线电压为 5V，该状态为隐性状态。当低速 CAN 总线在非空闲状态时，CAN-H 线电压上升至 4V，CAN-L 线电压下降至 1V，该状态为显性状态。

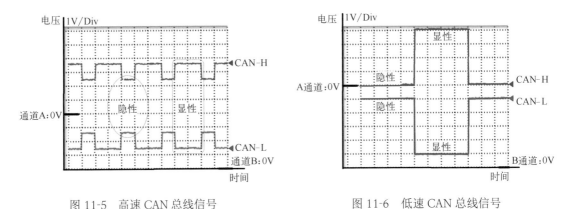

图 11-5　高速 CAN 总线信号　　　　图 11-6　低速 CAN 总线信号

二、故障诊断操作

1. 操作条件
（1）设备：吉利帝豪 EV450 纯电动汽车、道通 MS908S 通用诊断仪。
（2）工具：吉利帝豪 EV450 维修手册、常用拆装工具、万用表、车辆防护用品。

2. 安全及注意事项
（1）当打开车辆发动机舱盖或进入车辆底部时，不要盲目碰触高压导线及设备，避免触电危险；
（2）诊断过程中，不要拉伸 CAN 总线线束，且不要将 CAN 总线线束拆开超过 4cm；
（3）对所使用的纸质维修手册、电脑、车辆或举升机要及时规整复位，并对场地进行 5S 管理工作。

3. 操作过程（表 11-1 所示）

表 11-1　CAN 总线的检查诊断

序号	操作步骤	操作方法及说明	操作标准
1	准备工作	（1）准备方向盘套、座椅套、地板垫、车轮挡块； （2）查看车辆信息，选取维修手册，本次任务选用吉利帝豪 EV450 纯电动汽车； （3）准备诊断仪，本次任务选用道通 MS908S 通用诊断仪，准备万用表	能够根据车辆的型号、生产年份、配置等信息选取维修手册
2	车辆防护	（1）安装车轮挡块； （2）铺设方向盘套、座椅套、地板垫	挡块、方向盘套、座椅套、地板垫安装铺设到位
3	查阅诊断接口端子定义	翻阅维修手册，查询确认车辆诊断接口各个端子的定义	维修手册查阅路径：11.15.6.3 数据通信端子定义列表

序号	操作步骤	操作方法及说明	操作标准
3	查阅诊断接口端子定义	IP19诊断接口线束连接器 | 端子号	端子定义
1	CCAN-L（电机控制器）
2	CCAN-H（电机控制器）
3	PCAN-H
4	接地
5	接地
6	VCAN-H
7	UDS CAN-1L（VCU）
8	UDS CAN-1H（VCU）
9	CAN-H（BMS模块）
10	CAN-L（BMS模块）
11	PCAN-L
12	空
13	LIN
14	VCAN-L
15	空
16	KL30		维修手册查阅路径：11.15.6.3 数据通信端子定义列表
4	V-CAN 总线网络完整性检查	（1）操作启动开关，使电源模式置于 OFF 挡； （2）使用万用表电阻挡测量故障诊断接口 6 号端子和 14 号端子之间的电阻	标准电阻值：55 ～ 63Ω

序号	操作步骤	操作方法及说明	操作标准
5	P-CAN 总线网络完整性检查	（1）操作启动开关，使电源模式置于 OFF 挡； （2）使用万用表电阻挡测量故障诊断接口 3 号端子和 11 号端子之间的电阻 58.8	标准电阻值：55 ～ 63Ω
6	测量 CAN 总线电压值	操作启动开关，使电源模式置于 ON 状态，使用万用表直流电压挡分别测量诊断接口 6 号、14 号、3 号和 11 号端子电压 	标准电压值 IP19/6 对搭铁：2.6V； IP19/14 对搭铁：2.4V； IP19/3 对搭铁：2.6V； IP19/11 对搭铁：2.4V
7	复位整理	（1）车辆、工具、仪器复位； （2）清洁车辆、地面、操作台	整洁、整齐

第二节 LIN 通信总线波形检测

一、LIN 通信总线基本知识

1. LIN 总线作用

LIN（Local Interconnect Network）属于局部串行通信网络。汽车网络模块的节点数量越来越多，但并不是所有的节点都需要利用 CAN 总线带宽和功能，例如带有通信功能的传感器和执行器，可以通过 LIN 总线联网通信，实现信息、指令的传递。

LIN 总线属于 A 类低速网络，它与 CAN 总线等其他 B 类或 C 类网络比较，具有传输速率低、结构简单、价格低廉的特点。在汽车上，LIN 总线一般不独立存在，而是与其他类型网络形成组合互补的关系，如图 11-7 所示。

2. LIN 总线结构

LIN 总线由一个主节点、一个或多个从节点组成，如图 11-8 所示，所有节点数量一般不超过 16 个，节点与节点之间的最大距离为 40m。

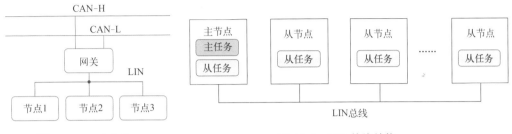

图 11-7 LIN 总线   图 11-8 LIN 总线结构

所有节点都包含一个从任务，负责消息的发送和接收；主节点还包含一个主任务，负责启动 LIN 总线网络中的通信。主节点又称主控制单元，相当于网关，在 CAN 总线和 LIN 总线之间起到"翻译"作用，并且能够对从节点进行自诊断；LIN 导线为单线制串行数据线路，无须采用屏蔽手段，传输速率为 1 ~ 20kbit/s，该速率最大为低速 CAN 数据传输速率的五分之一。

3. LIN 总线信号特点

如图 11-9 所示，逻辑值"1"为 LIN 总线的隐性值，逻辑值"0"为 LIN 总线的显性值。

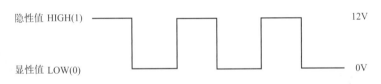

图 11-9 LIN 总线的隐性值与显性值

隐性值：当 LIN 数据总线上未获取信息，或发送给 LIN 总线一个隐性位，那么数据总线上的电压为蓄电池电压，即为 12V。

显性值：当节点控制 LIN 数据总线搭铁，即显性值接近 0V。

图 11-10 为 LIN 通信波形。

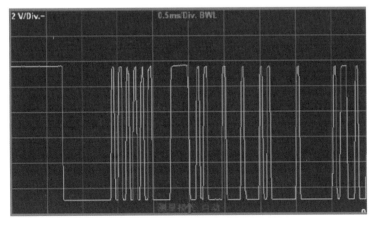

图 11-10 LIN 通信波形

4. LIN 总线应用

如图 11-11 所示为吉利帝豪 EV450 纯电动汽车 LIN 网络的部分结构图,其中 BCM 为主节点,所有的车窗电机为从节点,它们通过 LIN 数据总线连接完成数据交换。

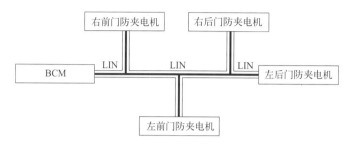

图 11-11 吉利帝豪 EV450 纯电动汽车 LIN 线结构

5. 示波器

示波器是一种用途十分广泛的电子测量仪器,它能把肉眼看不见的电信号变换成看得见的图像,便于人们研究各种电现象的变化过程。利用示波器能观察各种不同信号幅度随时间变化的波形曲线,还可以用它测试各种不同的电量,如电压、电流、频率、相位差、调幅度等。

汽车故障诊断过程中常用的示波器包括通用示波器、汽车专用示波器、带示波功能的故障诊断仪,如图 11-12 ~图 11-14 所示。

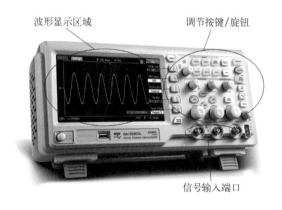

图 11-12 通用示波器

图 11-13 汽车专用示波器

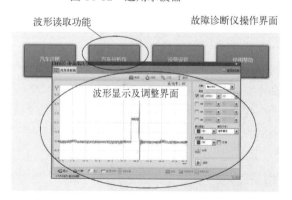

图 11-14 故障诊断仪示波功能界面

无论利用何种类型示波器采集车辆信号波形图,采集方法均相同,除了利用示波器外,还需要准备测量探针、波形线、搭铁连接线、鳄鱼夹等。测量探针与车辆被测线路连接,波形线连接测量探针与示波器的通道接口,搭铁连接线及鳄鱼夹连接波形线与车身搭铁部位。

二、波形检测操作

1.操作条件

（1）设备：吉利帝豪 EV450 纯电动汽车。

（2）工具：吉利帝豪 EV450 维修手册、博世 KT720 诊断仪、采集波形必备工具。

2.安全及注意事项

（1）当打开车辆前机舱盖或进入车辆底部时，不要盲目碰触高压导线及设备，避免触电危险；

（2）涉及高压操作时必须做好高压防护工作；

（3）对所使用的纸质维修手册、电脑、车辆、常用工具、检测设备等要及时规整复位，并对场地进行 5S 管理工作。

3.操作过程（表 11-2 所示）

表 11-2   检测 LIN 总线数据波形

序号	操作步骤	操作方法及说明	操作标准
1	选取并查阅维修手册	（1）查阅车辆信息，本次操作选取吉利帝豪 EV450 纯电动汽车，要求采集车窗 LIN 总线的数据波形； （2）翻阅维修手册和电路图手册，确定车窗 LIN 总线波形的采集位置 IP21a车身控制模块线束连接器2 	查阅顺序： （1）电动车窗电路图，明确波形采集位置 IP21a 连接器 34 号导线； （2）BCM 安装位置； （3）IP21a 连接器端子图
2	准备工作	（1）准备方向盘套、座椅套和地板垫； （2）准备车轮挡块； （3）准备示波器及附件，本次任务选用带示波功能的博世 KT720 诊断仪	采集波形需具备示波器、测量探针、波形线、搭铁连接线、鳄鱼夹等
3	连接示波器	（1）操作启动开关，使电源模式置于 OFF 挡； （2）断开蓄电池负极端子，并利用绝缘胶带包裹； （3）断开 BCMIP21a 连接器； 	波形线的搭铁端通过导线及鳄鱼夹与车身搭铁连接；波形线测量端与测量探针连接；波形线与示波器通道连接口锁紧连接 注意：读取波形时，诊断仪与电脑之间需要利用 USB 导线连接

序号	操作步骤	操作方法及说明	操作标准
3	连接示波器	（4）确认 IP21a 连接器 34 号导线，并与测量探针连接； （5）连接检测波形线 	波形线的搭铁端通过导线及鳄鱼夹与车身搭铁连接；波形线测量端与测量探针连接；波形线与示波器通道连接口锁紧连接 注意：读取波形时，诊断仪与电脑之间需要利用 USB 导线连接
4	读取 LIN 总线数据波形	（1）连接 BCMIP21a 连接器，连接蓄电池负极端子，车辆上电； （2）开启示波器或诊断仪，下列操作以博世 KT720 诊断仪的示波功能演示说明； （3）选择"汽车分析仪"功能按键； （4）选择"通用示波器"功能按钮； 	读取波形形状完整显示在屏幕内； 波形线连接端子：IP21a 连接器 34 号导线与车身

序号	操作步骤	操作方法及说明	操作标准
4	读取 LIN 总线数据波形	（5）根据检测波形在显示屏上的显示效果，调整"幅值"和"频率"两个变量参数至合适值； （6）录制或保存 LIN 总线数据波形，分析波形数据 	读取波形形状完整显示在屏幕内； 波形线连接端子：IP21a 连接器 34 号导线与车身
5	复位整理	（1）车辆、工具、仪器复位； （2）清洁车辆、地面、操作台	整洁、整齐

典型故障诊断及维修后检验

第一节　典型故障诊断

一、车辆不能上电故障诊断

1.预充电作用

驱动电机和空调压缩机的电机控制器内部含有电容，如果动力电池直接接入高压电路，电容内部没有预先存储一定的电荷量，会导致高压电路中电容的充电电流过大，极易发生危险。为了避免发生短路意外，需要加入预充继电器和预充电阻，实现对电容较小电流的预充电，以此来保护电路。预充电阻 R1 和电机控制器电容 C1 如图 12-1 所示。

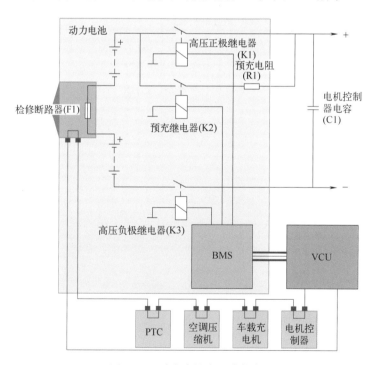

图 12-1　动力电池高压电控制

2.高压上电过程

如图 12-1 所示，正常车辆的启动开关由 OFF 挡位切换至 ON 挡位时，整车控制器

VCU、电机控制器 MCU、电池管理系统 BMS 依次通过自检后，VCU 将上电指令发送给 BMS，然后由 BMS 控制高压负极继电器 K3 和预充继电器 K2 闭合工作，将预充电阻 R1 串联在动力电池正极电路，使输出电流减小，并为 C1 电容充电。当外部电压超过动力电池总电压 90% 时，BCM 控制高压正极继电器 K1 闭合，K2 继电器断开，K3 继电器维持闭合状态。最后由 BCM 将"预充电完成"信号发送给 VCU。

VCU 接收"预充电完成"信号后，控制 DC-DC 使能信号输出，DC-DC 给低压系统供电。当车辆启动开关挡位切换至 ON 时，如电机控制器或电池未发出"不允许"信号，且制动开关满足"被踩下"的信号条件，VCU 发送 MCU 使能信号，VCU 发送 READY 状态，仪表显示 READY，上电结束。

高压上电失败的原因主要包括：电池出现严重欠压、过压、过温、漏电，控制高压上电的继电器故障，高压互锁故障，检修断路器故障，防盗系统故障，高压母线漏电、接触异常、断路等故障，CAN 网络通信故障，制动踏板及其电路故障，车辆启动开关及其电路故障，控制系统及其电源电路故障。

3. 高压下电过程

车辆启动信号的 OFF 信号发送给 VCU 后，电机控制器将输出电机转矩控制为零，DC-DC 停止工作。电池管理系统 BMS 接收 VCU 提供的"下电"信号指令后，控制高压正极继电器 K1 和高压负极继电器 K3 断开。

4. 故障诊断操作（以吉利帝豪 EV450 纯电动汽车为例）安全及注意事项

（1）需按规范操作举升机，并做必要的安全防护，不能盲目举车或进入车底；

（2）当打开车辆前机舱盖或进入车辆底部时，不要盲目碰触高压导线及设备，避免触电危险；

（3）按高压防护要求布置作业场地，检查穿戴防护设备，规范使用检测仪器；

（4）按照技术规范完成车辆下电、验证、检测等操作步骤；

（5）对所使用的纸质维修手册、电脑、车辆或举升机要及时规整复位，并对场地进行 5S 管理工作。

5. 操作过程（表 12-1 所示）

表 12-1　不能上电的故障诊断

序号	操作步骤	操作方法及说明	操作标准
1	准备工作	（1）准备方向盘套、座椅套、地板垫、车轮挡块； （2）查看车辆信息，选取维修手册，本次任务选用吉利帝豪 EV450 纯电动汽车； （3）准备诊断仪，本次任务选用道通 MS908S 通用诊断仪，准备万用表	能够根据车辆的型号、生产年份、配置等信息选取维修手册
2	车辆防护	（1）安装车轮挡块； （2）铺设方向盘套、座椅套、地板垫	挡块、方向盘套、座椅套、地板垫安装铺设到位
3	确认车辆故障现象	确认车辆存在的故障现象	仪表显示车辆无法上高压电
4	读取故障信息	（1）连接诊断仪，读取故障码； （2）读取能够导致车辆无法上电的异常数据流	故障码：P158D-01
5	查阅维修手册	（1）查阅 P158D-01 故障码，为"主回路高压互锁故障"，分析可知，该故障会引起车辆无法上高压电的异常现象； （2）查阅高压互锁电路图	在电路图手册中找到高压互锁电路图，并进行阅读分析

序号	操作步骤	操作方法及说明	操作标准
5	查阅维修手册		在电路图手册中找到高压互锁电路图，并进行阅读分析
6	检测准备	（1）高压防护：绝缘垫绝缘测试；检查并佩戴安全帽、绝缘手套、护目镜； （2）操作启动开关，使电源模式置于 OFF 状态； （3）断开蓄电池负极电缆	绝缘垫阻值大于 20MΩ； 安全帽、绝缘手套、护目镜无开裂； 操作的步骤顺序正确； 蓄电池负极电缆用绝缘胶带包裹
7	检测高压互锁线路	（1）断开与高压互锁线路相关连接器：CA66、CA67、BV11、BV10、BV08 等连接器； 	线路断路状况判断标准电阻：小于 1Ω； 线路短路状况判断标准电阻：10kΩ 或更高

序号	操作步骤	操作方法及说明	操作标准
7	检测高压互锁线路	 （2）用万用表电阻挡判断 VCU 连接器与电机控制器连接器之间的高压互锁线路； 	线路断路状况判断标准电阻：小于 1Ω； 线路短路状况判断标准电阻：10kΩ 或更高

线路断路状况判断	测量点 A	测量点 B
	CA67-76	BV11-1
线路短路状况判断	测量点 A	测量点 B
	CA67-76	车身接地
	或 BV11-1	

序号	操作步骤	操作方法及说明	操作标准
7	检测高压互锁线路	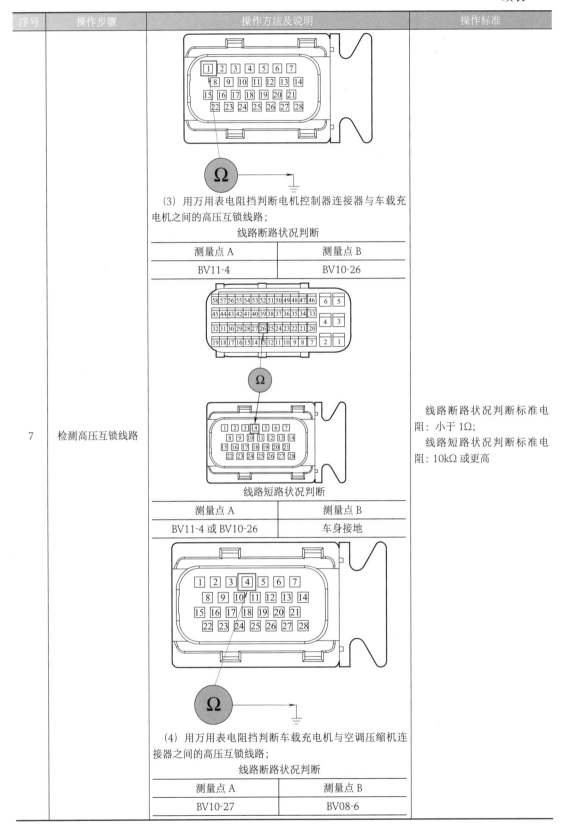	线路断路状况判断标准电阻：小于 1Ω； 线路短路状况判断标准电阻：10kΩ 或更高

(3) 用万用表电阻挡判断电机控制器连接器与车载充电机之间的高压互锁线路；

线路断路状况判断

测量点 A	测量点 B
BV11-4	BV10-26

线路短路状况判断

测量点 A	测量点 B
BV11-4 或 BV10-26	车身接地

(4) 用万用表电阻挡判断车载充电机与空调压缩机连接器之间的高压互锁线路；

线路断路状况判断

测量点 A	测量点 B
BV10-27	BV08-6

序号	操作步骤	操作方法及说明	操作标准
7	检测高压互锁线路	 线路短路状况判断 | 测量点 A	测量点 B
---	---
BV10-27 或 BV08-6	车身接地 | （5）用万用表电阻挡判断空调压缩机连接器与 PTC 加热控制器连接器之间的高压互锁线路； 线路断路状况判断 | 测量点 A	测量点 B
---	---
BV08-7	CA61-5 | 线路短路状况判断 | 测量点 A	测量点 B
---	---
BV08-7 或 CA61-5	车身接地		线路断路状况判断标准电阻：小于 1Ω； 线路短路状况判断标准电阻：10kΩ 或更高

序号	操作步骤	操作方法及说明	操作标准
7	检测高压互锁线路	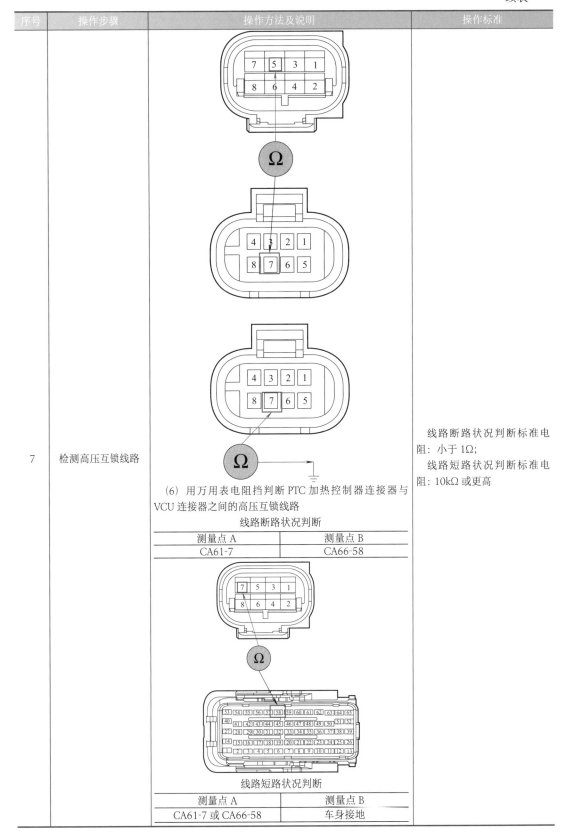 （6）用万用表电阻挡判断 PTC 加热控制器连接器与 VCU 连接器之间的高压互锁线路 线路断路状况判断 | 测量点 A	测量点 B | |---|---| | CA61-7 | CA66-58 | 线路短路状况判断 | 测量点 A | 测量点 B | |---|---| | CA61-7 或 CA66-58 | 车身接地 |	线路断路状况判断标准电阻：小于 1Ω； 　线路短路状况判断标准电阻：10kΩ 或更高

序号	操作步骤	操作方法及说明	操作标准
7	检测高压互锁线路		线路断路状况判断标准电阻：小于 1Ω； 线路短路状况判断标准电阻：$10k\Omega$ 或更高
8	检测高压互锁部件	用万用表电阻挡判断下列各个部件对于测量点的导通状况 表格： 检测对象 / 测量点 A / 测量点 B 电机控制器 / BV11-1 / BV11-4 车载充电机 / BV10-26 / BV10-27 空调压缩机 / BV08-6 / BV08-7 PTC 加热控制器 / CA61-5 / CA61-7	标准电阻：小于 1Ω
9	诊断数据判断	（1）利用万用表电阻挡低量程挡位测得车载充电机部件端子 BV10-26 与 BV10-27 之间的电阻值溢出（∞）； （2）将万用表电阻挡量程由低挡位调至 $20k\Omega$，测量值仍为溢出（∞），判定高压互锁电路在车载充电机内部断路 	标准电阻：小于 1Ω
10	确定维修方案	（1）确认客户维修车辆需更换部件是否在质保范围或质保期内，如是，按照厂家要求申请配件； （2）与客户沟通维修方案，确定工时费，如维修配件需自费，需要确定配件价格； （3）与客户确定维修交车时间； （4）按照维修手册步骤更换故障部件	更换车载充电机
11	验证	（1）车辆上电，确认故障现象消失，并无其他异常现象； （2）读取故障码，控制系统显示正常	车辆恢复正常状况

二、车辆不能行驶故障诊断

1. 纯电动汽车不能行驶的原因

低压电源故障：低压蓄电池损坏、亏电，低压蓄电池电源线路故障，高压互锁电路故障，DC—DC 故障。

控制单元电源故障：整车控制器、驱动电机控制器、电池管理系统等控制单元电源线路故障，搭铁线路故障，控制系统元件故障。

传感器及其线路故障：加速踏板及其线路故障、挡位开关及其线路故障、驱动电机转角/转速传感器及其线路故障、制动踏板开关及其线路故障、冷却液温度传感器及其线路故障、电流传感器及其线路故障。

执行器及其线路故障：动力电池继电器及其线路故障、驱动电机功率转换器故障。

通信故障：CAN通信线或相关控制单元故障。

防盗系统故障：点火开关钥匙芯片故障、防盗系统电路故障、防盗控制单元故障。

高压电路故障：高压线路故障、高压配电盒故障、动力电池损坏、驱动电机及其线路故障。

2. 车辆故障一般诊断策略

当维修技师针对每个具体故障或客户反映的问题制定行动方案时，"诊断策略"可以提供指导。在面对各种不同故障情况时，能够遵循一种步骤相近的方案，可最大程度地提高车辆诊断和维修的效率。在实际解决客户报修的问题时，并不是要严格执行每一步"诊断策略"，但诊断程序的第一步必须是"理解和确认客户的报修问题"，诊断程序的最后一步应该是"维修并确认修复故障"。诊断策略的具体步骤如图12-2所示。

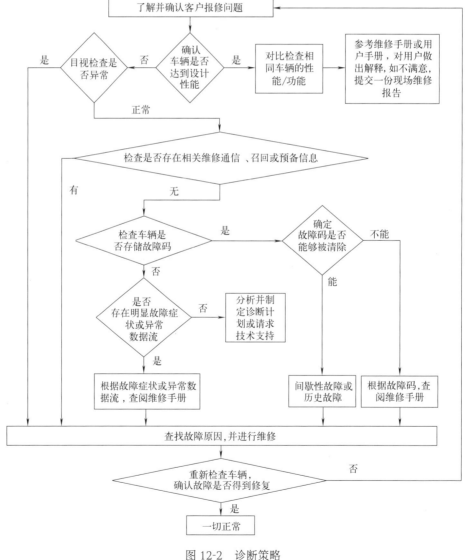

图12-2　诊断策略

3.加速踏板位置传感器

加速踏板位置传感器由两个互相独立的电位器组成，当驾驶员踩下或松开踏板时，电位器滑动，电阻发生改变，如图 12-3 所示。传感器向 VCU 控制单元发送电压信号，电压的大小取决于加速踏板踩下的程度。

VCU 控制单元监控两个电位器信号的功能和可信度，当其中一个电位器信号失灵时，使用另一个信号代替。如图 12-4 所示为吉利帝豪 EV450 加速踏板位置传感器电路图。

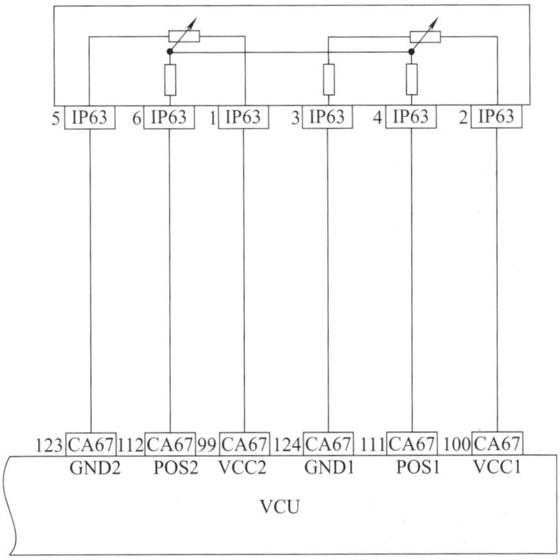

图 12-3　加速踏板位置传感器

图 12-4　吉利帝豪 EV450 加速踏板位置传感器电路

4.故障诊断（以吉利帝豪 EV450 纯电动汽车为例）安全及注意事项

（1）需按规范操作举升机，并做必要的安全防护，不能盲目举车或进入车底；

（2）当打开车辆前机舱盖或进入车辆底部时，不要盲目碰触高压导线及设备，避免触电危险；

（3）按高压防护要求布置作业场地，检查穿戴防护设备，规范使用检测仪器；

（4）按照技术规范完成车辆下电、验证、检测等操作步骤；

（5）对所使用的纸质维修手册、电脑、车辆或举升机要及时规整复位，并对场地进行 5S 管理工作。

5.操作过程（表 12-2 所示）

表 12-2　不能行驶的故障诊断

序号	操作步骤	操作方法及说明	操作标准
1	准备工作	（1）准备方向盘套、座椅套、地板垫、车轮挡块； （2）查看车辆信息，选取维修手册，本次任务选用吉利帝豪 EV450 纯电动汽车； （3）准备诊断仪，本次任务选用道通 MS908S 通用诊断仪，准备万用表	能够根据车辆的型号、生产年份、配置等信息选取维修手册

序号	操作步骤	操作方法及说明	操作标准
2	车辆防护	（1）安装车轮挡块； （2）铺设方向盘套、座椅套、地板垫 	挡块、方向盘套、座椅套、地板垫安装铺设到位
3	确认车辆故障现象	确认车辆存在的故障现象	启动车辆，踩下加速踏板后，车辆不能行驶
4	目视检查	（1）检查车辆高压上电情况； （2）检查行车制动器和驻车制动器 	高压上电正常且动力电池无亏电； 制动器无制动拖滞或卡滞
5	读取故障码	（1）连接诊断仪，操作启动开关，使电源置于 ON 状态，读取故障码； （2）清除故障码，并再次读取故障码	第一次读取故障码： P1C1E04\P1C1F04 \P1C2004\P1C2104 \P1C2204； 第二次读取故障码： P1C1E04\P1C1F04 \P1C2004\P1C2104 \P1C2204

序号	操作步骤	操作方法及说明	操作标准
6	查阅维修手册	（1）查阅 P1C1E04 等故障码，为加速踏板故障，分析可知，该故障会引起车辆无法行驶的故障现象； （2）根据故障码翻阅维修手册，并分析加速踏板电路 ▲ 🗐 10.2.5 诊断信息和步骤 　🗐 10.2.5.1 诊断说明 　🗐 10.2.5.2 目视检查 　🗐 10.2.5.3 计算机集成系统端子列表 　🗐 10.2.5.4 故障诊断代码(DTC)列表 　🗐 10.2.5.5 故障诊断数据流列表 　🗐 10.2.5.6 VCU电源故障 　🗐 10.2.5.7 VCU通讯故障 　🗐 10.2.5.8 DTC：P1C1E04,P1C1F04……	在手册中找到加速踏板相关故障码的所属目录，并阅读所需内容信息
7	检测准备	（1）高压防护：绝缘垫绝缘测试；检查并佩戴安全帽、绝缘手套、护目镜； （2）操作启动开关使电源模式置于 OFF 状态； （3）断开蓄电池负极电缆	绝缘垫阻值大于 20MΩ； 安全帽、绝缘手套、护目镜无开裂； 操作的步骤顺序正确； 蓄电池负极电缆用绝缘胶带包裹
8	检查加速踏板与 VCU 之间的线束	（1）断开 VCU 连接器 CA67 和加速踏板连接器 IP63； （2）用万用表电阻挡判断 VCU 连接器 CA67 与加速踏板连接器 IP63 之间的线路导通状况	线路断路状况判断标准电阻：小于 1Ω； 线路短路状况判断标准电阻：10kΩ 或更高

续表

<table>
<tr><th>序号</th><th>操作步骤</th><th>操作方法及说明</th><th>操作标准</th></tr>
<tr><td>8</td><td>检查加速踏板与 VCU 之间的线束</td><td>
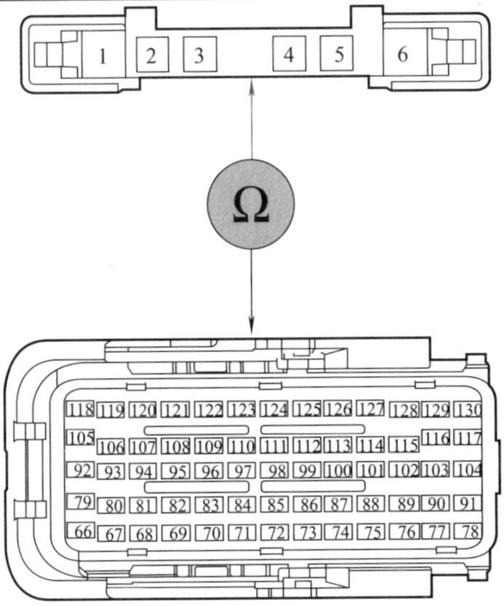

<table>
<tr><th>检测对象</th><th>测量点 A</th><th>测量点 B</th></tr>
<tr><td>2 组电源线</td><td>IP63/1</td><td>CA67/99</td></tr>
<tr><td>1 组电源线</td><td>IP63/2</td><td>CA67/100</td></tr>
<tr><td>1 组搭铁线</td><td>IP63/3</td><td>CA67/124</td></tr>
<tr><td>1 组信号线</td><td>IP63/4</td><td>CA67/111</td></tr>
<tr><td>2 组搭铁线</td><td>IP63/5</td><td>CA67/123</td></tr>
<tr><td>2 组信号线</td><td>IP63/6</td><td>CA67/112</td></tr>
</table>
</td><td>线路断路状况判断标准电阻：小于 1Ω;
线路短路状况判断标准电阻：10kΩ 或更高</td></tr>
<tr><td>9</td><td>检查加速踏板连接器线束对地短路</td><td>用万用表电阻挡判断加速踏板连接器线路对地短路状况
<table>
<tr><th>检测对象</th><th>测量点 A</th><th>测量点 B</th></tr>
<tr><td>2 组电源线</td><td>IP63/1</td><td rowspan="6">车身接地</td></tr>
<tr><td>1 组电源线</td><td>IP63/2</td></tr>
<tr><td>1 组搭铁线</td><td>IP63/3</td></tr>
<tr><td>1 组信号线</td><td>IP63/4</td></tr>
<tr><td>2 组搭铁线</td><td>IP63/5</td></tr>
<tr><td>2 组信号线</td><td>IP63/6</td></tr>
</table>
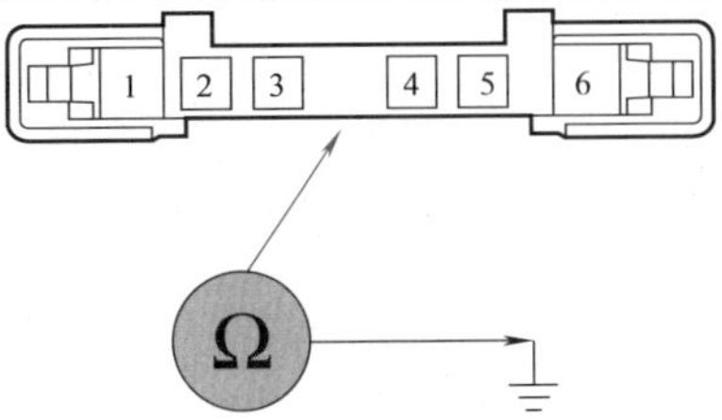

</td><td>标准电阻：10kΩ 或更高</td></tr>
<tr><td>10</td><td>检查加速踏板连接器线束对电源短路</td><td>(1) 连接蓄电池负极电缆；
(2) 操作启动开关，使电源置于 ON 状态；
(3) 用万用表直流电压挡判断加速踏板连接器线路对电源短路状况</td><td>标准电压：0V</td></tr>
</table>

序号	操作步骤	操作方法及说明			操作标准
10	检查加速踏板连接器线束对电源短路	**检测对象**	**测量点 A**	**测量点 B**	标准电压: 0V
		2 组电源线	IP63/1	车身接地	
		1 组电源线	IP63/2		
		1 组搭铁线	IP63/3		
		1 组信号线	IP63/4		
		2 组搭铁线	IP63/5		
		2 组信号线	IP63/6		
11	诊断数据判断	（1）加速踏板位置传感器线路导通性测量值均小于1Ω，对低短路状况测量值均为无穷大，对电源短路状况测量值均为0V，说明加速踏板位置传感器线路状况正常； （2）更换新的加速踏板位置传感器，车辆不能行驶的故障现象解除，读取故障码显示"系统正常"，说明原加速踏板位置传感器损坏			更换新部件观察故障现象，读取故障码或数据流
12	确定维修方案	（1）确认客户维修车辆需更换部件是否在质保范围或质保期内，如是，按照厂家要求申请配件； （2）与客户沟通维修方案，确定工时费，如维修配件需自费，需要确定配件价格； （3）与客户确定维修交车时间； （4）按照维修手册步骤更换故障部件			更换加速踏板位置传感器
13	验证	（1）车辆上电，确认故障现象消失，并无其他异常现象； （2）读取故障码，控制系统显示正常			车辆恢复正常状况

三、车辆不能充电故障诊断

1. 交流充电的控制策略

如图 12-5 所示为交流充电的原理图，其交流充电的控制策略如下。

（1）交流充电器与充电插座连接后，车载充电机首先检测 CC 和 CP 信号，CC 信号通过 RC 电阻值的变化判断充电线容量。供电设备中的 S1 开关由 12V 切换至 PWM，发送直流脉冲信号给车辆，通过 CP 信号判断供电设备的供电能力。

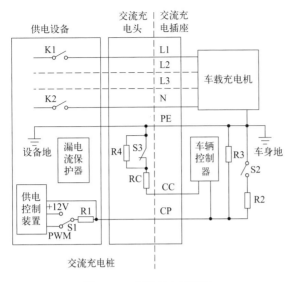

图 12-5　交流充电原理图

（2）当车辆处于休眠或停车状态检测到充电插头连接时，车载充电机检测到 CC 或 CP 信号，自身唤醒。

（3）待车载充电机自身唤醒后，接着唤醒 VCU 和 BMS。

（4）VCU 和 BMS 被唤醒后，开始进入交流充电模式，并检测车辆是否存在故障以及动力电池电量信息。

（5）车载充电机反馈充电线束状态和供电设备信息给 BMS。

（6）BMS 根据车载充电机反馈的信息和车辆状态，发送开始充电或停止充电指令给车载充电机。

（7）交流充电桩的供电控制装置通过 CP 信号判断车辆状态，然后连接或断开 K1、K2 开关，车载充电机根据接收到的指令，开始或停止充电。

2. 直流充电的控制策略

如图 12-6 所示为直流充电的原理图，当直接使用 BMS 与直流充电桩进行信息交互和检测，VCU 作为辅助判断时，其直流充电的控制策略如下。

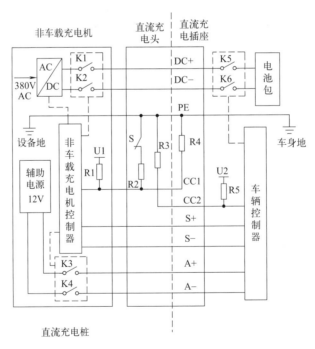

图 12-6　直流充电原理图

（1）当直流充电头与充电插座连接后，BMS 检测 CC2 信号，判断充电插头和插座是否连接，然后通过 CAN 通信线 S+ 和 S- 与直流充电桩进行信息交换；

（2）如果车辆在休眠或停车状态，BMS 检测到 CC2 信号，即充电插头与插座连接时，

BMS 完成自唤醒；

（3）BMS 自唤醒后，接着唤醒 VCU，车辆进入直流充电模式；

（4）BMS 根据直流充电桩反馈的信息和车辆状态，发送开始充电或停止充电的指令给直流充电桩；

（5）直流充电桩根据 CC1 信号和 BMS 反馈信息，控制 K1 和 K2 开关执行充电或停止充电；

（6）当充电完成或停止充电后，整车进入休眠状态，减少能量消耗。

A+ 和 A- 是辅助电源，家用乘用车一般为 12V，大巴车为 24V，直流充电桩可通过 A+ 和 A- 为车辆提供辅助低压电源，但不强制要求直流充电器配备。

3. 纯电动汽车不能充电的原因

纯电动汽车不能充电的主要原因有车辆外部设备故障、车载充电设备故障、VCU 故障、电池自身故障和通信故障五个方面。

车辆外部设备故障：车辆充电时需要与外部设备进行连接，故障设备主要包括充电桩、充电连接线和充电枪。

车载充电设备故障：车载充电设备故障主要包括交流充电插座、直流充电插座和车载充电机。

VCU 故障：车辆 VCU 发生故障时也会使车辆产生充电异常现象。无论直流充电还是交流充电，都需要 VCU 接收到充电连接信号和充电确认信号，并通过 CAN 通信总线和 BMS 进行通信。VCU 的故障主要包括 VCU 未上电、VCU 通信故障和 VCU 元件损坏。

电池自身故障：电池自身故障主要包括 BMS 控制系统故障、接口故障、电池内部传感器故障和电池自身硬件故障。

通信故障：纯电动汽车采用总线通信，当 CAN 通信线发生故障时，会导致充电系统不能唤醒。

4. 故障诊断（以吉利帝豪 EV450 纯电动汽车为例）安全及注意事项

（1）需按规范操作举升机，并做必要的安全防护，不能盲目举车或进入车底；

（2）当打开车辆前机舱盖或进入车辆底部时，不要盲目碰触高压导线及设备，避免触电危险；

（3）按高压防护要求布置作业场地，检查穿戴防护设备，规范使用检测仪器；

（4）按照技术规范完成车辆下电、验证、检测等操作步骤；

（5）对所使用的纸质维修手册、电脑、车辆或举升机要及时规整复位，并对场地进行 5S 管理工作。

5. 操作过程（表 12-3 所示）

表 12-3　不能充电的故障诊断

序号	操作步骤	操作方法及说明	操作标准
1	准备工作	（1）准备方向盘套、座椅套、地板垫、车轮挡块； （2）查看车辆信息，选取维修手册，本次任务选用吉利帝豪 EV450 纯电动汽车； （3）准备诊断仪，本次任务选用道通 MS908S 通用诊断仪、准备万用表	能够根据车辆的型号、生产年份、配置等信息选取维修手册

序号	操作步骤	操作方法及说明	操作标准
2	车辆防护	（1）安装车轮挡块； （2）铺设方向盘套、座椅套、地板垫 	挡块、方向盘套、座椅套、地板垫安装铺设到位
3	确认车辆故障现象	确认车辆存在的故障现象	车辆不能进行慢充（交流充电）
4	目视检查	（1）检查充电枪及连接线、充电插座； （2）检查充电枪与充电插头连接情况 	充电枪和充电插座连接插孔无异物、变形等异常情况； 充电枪与充电插头能够正常可靠连接
5	读取故障码	（1）连接诊断仪，操作启动开关，使电源置于 ON 状态，读取故障码； （2）清除故障码，并再次读取故障码	分两次读取故障码
6	查阅维修手册	（1）查阅 U007300 等故障码，为车载充电机与其他控制模块通信丢失的故障，分析可知，该故障会引起车辆无法充电的故障现象； （2）根据故障码或"车载充电机通信故障"的症状翻阅维修手册；	在手册中找到车载充电机通信故障的所属目录，并阅读所需内容信息

序号	操作步骤	操作方法及说明	操作标准
6	查阅维修手册	· 2.6.6 诊断信息和步骤 2.6.6.1 诊断说明 2.6.6.2 目视检查 2.6.6.3 充电系统端子列表 2.6.6.4 故障诊断代码(DTC) 列表 2.6.6.5 故障诊断数据流列表 2.6.6.6 车载充电机低压电源故障或车载充电机内部故障 2.6.6.7 车载充电机通信故障 2.6.6.8 高压系统漏电故障 (3) 分析车载充电机电源和通信线路 B+ 前机舱保险丝继电器盒 10A EF27 4 BV10 B+ 车载充电机 GND　P CAN-L　P CAN-H 6 BV10　54 BV10　55 BV10 4 CA69　3 CA69 CAN-L　CAN-H BMS G29	在手册中找到车载充电机通信故障的所属目录，并阅读所需内容信息
7	检测准备	(1) 高压防护：绝缘垫绝缘测试；检查并佩戴安全帽、绝缘手套、护目镜； (2) 操作启动开关，使电源模式置于 OFF 状态； (3) 断开蓄电池负极电缆	绝缘垫阻值大于 20MΩ； 安全帽、绝缘手套、护目镜无开裂； 操作的步骤顺序正确； 蓄电池负极电缆用绝缘胶带包裹
8	检查蓄电池	利用万用表直流电压挡测量蓄电池电压 	电压标准值：11 ～ 14V

序号	操作步骤	操作方法及说明	操作标准
9	检查车载充电机熔丝 EF27	（1）利用手册查阅熔丝 EF27 位置； （2）用万用表电阻挡检测熔丝 EF27 	熔丝电阻：小于 1Ω
10	检查车载充电机线束连接器的端子电压	（1）断开车载充电机线束连接器 BV10； （2）连接蓄电池负极电缆； （3）操作启动开关，使电源置于 ON 状态； （4）用万用表直流电压挡测量车载充电机线束连接器 BV10 端子 4 对车身接地的电压 	标准电压：11 ~ 14V

序号	操作步骤	操作方法及说明	操作标准
11	检查车载充电机线束连接器接地端子导通性	（1）操作启动开关，使电源模式置于 OFF 状态； （2）测量车载充电机线束连接器 BV10 端子 6 与车身接地之间的电阻值 	标准电阻：小于 1Ω
12	检查 BMS 线束连接器端子电压	（1）操作启动开关，使电源模式置于 OFF 状态； （2）断开蓄电池负极电缆； （3）断开 BMS 线束连接器 CA69； （4）连接蓄电池负极电缆； （5）操作启动开关，使电源模式置于 ON 状态； （6）测量 BMS 线束连接器 CA69 端子 1 和 7 对车身接地的电压值 	标准电压：11 ～ 14V
13	检查 BMS 线束连接器接地端子导通性	（1）操作启动开关，使电源模式置于 OFF 状态； （2）断开蓄电池负极电缆； （3）断开 BMS 线束连接器 CA69； （4）测量 BMS 线束连接器 CA69 端子 2 与车身接地之间的电阻值	标准电阻：小于 1Ω

序号	操作步骤	操作方法及说明	操作标准
13	检查 BMS 线束连接器接地端子导通性		标准电阻：小于 1Ω
14	检查车载充电机与 BMS 线束连接器之间的数据通信线	（1）操作启动开关，使电源模式至 OFF 状态； （2）将蓄电池负极电缆从蓄电池上断开； （3）断开车载充电机线束连接器 BV10； （4）从 BMS 上断开线束连接器 CA69； （5）利用万用表电阻挡测量车载充电机线束连接器 BV10 端子 54 与 BMS 线束连接器 CA69 端子 4 之间的电阻值； （6）利用万用表电阻挡测量车载充电机线束连接器 BV10 端子 55 与 BMS 线束连接器 CA69 端子 3 之间的电阻值 	标准电阻：小于 1Ω
15	诊断数据判断	（1）在线路检测过程中，发现 BV10 端子 55 至 CA69 端子 3 之间的电阻值为无穷大，说明车载充电机与 BMS 之间的一根数据通信线断路； （2）目视检查车载充电机至 BMS 之间的数据通信线，未发现异常部位，更换线束后，车辆不能充电的故障现象解除，读取故障码显示"系统正常"	目视检查线束发现异常点，对线路进行维修，如未发现异常部位则更换新线束，并观察故障现象，读取故障码或数据流

序号	操作步骤	操作方法及说明	操作标准
16	确定维修方案	（1）确认客户维修车辆需更换部件是否在质保范围或质保期内，如是，按照厂家要求申请配件； （2）与客户沟通维修方案，确定工时费，如维修配件需自费，需要确定配件价格； （3）与客户确定维修交车时间； （4）按照维修手册步骤更换故障部件	更换线束
17	验证	（1）车辆上电，确认故障现象消失，并无其他异常现象； （2）读取故障码，控制系统显示正常	车辆恢复正常充电状况

第二节　维修后质量检验

一、汽车维修质量检验

在汽车维修质量管理工作中，汽车维修质量检验是具体保证和监督汽车维修质量的关键工作。汽车维修质量检验部门应在厂长/经理的直接领导下，代表厂长/经理行使质量检验职能，最终对用户负责。根据《机动车维修管理规定》中有关条款规定，机动车维修经营者对机动车进行二级维护、总成修理、整车修理应当实行维修前诊断检验、维修过程检验和竣工质量检验制度。

本书中的"维修后质量检验"，特指维修过程的最后，由维修技师利用诊断仪对所维修车辆进行清除故障码、激活 RTM 数据等操作，以保证车辆的正常运行。

二、RTM 介绍

RTM（Real Time Monitor）是实时监控新能源车辆工作数据的一套系统，在帝豪 EV450 中，也称为"远程监控系统"。操作人员可以通过综合平台或企业平台便捷地获取车辆最近一段周期的实时数据（数据内容包括单体电池电压数据、动力蓄电池包温度数据、整车数据、卫星定位系统数据、极值数据和报警数据等），操作人员对获取的数据进行相应的分析后，可以快速地对车辆故障做出初步诊断，从而为客户极大地减轻了维护车辆所付出的时间成本。

RTM 系统是工业和信息化部（MIIT）制定的新的国家标准 GB/T 32960《电动汽车远程服务与管理系统技术规范》中的要求。RTM 系统根据要求向企业和政府后端发送实时车辆数据。RTM 数据传输示意图如图 12-7 所示。

工业和信息化部对 RTM 系统做出了以下要求：

（1）从 2017 年 1 月 1 日起，所有新生产的新能源汽车必须强制实行国标 GB/T 32960；

（2）从 2017 年 4 月 1 日起，所有新能源汽车必须强制实行国标 GB/T 32960。

RTM 的功用：在事故或者故障发生以前，可以通过 RTM 系统检测到并提醒用户。图 12-8 为 RTM 的功用示意图。

图 12-7　RTM 数据传输示意图

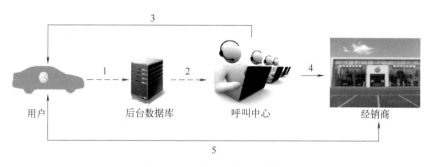

图 12-8　RTM 的功用示意图

1—告知后台，用户车辆将出现危险；2—后台数据库向呼叫中心汇报；3—呼叫中心询问用户是否需要帮助；
4—呼叫中心联系经销商去帮助用户；5—用户到店维修处理或经销商到现场进行救援

RTM 系统包含静态数据管理、动态数据管理、系统数据管理和报表管理，如图 12-9 所示。

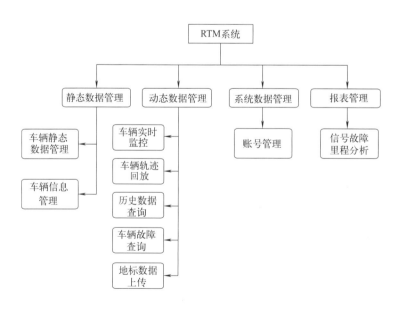

图 12-9　RTM 系统

RTM 系统需上传的数据见表 12-4。

表 12-4　GB/T 32960.3 中要求 RTM 需要上传的数据

序号	数据类别	具体内容
1	完整汽车数据	车辆状态、速度、电池 SOC 值等
2	驱动电机数据	电机转速、电机温度
3	发动机数据——针对燃油车	发动机状态、曲轴转速、燃油消耗量
4	GPS 数据	定位数据、经度、纬度
5	极限值数据	最大单体电压、最小单体电压
6	警告数据	电池过高温度、SOC 值突变、刹车系统等 19 项
7	蓄电池电压数据	所有蓄电池电压
8	蓄电池温度电压数据	所有蓄电池温度

　　RTM 系统主要由远程监控模块及双频天线组成。如图 12-10 所示，主电源由车上的蓄电池来供电，远程监控模块自带备用电池，当车辆出现异常，主电源掉电时，可以使用备用电池进行供电，来进行车体的状态检测，在指定的情况下可以进行报警。备用电池可供电 30min。

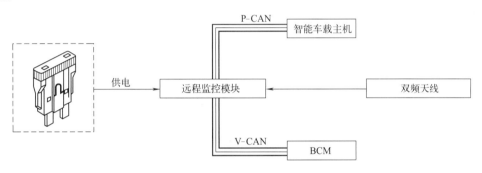

图 12-10　RTM 系统电气结构图

　　远程监控系统注册成功后，应按一定时间周期通过双频天线向后台上报 P-CAN 或 V-CAN 上接收的实时数据。

三、RTM 系统操作

　　激活：远程监控系统装车后第一次连接网络，综合平台或企业平台可以对远程监控系统进行管理。管理内容包括软件升级、参数升级、激活等动作。远程监控系统只有在激活后用户才能正常使用。

　　注册：远程监控系统通信链路连接建立后，应自动向后台发送注册信息进行身份识别，后台应对接收到的数据进行校验；校验正确时，后台应返回成功应答；远程监控系统应在接收到后台的应答指令后完成本次注册传输。

　　配置参数查询、设置：后台向远程监控系统发送查询命令，远程监控系统应对命令完成校验后，发送参数信息；后台可向远程监控系统发送设置命令，修改远程监控系统参数信息。服务器远程配置参数包括数据上报周期、上报服务器的 IP 地址和端口号等。

四、操作实践

　　1.操作条件

　　（1）设备：吉利帝豪 EV450 纯电动汽车。

（2）工具：吉利帝豪 EV450 维修手册、道通 MS908S 通用诊断仪、万用表。

2.安全及注意事项

（1）断开高压连接器前根据手册规范断开高压电；

（2）做好个人高压安全防护；

（3）断开高压连接器后，保护好高压互锁接头，防止意外损坏；

（4）当打开车辆发动机舱盖或进入车辆底部时，不要盲目碰触高压导线及设备，避免触电危险；

（5）对所使用的纸质维修手册、电脑、车辆或举升机要及时规整复位，并对场地进行 5S 管理工作。

3.操作过程（表 12-5 所示）

表 12-5　汽车维修质量的检测

序号	操作步骤	操作方法及说明	操作标准
1	准备工作	（1）准备方向盘套、座椅套和地板垫、车轮挡块； （2）查看车辆信息，选取维修手册，本次任务选用吉利帝豪 EV450 纯电动汽车； （3）准备诊断仪，本次任务选用道通 MS908S 通用诊断仪，准备万用表	能够根据车辆的型号、生产年份、配置等信息选取维修手册
2	车辆防护	（1）安装车轮挡块； （2）铺设方向盘套、座椅套、地板垫 	挡块、方向盘套、座椅套、地板垫安装铺设到位
3	读取故障码	（1）将点火开关置于 OFF 位置； （2）安装所有维修时拆下或更换的部件或连接器； （3）将点火开关置于 ON 位置； （4）读取故障码 	读取故障码 U012887 与电子驻车制动系统通信故障

序号	操作步骤	操作方法及说明	操作标准
4	清除故障码	(1) 清除故障码； (2) 将点火开关置于 OFF 位置持续 60s； (3) 如果修理与故障码有关，则再现运行故障码的条件并使用"冻结故障状态"功能，以便确认不再设置故障码	
5	复位整理	(1) 连接断开的连接器，连接蓄电池负极端； (2) 车辆、工具、仪器复位； (3) 清洁车辆、地面、操作台	连接器插合到位； 蓄电池负极端转矩：9N·m； 整洁、整齐

参考文献

［1］包科杰，徐利强 . 新能源汽车维护与故障诊断［M］. 北京：人民交通出版社，2017.

［2］陈社会，陈旗 . 新能源汽车构造与维护［M］. 南京：江苏凤凰教育出版社，2018.

［3］徐嘉炯，谢敬武，龚源 . 纯电动汽车综合故障诊断 [M]. 天津：天津科学技术出版社，2021.

［4］赵立军，佟钦智 . 电动汽车结构与原理［M］. 北京：北京大学出版社，2012.

［5］张珠让，贾小亮，范小勇 . 新能源汽车充电系统原理与检修［M］. 天津：天津科学技术出版社，2020.

［6］徐利强，李平，张瑞民 . 纯电动汽车故障诊断与排除 [M]. 北京：机械工业出版社，2021.

［7］何洪文 . 电动汽车原理与构造［M］. 北京：机械工业出版社，2012.